조선시대
울릉도와 독도의
우리말 이름들

정연식 지음

조선시대 울릉도와 독도의 우리말 이름들

지은이 정연식

펴낸날 2023년 6월 1일(2쇄)

2023년 3월 28일(초판)

펴낸곳 주류성출판사

서울특별시 서초구 강남대로 435

TEL | 02-3481-1024 (대표전화) • FAX | 02-3482-0656

www.juluesung.co.kr | juluesung@daum.net

값 25,000원

잘못된 책은 교환해 드립니다.

ISBN 978-89-6246-500-6   93910

＊본 저작물에는 함초롬바탕체와 경기천년바탕체가 활용되었습니다.

조선시대
울릉도와 독도의
우리말 이름들

정연식 지음

■ 일러두기

1. 본문에서는 한자를 노출하지 않고 ( ) 안에 넣되, 섬 이름에 쓰인 과거의 한자음을 밝히는 부분에서는 혼란을 피하기 위해 한자를 그대로 노출했다. 그리고 한국한자음과 다르게 읽거나 뜻을 밝힌 한자는 [ ] 안에 넣었다. 다만 한국한자음과 다르게 읽는 중국, 일본의 명사는 ( ) 안에 넣었다. 예) 넙도[芿島], 긴섬[長島], 왕리(王力)

2. 각주와 참고문헌의 서지기술은 시카고 스타일을 따르지 않고 '저자, 연도, 논문 제목, 책 이름, 출판지: 출판사, 참고 쪽'의 순서로 하였다. 장(章)이 바뀌면 '앞의 책, op. cit.' 등으로 줄이지 않고 전체를 다시 썼다.

3. 지도는 국토지리정보원 홈페이지(https://www.ngii.go.kr)에서 내려받아 필요한 부분만 알아보기 쉽게 다시 그렸다.

4. 조선총독부 육지측량부에서 작성한 1:50,000지형도는 도엽 명칭을 《 》안에 넣었다. 그림의 캡션에서 『한국지명총람』의 서지기술은 『지명총람』 권수-쪽수'로 하였다.

5. 그림, 사진 가운데 일부는 알아보기 쉽게 손질한 것도 있다. 그러나 논지에 맞추기 위한 의도적인 왜곡은 전혀 없었다.

6. 인명에는 존칭을 붙이지 않았다.

세상사와 역사는 대세에 의해 일정한 방향으로 흘러간다고들 한다. 그런데 영국의 국제정치학자이자 역사학인 카(E. H. Carr)는 『역사란 무엇인가』에서 작은 사건이 역사의 물줄기를 돌려놓은 그럴듯한 몇 가지 예를 들려주었다. 그리스에서는 1920년에 국왕 알렉산드로스가 키우던 원숭이에게 물려 패혈증으로 사망한 이후로 좋지 않은 사건들이 연쇄적으로 발생했다. 이에 대해 윈스턴 처칠은 원숭이 때문에 25만 명이 목숨을 잃었다고 논평했다. 한편 트로츠키는 1923년에 야생오리 사냥을 나갔다가 열병에 걸려 중요한 논의에 참석하지 못해서 스탈린에게 밀려나기 시작하였고, 결국 1929년에 소련에서 추방당했다. 훗날 트로츠키는 회고록에서 혁명이나 전쟁은 예견할 수 있지만 가을철 야생오리 사냥의 결과는 예견할 수 없다고 탄식했다.

카는 이런 일들이 우연으로 보일지 몰라도 하나의 사건에 몇 가지 복합적인 인과관계가 얽혔을 뿐이라고 말한다. 카의 말은 원론적으로는 옳겠지만 현실적으로는 틀린 말이다. 사람들은 세상사를 그렇게 잘게 나눠서 이해하지 않는다. 그리고 비슷한 시기 1927년에 발표된 하이젠베르크의 불확

정성의 원리는 이 세계가 미세하게 들여다보면 필연적 인과율이 발붙일 수 없는 불확실한 확률의 세계라는 것을 우리에게 일깨워 주었다. 그리고 필연보다는 낮은 확률의 하찮은 우연이 역사의 행로를 바꾸는 일도 흔하다.

우리 역사에도 사냥에 얽힌 굵직굵직한 사건들이 있었다. 이성계는 1392년 봄에 황해도 해주에서 사냥 도중 낙마하여 몸져누웠고 정몽주는 그 틈에 이성계 일파를 제거하려다 이방원에 의해 살해되고 말았다. 그 후로 역성혁명 논의가 급속도로 진행되어 약 3개월 뒤에 조선왕조가 개창되었다. 그리고 그로부터 3년 뒤에 왕자 이방원은 사냥을 나갔다가 표범의 공격을 받아 목숨을 잃을 뻔했다. 실록에 단 몇 줄로 기록된 그 일은 한갓 에피소드가 아니라 우리 민족의 운명을 바꿔놓을 수도 있는 사건이었다. 만약 그때 이방원이 변을 당했더라면 지금 우리에게는 쉽고 편리한 한글도 없고 유장한 아름다움의 종묘제례악도 없다. 아들 세종은 그 2년 뒤에 태어났기 때문이다.

몇백 년이 지나 이번에는 왕족도 아닌 한 천한 백성이 사냥이 아니라 고기잡이를 나가서 역사에 파문을 일으켰다. 1693년 봄에 동래 부산포에 사는 안용복은 울릉도에 고기잡이 나갔다가 그곳에서 박어둔과 함께 일본 어부들에게 납치되어 끌려가서 그해 겨울에 풀려나 돌아왔다. 2년 반이 지나 1696년 여름에 안용복은 작심하고 다시 출항하여 일본 어부들을 독도까지 쫓아가서 남의 땅을 침범하지 말라고 꾸짖고는 일본으로 건너가 항의했다. 그로부터 180년이 지나서 일본 최고기관의 태정관지령(太政官指令)에서는 울릉도와 독도는 일본과 무관한 땅이라고 공식적으로 확인하였는데 그것은 우연의 조합으로 이루어진 안용복의 활동과 무관하지 않았다. 처음 출항할 때에 안용복과 함께 승선한 9명은 모두 울산 사람이었고 안용복만 부산포 사람이었는데, 부산포의 초량에는 왜관이 있어서 안용복은 일본어를 할 줄 알았다. 그리고 그는 전선(戰船)에서 노를 젓는 일개 격군(格軍) 출신이었지만 여느 사람들과는 달리 물불을 가리지 않는 담력과 오지랖 넓은 의기(義氣)를 품고 있었다.

역사만 그런 것이 아니다. 누구에게나 삶을 바꿔놓은 작은 우연들이 있다. 내게는 두 번의 우연이 학문에 전환점을 만들었다. 하나는 학교 사무처장 보직을 맡아 경주에서의 직원연수회 때에 첨성대를 안내했던 일이고, 또 하나는 첨성대를 연구하느라 『사기』 천관서(天官書)의 별자리에 관한 글을 읽다가 우연히 네 글자를 발견한 일이었다.

천관서를 별생각 없이 읽고 있는데 '유(柳)'라는 별자리의 설명 옆줄에 깨알만 한 글자로 인쇄된 '喙, 丁救反(훼, 정구반)'이라는, 당나라 장수절(張守節)의 주석이 우연히 눈에 띄었다. 거두절미하고 말하자면 "喙는 '두'로 읽는다"로 해석할 수 있는 글이었다. 순간적으로 가슴이 뛰면서, 정신이 번쩍 들었다. 혹시 오자가 아닌가 해서 이것저것 다 뒤져보아도 분명히 그렇게 적혀 있었다.

'喙'는 신라 금석문에서 건국세력들 이름에 쓰인 글자로서 정황상 '돌' 또는 '독'으로 읽어야 하는데 정작 한자음은 '훼'로 너무 멀어서 고대사 연구자들을 괴롭히고 있었다. 그런데 예상음이 '두'라면 접근을 시도해 볼 만했다. 게다가 베트남 한자음을 찾아보니 '도'였다. 옛날 한자음에 관해 호기심 수준의 관심과 얕은 지식은 있던 터라 이를 계기로 본격적으로 음운학에 덤벼들어 그 덕에 여러 편의 논문을 내어놓게 되었다.

난해한 한어역사음운학(漢語歷史音韻學)은 힘은 엄청나게 드는 데다가 이른바 가성비가 낮아서 우리나라는 물론이고 중국에도 연구자가 많지 않다. 늦은 나이에 독학으로 배우는 역사음운학은 생소하고 어려워서, 진실을 고백하자면 지금도 모르는 것투성이이다. 그런데 그럴수록 이 학문의 매력에 빠져들지 않을 수 없었다. 새롭게 알게 된 사실들은 흥미와 함께 잔잔한 희열을 안겨주기도 했다.

그래서? 한자를 어떻게 읽든 그게 뭐 그렇게 대단한 거라고? 학자가 그런 생각을 한다면 학문을 할 자격이 없는 사람이다. 장자(莊子)도 무용지용(無用之用)이 대용(大用)이라 하지 않았던가? 땅을 딛고 사는 데는 발바닥 부분의 땅만 필요한 것이 아니다.

그러던 중 잘 알고 지내는 동북아역사재단 연구원에게서 연락이 왔다. 독도의 '독'이 '돌'의 방언이라고들 하는데 왜 그런 방언이 나오게 되었는지 음운학으로 분석해 보는 게 어떻겠냐는 제안이었다. 평소에 '독도'가 '돌섬'이라기에 막연히 그런가 보다 하면서도, 동떨어진 '동섬'도 한자로는 '獨島'로 쓰기에 혹시 '동섬'이 아닌가 궁금해하던 차에 연구에 착수하게 되었다. 그런데 울릉도와 독도의 여러 별명에 쓰인 한자들을 분석하다 보니 뜻밖에 울릉도, 독도의 옛 이름 죽도(竹島), 송도(松島)가 큰섬, 작은섬을 뜻하는 우리말 대섬, 솔섬의 한자 표기라는 것을 알게 되었다. 쓸모없어 보이던 공부가 대용(大用)은 아니더라도 소용(小用)은 될 수 있을 것 같았다.

2019년 3월에 첫 논문을 발표하고 나서 동북아역사재단의 주선으로 울릉도와 독도를 답사할 기회가 생겼다. 6월 여름날에 일행 20명 가량이 포항에서 크루즈선을 타고 함께 울릉도를 향했다. 울릉도 뱃길이 수종(水宗)이 평탄치 않다는 실록의 구절을 보기는 했지만, 가는 길은 역시 험했다. 일어서서는 몸이 이리저리 쏠려서 제대로 걸을 수가 없었고 얼굴이 노래진 사람, 토하는 사람도 있었다. 6백여 명이 승선할 수 있는 1만5천 톤급 배도 이럴진대 예전에는 어땠을지 짐작이 갔다.

처음 마주하는 울릉도는 기대 이상으로 장대하고 아름다웠다. 섬 안팎으로 해저 화산활동으로 치솟은 기묘한 암봉들과 주상절리도 신기했지만 그보다도 바다에서 바라본 전체적인 인상이 꽉 차는 풍성한 아름다움으로 밀려왔다. 이튿날 독도를 방문했다. 독도 방문은 기상 상황에 아주 민감해서 울릉도에 도착해서 독도를 보러 갈 수 있는 확률이 절반도 안 되는데 운 좋게도 단번에 독도 땅을 밟을 기회가 열렸다. 두 섬의 인상은 너무도 달랐다. 독도는 울릉도와는 전혀 딴판으로 온갖 풍상을 겪은 노장의 골기(骨氣)가 느껴지게 했다. 그것은 단지 독도에 얽힌 일들로 인한 선입견 때문은 아니었다.

독도의 영유권 분쟁은 지금도 진행 중이고 크고 작은 사건 보도도 계속 들려오고 있다. 일본은 과거에 독도가 일본의 영토가 아니라고 스스로 확인했고 그 문서들도 발견되었다. 그래도 분쟁은 끊이지 않고 있다. 독도 문제를 어떻게 할 것인가? 일본이 자신의 입장을 완강하게 고수하고 있는 현 상황에서 국면을 단번에 타개할 확실한 묘책이 있을 리 없다. 우리에게 주어진 책무는 꾸준히, 그리고 실망하지 않고, 그리고 때로는 문제 해결에 별 도움도 안 될 것 같은 무용한 일이라 생각되더라도 뚜벅뚜벅 미련한 발걸음을 계속하는 일이다.

이 연구가 그 기나긴 행로를 한 걸음 당길 수 있게 되기를 바란다.

2023년 1월 3일 새벽에
남양주 별내동 집에서

차례

머리말

　울릉도와 독도는 아주 특이한 섬이다. 지금까지 연구된 바로는 3천만 년 전부터 한반도 지역의 땅덩이가 옆에서 압력을 받아 지각이 주름지며 솟아오르는 요곡융기운동(搖曲隆起運動)이 일어났다. 솟아오른 땅덩이는 서쪽으로 기울어져 경동지형(傾動地形)이 만들어졌다. 완만한 경사면이 형성된 서쪽으로는 산들이 물에 잠기면서 복잡한 해안선을 형성하였고, 파도에 밀려온 부유물들은 미로 같은 해안선 때문에 썰물에 쓸려나가지 못하고 바닷가 바닥에 가라앉아 쌓여서 세계에 유례가 드문 넓은 뻘을 만들어 놓았다.

　동쪽을 살펴보면 그 당시에 일본열도 지역은 한반도 지역과 이어져 있었으나 2천500만 년 전부터 서서히 떨어져 나가기 시작하여 그 사이에는 움푹 파인 분지가 만들어졌고, 그곳으로 바닷물이 밀려 들어와 널따란 동해가 열렸다. 그리고 그 동해는 융기된 태백산맥 동쪽으로는 급경사면이 바다 밑으로 들어가 단조로운 해안선을 형성하면서 아무것도 없는 망망한 바다가 되었다.[1] 그러다가 수백만 년 전에 이 망망대해의 밑바닥에서 솟구쳐 나온 용암이 굳어서 돌섬 하나가 동해에 홀로 우뚝 솟았다. 그 후 돌섬 독도는 오랜 세월 파도와 조류에 깎이고 닳아 둘로 갈라졌고 그 후에 육지와 독도 사이에 큰 화산작용으로 울릉도가 솟아나서 징검다리 역할을 하게 되었다.

조선시대에 서해와 남해의 섬들은 이 섬 저 섬 건너다닐 수 있었지만 울릉도와 독도는 그렇지 않았다. 울릉도는 아득히 수평선 위로 아른아른 보이는 섬이었고 독도는 울릉도에 가서야 보이는 섬이었다. 두 섬은 자주 갈 수 없고, 대부분의 사람들에게는 평생 가보지 못한 섬이었기에 여러 가지 풍설이 있었다. 그리고 두 섬이 바닷가 가까이 있었으면 이름도 한두 가지에 혼란도 없었겠지만 너무 멀리 떨어진 곳에 있어서, 둘밖에 없는 섬에 이름은 여남은 개가 붙었다. 울릉도(鬱陵島)와 한자음이 비슷하거나 뜻이 같은 울릉도(蔚陵島), 우릉도(芋陵島, 羽陵島), 무릉도(茂陵島, 武陵島), 우산도(于山島)가 있었고, 죽도(竹島), 송도(松島), 삼봉도(三峯島)에 뜻을 짐작하기 어려운 가지도(可支島), 요도(蓼島)라는 이름도 보였다. 그리고 독도(獨島), 석도(石島)라는 이름이 나타났다.

그것들은 물론 우리말을 한자의 뜻이나 소리를 취해 표기한 이름들이다. 지명은 보수성이 강해서 오랜 세월이 흐른 뒤에도 옛 이름을 그대로 유지하는 경우가 많다. 시간이 지나도 한자의 뜻은 변하지 않기에 뜻을 빌려 표기한 경우에는 어떤 뜻의 이름인지 알 수 있고, 그래서 대개는 어느 섬을 가리키는지도 비교적 어렵지 않게 짐작할 수 있다. 그러나 소리를 빌려 표기한 이름은 말이 변하기도 하고 사라지기도 해서 무슨 뜻인지 알 수 없게 되었다.

그래서 오래전에 울릉도의 이름을 두고 조선과 일본 사이에 티격태격한

---

1)   서만철·이광훈·손호웅, 1998, 「동해 울릉분지의 지구조 및 성인에 관한 지구물리학적 연구」, 『바다』 3-1, 한국해양학회, 35-36쪽; 변종민, 2011, 「한반도 지반융기운동사 이해를 위한 수치지형발달모형의 개발과 적용」, 서울대학교 박사학위논문, 5-10쪽

사건이 있었다.

조선 말기에 서양 배들이 동해에 나타나 해로 측량을 하고 경위도를 표시하는 과정에 혼란이 생겨 지금 일본에서는 독도를 다케시마라 부르지만 본래 다케시마(竹島)는 울릉도를, 마쓰시마(松島)는 독도를 지칭하는 말이었다. 그런데 예전에 울릉도와 독도를, 조선은 대개 '鬱陵島'와 '于山島'로 표기했고, 일본은 '竹島'와 '松島'로 표기했다.

조선은 공도정책(空島政策)을 펴서 백성들이 울릉도에 거주하지 못하게 했다. 부역이나 세금을 회피해 도망가는 것도 문제였지만, 외딴 섬에서 세력을 키워 도적떼로 변신할 우려도 있고, 최악의 경우에는 왜구를 꼬이게 하여 동해안이 시끄러워질 수도 있었기 때문이다. 그러나 전복, 미역을 비롯한 풍부한 해산물은 울릉도를 빈 섬으로 내버려 두지 않았다. 숙종 때에는 조선 어부들이 정부의 금령에 아랑곳하지 않고 울릉도를 드나들어 그곳에 잠입한 일본인들과 충돌도 있었다.

그러던 중 1693년 봄에 안용복과 박어둔이 울릉도에서 일본 어부들에게 납치되어 일본에 끌려갔다가 풀려난 일이 있었다. 이른바 울릉도쟁계(鬱陵島爭界)가 시작된 것이다.[2] 대마도주가 보낸 사신 다치바나 마사시게(橘眞重)는 동래 왜관에 도착해서 앞으로 일본 영토인 죽도(竹島)에 조선 어부들이 드나들지 못하게 조치해 달라는 문서를 전했다. 이에 조선 예조에서는 서계(書契)에 답하기를[3] 우리나라 울릉도에도 왕래하지 못하게 하는데 하

----

2) 숙종 때 안용복의 활동으로 촉발된 울릉도 영유권 문제를 한국에서는 '울릉도쟁계(鬱陵島爭界)'로, 일본에서는 '다케시마잇켄(竹島一件)'으로 부른다.

3) 조선국왕의 명의로 일본 막부의 쇼군(將軍)에게 보내는 것은 국서(國書)라 했고, 조선과 일본 사이의 외교를 맡은 대마도주(對馬島主)나 막부 관리들에게 예조에서 보내는 것은 서계(書契)라 했다.

물며 죽도야 말해 무엇하겠냐고 했다. 일본이 竹島라고 부르는 섬이 울릉도임을 알면서도 울릉도는 조선 땅이고, 죽도는 일본 땅이니 조선 어부들이 죽도에 가지 못하게 하겠다고 한 것이다. 당시 조선과 일본은 모두 충돌을 원치 않기에 조선에서는 일본의 요구를 들어주는 척하면서 적당한 말로 얼버무리면 일본도 못 이기는 척하고 물러나려니 생각한 것이다.

하지만 사신 다치바나는 입장이 달랐다. 울릉도가 죽도인데 조선의 의중이 빤히 들여다보이는 이 답신을 자신의 주군인 대마도주가 순순히 받아줄까 염려되었고, 대마도주도 이 내용을 중앙의 에도막부에 전하는 것이 순탄치 않을 것이라 생각했기 때문이었다. 그는 울릉도라는 글자를 빼 달라고 계속 요구하며 옥신각신하다가 결국은 뜻을 이루지 못하고 서계를 받아들고 대마도로 떠났다. 그러고는 결국 이듬해 여름에 예전에 받아 간 서계를 들고 다시 나타나 '울릉' 두 글자를 빼 달라는 대마주(對馬州) 태수(太守)의 서신을 전했다.

그러자 이대로는 안 되겠다고 판단한 조선은 강경한 태도로 대략 이런 뜻의 답신을 보냈다. "귀국(貴國)이 말하는 죽도는 울릉도입니다. 울릉도는 강원도 울진현 소속으로 『동국여지승람』에도 기록되어 있고, 조선의 내륙에서도 잘 보이는 섬으로서 그동안 쭉 관리해 온 엄연한 조선 땅입니다. 귀국 사람들이 남의 땅을 침범하여 사람을 납치해 간 잘못은 왜 논하지 않습니까? 다시는 귀국 어부들이 울릉도에 드나드는 일이 없도록 엄히 단속해 주시기 바랍니다." 결국 일본은 1696년 1월에 일본 어부들에게 울릉도를 왕래하는 것을 금하는 죽도도해금지령(竹島渡海禁止令)을 내렸다. 그런데 금지령은 그해 11월에 조선에 알려졌고, 안용복은 그 전 5월에 배에 올라 울릉도와 독도에서 일본 어부들을 꾸짖고는 일본 열도로 건너갔다.[4]

울릉도쟁계 중의 섬 이름을 둘러싸고 벌어진 실랑이에도 드러나듯이 이름은 단순한 호칭 이상의 중요한 의미를 갖는다. 구약 창세기는 하나님이 흙으로 각종 들짐승과 공중의 각종 새를 지어 아담에게로 이끌어 이름을 짓게 하셨고, 아담과 이브에게 바다의 고기와 공중의 새와 땅에 움직이는 모든 생물을 다스리라 하셨다고 전한다. 김춘수 시인은 "내가 그의 이름을 불러주었을 때 그는 나에게로 와서 꽃이 되었다"고 했다. 사물에 이름을 짓고 부르는 것은 친밀함과 지배를 드러내는 행위이다. 그러므로 이름은 처음 주인을 판별하는 중요한 잣대가 된다.

울릉도쟁계의 일련의 일들을 보면 울릉도와 독도에 우리만이 아니라 일본도 독자적인 이름을 붙인 것으로 이해할 수 있다. 그리고 이름을 붙였다면 인지했다는 말이고 그에 대한 지배권을 행사하고 있었다는 말이 된다. 그렇다면 鬱陵島와 竹島, 그리고 于山島와 松島 중에 어떤 이름이 먼저였는지 선후 관계를 살펴보아야 한다.

그런데 그보다도, 일본에서의 이름 竹島, 松島는 무슨 뜻의 이름인지 알수가 없다. 울릉도에 대나무가 자라기는 하지만 그저 한쪽 구석에서 자랄 뿐이지 이름을 대섬이라고 할 정도는 아니다. 게다가 독도에는 아예 소나무가 자라지도 못한다. 더욱 이상한 것은 죽도, 송도라는 이름은 우리나라 섬 이름 중에 가장 흔한 이름이다. 대체 이건 무슨 까닭인가?

우리나라 지도나 책에서 섬 이름을 죽도, 송도라고 표기한 것도 많고, 그런 이름을 오래 보다 보니 이제는 일상화되어 사람들도 죽도, 송도라고 부른다. 부산의 송도해수욕장이나 육지가 된 양양의 죽도가 그렇고 지금은 사라진 인천 송도해수욕장도 마찬가지이다. 그렇지만 외부에 널리 알려지

---

4) 『숙종실록』 권26, 숙종 20년 2월 23일 신묘; 권27, 숙종 20년 8월 14일 기유; 권30, 숙종 22년 8월 29일 임자; 『竹島紀事本末』(김강일·윤유숙·하혜정 역, 2012, 『울릉도·독도 일본 사료집 I』, 동북아역사재단, 157-171쪽)

지 않은 죽도, 송도의 경우에는 현지 주민들이 예전 이름 그대로 '대섬', '솔섬'으로 부르는 경우가 많다. 예컨대 경남 남해군 남면 평산리의 죽도는 19세기 「동여도」와 「대동여지도」에 '竹島'로 표기되었고, 1918년에 조선총독부 육지측량부에서 작성한 지도에도 한자 이름 '竹島' 옆에 가타카나로 '죽도'로 씌어 있었다.[5] 그 이후로 우리나라에서 제작한 여러 지도에서도 그 섬은 '竹島' 또는 '죽도'로만 표기되어 지도에 '대섬'이라는 이름으로 등장한 적이 한 번도 없다. 그러나 한글학회에서 현지를 방문하여 지명을 조사한 『한국지명총람』에는 '대섬'이라는 이름이 올려져 있다.[6] 그리고 실제로 그곳 주민들은 이 무인도를 '죽도'가 아니라 '대섬'으로 부른다. 그것은 2019년 2월 25일에 방영된 EBS1 TV의 「한국기행」에서 확인된다. 그리고 그곳에는 대나무가 자라지 않는다.

그렇다면 대섬, 솔섬이란 말은 무슨 뜻일까? 그리고 돌섬을 왜 독섬[獨島]이라 불렀을까? 이제 그 말들의 뿌리를 찾아가 보도록 한다.

5)　　朝鮮總督府 陸地測量部, 1918, 1:50,000지형도 《尙州里》
6)　　한글학회, 1978, 『한국지명총람 8(경남편 I)』, 298-299쪽

I. 울창한 언덕섬 울릉도(鬱陵島)의 여러 별칭

『삼국사기』에서는 512년(지증왕 13)에 신라의 이사부(異斯夫)가 동해의 울릉도(鬱陵島)에 있는 우산국(于山國)을 정벌하였다고 하였다. 『삼국유사』에서는 그 울릉도를 우릉도(于陵島), 우릉도(羽陵島)라고도 했다고 전했다.[1] 이어서 『고려사』에는 울릉도(蔚陵島), 우릉도(芋陵島), 무릉도(武陵島)가 보이고, 『조선왕조실록』에서는 무릉도(茂陵島), 우산도(于山島), 자산도(子山島), 우산도(牛山島)가 덧붙여졌고, 『고종실록』에서 우산도(芋山島)가 하나 더 첨가되었다.

위에 제시한 여러 이름의 한자들은 뜻이 같거나, 음이 같거나, 글자 모양이 비슷하여 같은 섬을 가리킨다는 것을 어렴풋이 짐작할 수 있다.

먼저 울릉도(鬱陵島), 울릉도(蔚陵島), 우릉도(芋陵島), 무릉도(茂陵島)는 음이 같거나 비슷한 경우로 생각하기 쉽지만 사실은 한자의 뜻이 같은 경우이다. 鬱, 蔚, 茂, 芋는 모두 숲이 무성하다는 것을 뜻하는 글자이다. 앞의 세 글자는 모두 울창하다, 무성하다는 뜻을 지닌 것으로 알려져 있으므로 별 문제가 없다. 그러나 마지막 芋는 일반적으로 토란을 뜻하는 글자로 알려져 있다. 그러나 예전에는 그렇지 않았다.

북송 때 편찬한 『광운(廣韻)』(1008)에서는 우(芋)의 음을 두 가지로 수록했는데, 평성 우운(虞韻)의 芋는 풀이 무성한 모양이라 하고, 거성 우운(遇韻)

---

1) 『삼국사기』 권4, 신라본기4 지증마립간 13년; 『삼국유사』 권1, 기이 智哲老王

의 芋는 토란이라 하였다.[2] 그리고 5년 뒤에 편찬된 『대광익회옥편(大廣益會玉篇)』(1013)에서는 芋를 평성 우운(虞韻)으로 '풀이 무성한 모양'이라고만 풀이하고 있다.[3] 이처럼 초기에는 芋가 토란보다는 수풀이 무성한 모습을 나타내는 글자로 널리 사용되었다.

그런데 무성하다, 울창하다, 짙게 우거지다를 뜻하는 한자는 芋 말고도 무(茂), 울(蔚), 울(鬱)이 있었고 청(菁)도 있었다. 이렇게 같은 뜻의 글자가 여럿이다 보니 점차 '숲이 우거지다'에는 茂, 蔚, 鬱로 대응하고, 菁은 순무를 가리키는 글자로, 그리고 芋는 토란을 가리키는 글자로 점차 정착되었을 것으로 짐작된다.

그러므로 鬱陵島, 蔚陵島, 茂陵島, 芋陵島는 기본적으로 같은 뜻을 지닌 이름이다.

이 이름들을 바탕으로 다른 이름들이 생겨났다. 武陵島는 음이 같은 茂陵島에서 파생된 이름일 것이다. 茂陵島를 武陵島로 써서 이상적인 안식처 무릉도원(武陵桃源)과 같은 섬이라는 의미를 부여한 것으로 짐작된다.[4]

한편 우릉도(于陵島)와 우릉도(羽陵島)는 한자음이 같은 우릉도(芋陵島) 또는 비슷한 울릉도(鬱陵島)에서 파생된 이름으로 짐작된다. 于는 평성 우운(虞韻)으로 芋와 음이 완전히 일치하고, 羽는 상성 우운(麌韻)인데 虞韻과 麌韻은 음은 같고 성조만 다를 뿐이다.[5]

그리고 우산도(芋山島)는 고종이 1882년에 이규원(李奎遠)을 울릉도에 검

2) 『廣韻』권1, 平聲 10虞韻 于小韻 羽俱切 "【芋】草盛貌 又王遇切"; 권4, 去聲 10遇韻 芋小韻 "【芋】一名蹲鴟 廣雅云 蜀漢 以芋爲資…" 조선시대 울릉도 이름 분석에 북송 때의 『광운』을 언급하는 것은 그 한자 이름이 아주 오래전에 붙여진 것이기 때문이다.

3) 『大廣益會玉篇』권13, 艸部162 "【芋】或虞切 草盛皃 又虞遇切"

4) 배성준, 2002, 「울릉도·독도 명칭 변화를 통해서 본 독도 인식의 변천」, 『진단학보』 94, 32쪽

5) 唐作藩, 2013, 『音韻學敎程』, 北京: 北京大學出版社, 104쪽

찰사로 파견하기 전에 만난 자리에서 나온 이름이다.[6] 기록 연대로 보면 芋山島가 于山島보다 훨씬 뒤에 등장하지만, 논리적인 절차로는 芋山島가 먼저이다.

그리고 『세조실록』에 한 번 나오는 우산도(牛山島)와, 숙종 때의 울릉도쟁계(鬱陵島爭界)에서 안용복의 진술에 등장하는 자산도(子山島)는 于山島와 음이 같거나 형태가 비슷해서 생긴 이름일 것이다.[7]

결국 울릉도(蔚陵島), 우릉도(芋陵島, 羽陵島), 무릉도(茂陵島, 武陵島), 우산도(芋山島, 于山島, 牛山島), 자산도(子山島)는 모두 하나의 섬, 울릉도(鬱陵島)의 다른 이름들이다. 그런데 실제로는 산도(山島)라는 이름이 붙은 芋山島 계열의 于山島는 조선전기에 독도의 이름으로 바뀌었고, 이에서 갈라져 나온 牛山島, 子山島도 마찬가지로 독도를 가리켰다.

울릉도의 이름에 쓰인 한자 '鬱, 蔚, 芋, 茂'가 모두 숲이 무성하다는 뜻의 글자라고 말했다. 울릉도는 수목이 무성한 섬이었다. 울릉도는 북쪽의 나리분지를 제외하면 섬 전체가 산이기 때문에 숲이 울창한 것은 당연하다. 그런데 왜 능도(陵島)라 했을까? 『설문해자(說文解字)』에서 陵은 대부(大阜)라 했고, 阜는 큰 땅이며 돌 없는 산이라 했다.[8] 陵이란 결국 커다란 토산(土山)을 가리킨다. 토산은 대체로 높이 솟은 암봉이 없어 정상이 뚜렷하지 않은 채 완만한 언덕을 이룬다. 영어권에서는, 엄밀하게 적용되는 것은 아니지만, 대체로 높고 가파르고 정상(peak)이 뚜렷한 것은 마운틴(mountain)으로 부르고, 그렇지 않은 것은 힐(hill)이라 부르는데 그것이 바로 陵에 해

----

6) 『고종실록』 권19, 고종 19년 4월 7일 임술

7) 『세조실록』 권7, 세조 3년 4월 16일 기유; 『숙종실록』 권30, 숙종 22년 9월 25일 무인

8) 『說文解字』 卷14下 "【阜】 大陸 山無石者", "【陵】 大阜也" 이 해석은 남송 때의 『大廣益會玉篇』에서도 그대로 이어졌다(『大廣益會玉篇』 卷22, 阜部354 【阜】 大陸也 山無石也, 【陵】 大阜也).

당된다. 울릉도는 陵의 개념에 아주 적합하다. 〈그림 1〉에 보이듯이 울릉도는 전체적으로 완만한 경사를 이루면서 정상이 뚜렷하지 않게 봉긋하게 솟아올라 섬 전체가 하나의 거대한 陵을 이루고 있다. 결국 울릉도(鬱陵島), 울릉도(蔚陵島), 우릉도(芋陵島), 무릉도(茂陵島)는 모두 '숲이 우거진 언덕 섬'을 한자의 뜻을 빌려 표기한 이름이다.

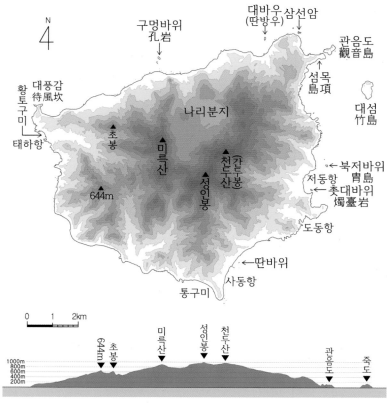

〈그림 1〉 울릉도 평면도와 남쪽에서 본 입면도

* 입면도는 수직선과 등고선의 접점을 입면에 투영하여 그림
■ 국토지리정보원, 2015, 1:50,000지형도 〈울릉군〉. 등고선간격 100m

그런데 울릉도는 능도(陵島)가 아니라 산도(山島)로도 볼 수 있다. 전체적으로 보아 바닥에서 정상까지 완만한 경사로 서서히 높아지는 지형을 일반적으로 陵이라 부르지만 陵도 높이가 상당한 수준에 이르면 山으로 부른다. 즉 山은 陵과 모순되는 개념이 아니라 陵을 포괄하는 개념이다. 현재 우리나라 산림청에서는 해발고도 200m 이상을 산이라 부른다. 영어권에서도 해발고도 2,000피트(610m) 이상이 되면 통상적으로 힐이 아니라 마운틴으로 부른다. 즉 높이가 어느 수준 이상에 이르면, 정상에 우뚝 솟은 암봉이 있든, 아니면 완만하게 언덕 모양으로 올라가든 구분하지 않고 산으로 부른다. 울릉도도 멀리서 전체적인 형상을 보면 완만한 기울기로 솟아올라서 陵이 어울리지만, 조금 접근해서 보면 상당히 높은 섬이라서 완연한 山으로 보인다. 울릉도는 최고봉인 성인봉의 해발고도가 985m나 되어 山島라는 이름도 적합하다. 울릉도는 섬 전체가 하나의 산이다.

〈표 1〉은 우리나라의 섬을 면적 순위로 10위까지 보인 것이다.[9] 울릉도의 면적 순위는 8위이지만 성인봉 985m의 높이는 제주도 한라산에 이어 2위에 이른다. 울릉도가 바다에 솟아 있는 모습은 육지의 일반 산과 비교해 보더라도 크기에서 결코 뒤지지 않는다. 서울 북악산이 342m, 부산 금정산이 802m, 목포 유달산이 228m인 점을 감안하면 산으로서 전혀 손색이 없다. 울릉도를 바다가 아니라 해발고도 50m 정도의 육지에 옮겨놓고 보면 1,000m를 훌쩍 넘는 산이 된다. 그것은 웅장한 산세를 자랑하는 1,193m의 대구 팔공산이나 1,187m의 광주 무등산에 필적할 정도이다.

그리고 〈표 1〉에서 면적대비 높이(h/s)로 보면 울릉도는 압도적인 1위를 차지하고 있다. 제주도는 넓은 평지 복판에 한라산이 솟아 있다. 그러나 울

<hr />

9) 영종도는 근래에 갯벌 매립으로 용유도와 연결되었으므로 비교대상에서 제외했다.

〈표 1〉 섬의 크기와 높이 순위

섬	면적(s)	최고봉높이(h)	h/s	순위		
				s	h	h/s
제주도	1,848km²	①한라산 1,950m	1.1	1	1	5
거제도	379km²	⑥가라산 585m	1.5	2	6	7
진도	363km²	⑦첨찰산 485m	1.3	3	7	9
강화도	302km²	⑧마니산 469m	1.6	4	8	8
남해도	301km²	③망운산 786m	2.6	5	3	6
안면도	113km²	⑩국사봉 107m	0.9	6	10	10
완도	90km²	④상황봉 644m	7.2	7	4	3
울릉도	73km²	②성인봉 985m	13.5	8	2	1
돌산도	70km²	⑨봉황산 460m	6.6	9	9	4
거금도	62km²	⑤적대봉 593m	9.6	10	5	2

릉도는 섬 전체가 하나의 산을 형성하고 있다. 해안의 일주도로가 2018년 12월에 가서야 개통되었을 정도로 바닷가 쪽에서 이어지는 평지가 거의 없이 곧바로 솟아올라 있기 때문이다.

그래서 앞에서도 말했듯이 능도(陵島)라는 이름도 어울리지만 산도(山島)라는 이름도 손색이 없다. 그러므로 우릉도(芋陵島)를 우산도(芋山島)라 불러도 전혀 이상하지 않다.

그리고 芋山島를 음도 완전히 같고, 모양이 매우 비슷하고 간결한 한자를 이용하여 우산도(于山島)로도 썼던 것이다. 우산국(于山國)이라는 이름도 그렇게 해서 생겨났음을 충분히 짐작할 수 있다. 그런데 본래 울릉도의 별명이었던 于山島는 15세기에 독도의 이름으로 변했다.

Ⅱ. 울릉도에서 독도로 옮겨간 이름
'우산도(于山島)'

1. '우산도(于山島)'를 둘러싼 혼란

과거 기록에 于山島라는 이름은 1417년 2월에 안무사(安撫使) 김인우(金麟雨)가 우산도에서 돌아왔다는 『태종실록』 기사에 처음 등장한다. 그 기사는 몇 달 전에 김인우를 무릉등처(武陵等處) 안무사로 파견한 일에서 비롯되었다.

1416년 9월에 강원도 도관찰사(都觀察使)를 지낸 바 있는 호조참판 박습(朴習)이 동해의 무릉도(武陵島)는 둘레가 210리나 되며 안에는 밭도 50여 결(結)이나 있는 커다란 섬인데 예전에 방지용(方之用)이란 자가 15가구를 데리고 그곳에 들어가 살면서 가끔 왜구를 가장하여 도적질을 하고 있다고 하니 가서 살펴보게 하는 게 어떻겠냐고 하였다. 그래서 삼척에 사는 전 만호(萬戶) 김인우를 불러들였고, 김인우는 무릉도가 육지와 격리되어 있어서 군역을 피해 도망간 자들이 있는데 그 섬에 사람들이 많이 살면 끝내는 왜가 들어와 노략질을 할 터이고 이 때문에 강원도도 해를 입을 수 있다고 하였다. 그러자 태종은 김인우를 무릉등처(武陵等處) 안무사로 삼고 병선 2척에 화약무기와 식량을 내어 주어 그 두목을 잘 타일러 데리고 오라고 하였다.[10]

10) 『태종실록』 권32, 태종 16년 9월 2일 경인

박습이 말한 무릉도(武陵島)는 『고려사』 열전에서 1371년에 영흥군(永興君) 왕환(王環)이 처남 신순(辛純)이 처형될 때에 연좌되어 무릉도에 유배되었다는 기사에 처음 보인다.[11] 그리고 나서 20년이 지나 1391년에 왜(倭)가 무릉도에 들어와 보름 동안 머물다 돌아갔다는 기사에 다시 등장한다.[12] 왕환의 유배지 무릉도는 울릉도일 수밖에 없다. '武陵島'는 울릉도의 별칭인 '茂陵島'에서 유래된 이름이기도 하고, 현실적으로 독도가 유배지가 될 수는 없기 때문이다. 그리고 박습이 말한 武陵島도 15가구가 넓은 밭을 갈고 살 정도의 섬이라면 울릉도를 가리키는 말이다.

그런데 『태종실록』의 1417년(태종 17) 2월 5일의 기사에는 무릉등처(武陵等處) 안무사로 파견된 김인우가 무릉도가 아니라 우산도(于山島)에서 돌아왔다고 하였다.

> 안무사(按撫使) 김인우(金麟雨)가 우산도(于山島)에서 돌아와 토산물로 대죽(大竹), 수우피(水牛皮), 생모시[生苧], 솜[綿子], 검박목(檢樸木) 등의 물건을 바치고, 또 주민 세 명을 데리고 왔다. 그 섬에는 15집에 남녀 모두 86명이 있다.[13]

우산도라는 이름은 울릉도와 통하는 이름이었다. 앞에서 밝힌 바와 같이 '于山島'는 본래 울창한 산 섬이라는 '芋山島'에서 파생된 이름이고 그것은 울창한 언덕 섬이라는 鬱陵島와 같은 뜻의 이름이다. 그리고 『삼국사

11) 『高麗史』 권91, 列傳4 宗室2 襄陽公恕 "環封永興君 妻弟辛珣附辛旽伏誅 緣坐流武陵島"
12) 『高麗史』 권134 列傳47 辛禑2 5년 7월 "倭入武陵島留半月而去"
13) 『태종실록』 권33, 태종 17년 2월 5일 임술 "按撫使金麟雨還自于山島 獻土産大竹·水牛皮·生苧·綿子·檢樸木等物 且率居人三名以來 其島戶凡十五 口男女并八十六"

기』에 등장하는 于山國도 于山島에 세운 나라, 즉 울릉도에 세운 나라로 이해된다.

안무사 김인우가 '우산도에서' 돌아온 사흘 뒤에 조정에서는 '우산도와 무릉도의' 주민을 육지로 쇄환하는 일에 대해 논의하였다. 그러고는 강원도 도관찰사(都觀察使)에게 병선 2척을 내주고 유능한 수군 지휘관을 선발해서 김인우와 함께 가게 하라고 지시하기로 하였다.[14] 이 『태종실록』 기사에서 武陵島와 于山島가 처음으로 함께 나란히 등장하였다. 사실 '무릉등처(武陵等處) 안무사'의 무릉등처란 무릉도와 우산도를 말하므로 이미 그 전부터 무릉도와 우산도가 별개의 섬으로 인식되었음을 알 수 있다. 그리고 같은 해 8월 6일 기사에도 왜적이 우산도와 무릉도에서 도적질을 하였다고 하여 우산도와 무릉도를 별개의 섬으로 전하고 있다.[15]

그 이후로도 우산도와 무릉도는 계속 별개의 섬으로 인식되었다. 한 예로 1457년(세조 3)에는, 유수강(柳守剛)이 10여 년 전 강릉부사로 있을 때에 강릉 사람이 제안했던 '우산도와 무릉도 두 섬[牛山茂陵兩島]'에 읍을 설치하는 일을 거론하였다.[16] 여기서 무릉도(茂陵島)는 울릉도이고 우산도(牛山島)는 우산도(于山島)를 지칭하는 것은 물론이다.

하지만 1416년 9월 2일의 기사에서는 김인우를 무릉도에 파견했다는데, 1417년 2월 5일의 기사에서는 김인우가 우산도에서 돌아왔다고 하였다. 이는 우산도와 무릉도가 별개의 섬이라는 앞의 말과 모순된다.

우산도와 무릉도가 하나의 섬인지 아니면 각자 별개의 섬인지 헷갈리는

14) 『태종실록』 권33, 태종 17년 2월 8일 을축
15) 『태종실록』 34권, 태종 17년 8월 6일 기축
16) 『세조실록』 권7, 세조 3년 4월 16일 기유. 柳守剛은 1446년(세종 28)에 강릉부사에 임명되었다 (『세종실록』 권112, 세종 28년 6월 28일 갑자).

혼란은 고려와 조선의 지리지 기록에도 나타난다.

(가) 『고려사』: 鬱陵島는 울진현(蔚珍縣)의 정동쪽 바다 가운데 있다. 신
라 때에는 于山國이라 칭했다. 武陵島라고도 하고, 羽陵島라고도 한
다…일설로는 于山島와 武陵島는 본래 두 섬으로 서로 거리가 멀지
않아 날씨가 맑으면 멀리 바라볼 수 있다고도 한다.[17]

(나) 『세종실록』: 于山島와 武陵島 두 섬이 울진현의 정동쪽 바다에 있다.
두 섬은 서로 거리가 멀지 않아서 날씨가 맑으면 멀리 바라볼 수 있다[18]

(다) 『동국여지승람』: 于山島, 鬱陵島(武陵島, 羽陵島라고도 한다) 두 섬은
울진현의 정동쪽 바다 가운데 있다…일설로는 于山島와 鬱陵島는
본래 한 섬이라고 한다.[19]

위의 기록을 살펴보면 (가) 『고려사』는 우산도와 무릉도(울릉도)는 하나인
데 일설에는 둘이라고도 한다는 것이고, (나) 『세종실록』은 우산도와 무릉
도가 별개의 두 섬이라는 것이며 (다) 『동국여지승람』은 우산도와 우릉도
는 별개의 두 섬인데 일설에는 하나의 섬이라는 말도 있다는 뜻이다. 이른

17) 『高麗史』 권58, 地理志3 交州道 蔚珍縣 "…有鬱陵島(在縣正東海中 新羅時稱于山國 一云武陵
一云羽陵…一云于山武陵 本二島 相距不遠 風日淸明 則可望見)"

18) 『世宗實錄』 권153, 地理志 江原道 蔚珍縣 "于山武陵二島 在縣正東海中(二島相去不遠, 風日
淸明 則可望見)"

19) 『東國輿地勝覽』 권45, 蔚珍縣 山川 "于山島 鬱陵島(一云武陵 一云羽陵 二島在縣正東海中 三
峯岌嶪撑空 南峯稍卑 風日淸明 則峯頭樹木及山根沙渚 歷歷可見 風便則 二日可到…一說云
于山鬱陵本一島…)"

바 '일도설(一島說)', '이도설(二島說)'의 혼란이 있었던 것이다.

그 가운데 (가)와 (나)를 비교해보면 (가)의『고려사』는 1451년에 완성되어 1454년에 편찬되었고, (나)의『세종실록』의 지리지는 1432년에 완성된『신찬팔도지리지』를 토대로 하고 이후 사항들을 보완하여 1454년에『세종실록』을 편찬할 때에 함께 수록된 것이다. 그러므로 거의 같은 시기에 편찬된 책이라서 기록의 선후를 말하기는 어렵다. 또한 두 책의 울릉도를 기술한 문장도 거의 같아서 같은 기록으로 보이기도 한다. 하지만 다른 한편으로는 기본적으로『고려사』의 기록은 고려 시기의 사실 인식을 담고 있고『세종실록』은 조선 시기의 사실 인식을 담고 있다고 볼 수도 있다.

그런데 (가)와 (다)에서는 무릉도는 울릉도라고 하였다. 그렇다면 우산도는 독도가 될 수밖에 없다. 무릉도(울릉도)에서 그리 멀지 않아서 날이 맑으면 볼 수 있는 섬은 독도말고는 없다. '于山島'가 울릉도의 이름에서 독도의 이름으로 바뀐 것이다.[20] 다만 '우산도'가 고려말, 조선초에 독도의 이름으로 전환되는 과도기의 혼란이 여러 기록에 반영되었을 따름이다.

초기에 일본의 독도영유권 논리를 만들어낸 가와카미 겐조(川上健三)는 2도설(二島說)은 실제의 지리적 지식을 토대로 한 것이 아니라 관념적인 것이라고 하였다. 즉 우산도와 무릉도는 모두 울릉도를 가리키는 말이라는 것이다. 그리고 (가)와 (나)의 '두 섬은 서로 거리가 멀지 않다[二島相距不遠]'라는 말도 우산도와 무릉도가 멀지 않다고 이해할 것이 아니라 본토와 울릉도(무릉도·우산도)가 멀지 않다는 뜻으로 이해해야 한다고 하였다.[21] 그러

20) 이병도는 于山은 본시 本島(母島)인 鬱陵島의 古名인데 屬島(子島)인 獨島의 專稱으로 化하고 말았다고 하였다(이병도, 1976, 「于山」「竹島」名稱考』,『한국고대사연구』, 박영사(1963, 「獨島의 名稱에 대한 史的 考察」,『조명기박사화갑기념불교사학논총』), 799쪽).

21) 川上健三, 1966,『竹島の歴史地理學的研究』, 東京: 古今書院, 103쪽, 114쪽

나 한문 해독능력을 어느 정도 갖춘 사람이라면 그러한 해석이 불합리하다는 것은 충분히 알 수 있다. 또한 여러 자료를 시기적인 차이나 자료의 불확실성 등을 모두 고려하여 종합적으로 판단하지 않고 우산도와 무릉도가 하나라는 전제를 세워두고, 두 섬이라고 생각될 만한 자료만 비판하였다.

가와카미가 이렇게 무리한 주장을 편 이유는 1960년대 당시 고유영토론에 입각하여 독도영유권을 주장했기 때문이다. 즉 일본은 오래전부터 일본이 독도의 존재를 알았고 독도에 松島라는 이름을 붙여 불렀고, 독도를 왕래하며 경영해 왔지만, 한국은 독도의 존재도 몰랐고, 부르는 이름도 없었다는 주장을 하기 위해서였다. 그런데 2도설은 독도의 존재를 알았다는 것이므로 그것을 부정해야 했던 것이다. 하지만 가와카미의 주장은 일본 내에서도 점점 설득력을 잃게 되었다.

그러자 시모조 마사오(下條正男)는 다른 말을 내어놓았다. 무릉도는 울릉도이고 우산도는 무릉도(울릉도)와 다른 별개의 섬이 맞는데, 다만 무릉도와 우산도, 두 섬의 서로의 거리가 멀지 않다고 했으므로 우산도는 독도가 아니라 울릉도 바로 옆의 죽서(竹嶼: 죽도)라고 주장했다.[22]

이것은 더 이상한 말이다. 전체적인 내용은 누구나 알 수 있듯이, 단순히 멀지 않다는 것이 아니라 꽤 멀지만 보이지 않을 정도로 먼 것은 아니라는 뜻이다. "두 섬이 (서로 거리가 멀어서 날씨가 좋지 않으면 볼 수 없지만) 거리가 아주 먼 것은 아니어서 맑은 날에는 볼 수 있다."라는 말로 해석해야 마땅하다. 죽도는 울릉도 해안에서 대략 2km 거리에 있는데, 그 정도 거리라면 청명한 날이 아니라 흐리거나 눈비가 오는 날에도 어지간한 상황에서는 충분히 볼 수 있다. 그런데 거리가 멀지 않다고 했으므로 우산도는 독도가 아

22)   下條正男, 1999, 「竹島問題, 金炳烈氏に再反論する」 『現代コリア』 391, 61쪽

니라 울릉도 바로 옆의 죽도라고 하는 것은 상식에 어긋나는 말이다.

결국 于山島라는 이름은 芋山島에서 나왔고, 芋山島는 鬱陵島의 다른 이름이었다. 따라서 于山島는 처음에는 울릉도를 가리키는 말이었다. 물론 于山國도 울릉도를 가리키는 것이었다. 그런데 고려말에 혼란이 생기면서 우산도가 점차 독도를 가리키는 말로 바뀌었고 15세기 중엽에는 독도를 가리키는 말로 자리를 잡게 되었던 것으로 보인다. 그리고 16세기 이후로 '于山島'는 완전히 독도의 이름으로 정착되었다.

1696년(숙종 22)의 울릉도쟁계에서 안용복은 일본이 송도(松島)라고 부르는 섬은 우리나라의 子山島라고 했는데, 子山島는 물론 于山島이다. 『동국문헌비고(東國文獻備考)』(1770)에서도 울릉도와 우산도가 모두 우산국 땅이며, 우산도는 왜(倭)가 송도라고 부르는 섬이라고 하였다.[23] 송도는 당시 독도를 지칭하는 이름이었으므로 이때의 자산도, 우산도도 당연히 독도를 가리킨다.

본래 울릉도의 별칭이었던 于山島(芋山島)가 왜 독도를 지칭하는 이름으로 변했을까? 울릉도와 독도에 관한 정보가 점점 희미해지고, 급기야 왜곡되면서 잘못된 정보가 굳어져서 우산도라는 이름이 15세기 초에 울릉도에서 분리되어 독도를 칭하는 이름으로 바뀐 것으로 짐작된다. 그런데 그 착오는 이후에 바로잡아지지 않고 그대로 고착되었다. 그래서 지도에도 독도를 于山島로 표기하기 시작했다.

뒤에 언급하겠지만 울릉도의 별명으로는 우산도(于山島)와 함께 가개섬[可支島]과 대섬[竹島]이 있었다. 그런데 언제부터인지 알 수 없지만 가개섬

---

23) 『萬機要覽』(1823)과 『海東繹史』에도 于山島가 松島라는 내용이 있는데 『東國文獻備考』의 기사를 옮겨 실은 것이다.

[可支島]이라는 이름도 관음도에 잘못 붙여지고, 竹島라는 울릉도의 이름이 일본에서 메이지 초기에 독도에 잘못 붙여져 현재까지 이어져 오듯이, 본래 울릉도의 이름이었던 于山島라는 이름이 여말선초에 독도의 이름으로 바뀌었다. 조선에서 열 개 가량 되는 울릉도의 이름들 가운데 '우산도'와 '가개섬'이 다른 섬으로 떨어져 나간 것이다.

2. 고지도의 우산도

일본은 명칭의 혼란과 아울러 고지도에 표시된 우산도 위치의 부정확함을 근거로 우산도가 독도가 아니라고 주장한다. 일본 외무성 홈페이지에 올려놓은 팜플렛에서는 조선시대 지도에 보이는 우산도는 독도가 아니라 실제로 존재하지 않는 가공의 섬이거나 독도가 아닌 울릉도 근처의 다른 섬이라고 주장하면서 몇 가지 근거를 들고 있다.[24]

첫째, 한 예로 『태종실록』에는 1417년에 김인우가 우산도를 다녀와서 그곳에 15호 86인이 살고 있었다고 보고하고 섬에서 가져온 대죽, 수우피, 생모시 등을 진상했다는데 섬의 정황으로 보아 독도가 아니라는 것이다. 그런데 그것은 이상한 일이 아니다. 1417년 기사의 우산도는 울릉도이다. 그런데 후에 독도의 이름으로 바뀐 것이다. 이에 대해 1954년에 한국정부는

||||||||||||||||||||||||||||||||||||

24) 이는 대체로 일본의 국제법학자 쓰카모토 다카시(塚本孝)의 견해를 인용한 것이다(塚本孝, 2011, 「竹島領有權問題の經緯(第3版)」, 『國立國會圖書館 ISSUE BRIEF』 701). 일본학자들의 견해도 모두 같지는 않다. 于山島가 獨島라는 것을 인정하는 학자도 여럿 있다. 다가와 고조(田川孝三)는 일찍이 1953년에 竹島(독도) 외에는 달리 볼 수 없다고 했고(송휘영 엮음, 2013, 『일본학자가 보는 독도의 역사학적 연원』, 지성人), 나이토 세이추(內藤正中), 이케우치 사토시(池內敏) 등도 독도로 보고 있다.

우산도라는 이름이 초기에는 울릉도 한 섬에 붙여진 두 이름['一島二名'] 가운데 하나였는데, 후에 독도의 이름이 되어 울릉도와 우산도가 두 섬에 붙여진 두 이름['二島二名']이 되었다고 설명한 바 있다.[25)

둘째, 18세기 이전 지도에 그려진 우산도는 위치와 크기로 보아 독도가 아니라는 것이다. 우산도가 울릉도의 동쪽이 아니라 서쪽에 그려졌고 울릉도보다 매우 작게가 아니라 약간 작게 그려져 있으므로 우산도는 존재하지 않는 가상의 섬이라고 한다. 그리고 그 연장선 상에서 18세기 이후에 울릉도 동쪽에 그려진 우산도도 독도가 아니라고 주장한다.

독도는 현재 울릉도의 동남동 방향에 있다. 그런데 우산도는 고지도에 울릉도의 사방에 나타나지만, 18세기를 경계로 하여 그 이전에는 대체로 울릉도 서쪽에 그리다가, 17세기 말 안용복의 울릉도쟁계 이후로는 울릉도 동쪽에 그려지기 시작했다(<그림 2>).[26)

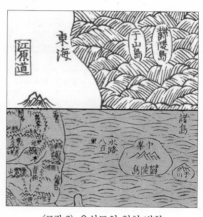

〈그림 2〉 우산도의 위치 변화

■ 上: 1530년 『新增東國輿地勝覽』의 八道總圖.
下: 19세기 중엽 〈大朝鮮國全圖〉(국립중앙도서관 소장)

그런데 우산도가 울릉도의 동쪽에 멀리 그려지지 않고 서쪽에 가까이 그려졌다고 해서, 그리고 훨씬 작게 그려지지 않고 약간 작게 그려졌다고 해

---

25)   정영미, 2015, 『일본은 어떻게 독도를 인식해 왔는가』, 한국학술정보원, 223쪽
26)   이상태, 2007, 『사료가 증명하는 독도는 한국땅』, 경세원, 18-97쪽. 8세기 중후반의 『天下圖』, 『朝鮮八道地圖』, 『八道地圖』의 강원도지도에서는 우산도가 울릉도 남쪽에 그려졌다. 그것은 그저 지도의 오른쪽 테두리에 여백이 없었기 때문으로 보인다(위의 책, 67-70쪽).

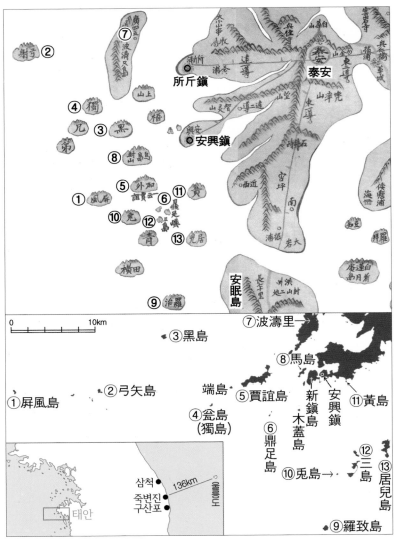

〈그림 3〉 「동여도」의 안흥진(安興鎭) 주변의 섬들

* 섬 번호는 서쪽부터 차례로 붙였다. ⑦바도기섬[波濤只島]은 현재는 육지와 이어져 파도리(波濤里)
  로 남았다.
■ 아래: 국토지리정보원, 2013, 1:50,000지형도 〈石島〉·〈黑島〉·〈近興〉

서 독도가 아니라는 주장은 성립되기 어렵다. 그런 이유로 어떤 섬을 가상의 섬이라고 한다면 19세기 「동여도(東興圖)」에 그려진 섬들은 상당수가 존재하지 않는 가상의 섬이 되고 만다.

18세기 중엽에 정상기(鄭尙驥)의 「동국대지도(東國大地圖)」에서 백리척(百里尺)이 도입되고, 18세기 후반에 신경준(申景濬)의 20리 방안지도(方眼地圖)가 제작되었으며, 1861년에는 김정호(金正浩)의 「대동여지도(大東輿地圖)」가 완성되었다. 그리고 목판본 「대동여지도」의 저본(底本)이었던 「동여도」는 조선시대 고지도로서는 가장 정확하고 풍부한 정보를 담고 있는 지도로 인정되고 있다. 그런데도 섬의 위치, 형태 표시는 상당히 부정확했다. 지도의 표시는 육지에서 크게 개선되었지만 바다에서는 그렇지 못했던 것이다. 측량기술이 발달하지 않은 조선시대에 위치 측정의 기준으로 삼을 것이 아무것도 없는 망망대해에서 방향과 거리를 알아내어 섬의 위치를 정확하게 표시하기란 쉽지 않았으며 형태 표시도 마찬가지였다. 그러한 정황은 「동여도」의 섬에서 확인된다. 그 한 예로 안흥진(安興鎭) 주변의 섬들을 〈그림 3〉에 제시했다.

조선시대에 태안반도의 안흥진은 충청도 서해안의 최전방에 있어서 1609년에 거진(巨鎭)이 설치되어 첨절제사(僉節制使)가 파견되었고 1655년에는 석성(石城)을 쌓았으며 군사가 2,300여 명이 배속될 정도로 번성한 곳이었다. 그리고 그곳은 전라도의 세곡(稅穀)을 실은 조운선(漕運船)이 안흥진과 신진도(新鎭島) 사이의 안흥량(安興梁)을 지나다가 좌초하는 일이 잦아서 특히 주목받는 곳이었다.[27] 그렇게 번성했고, 관심의 대상이 된 곳이지

27) 김경옥, 2008, 「조선후기 태안 안흥진의 설치와 성안마을의 공간구조」, 『역사학연구』 32, 139쪽; 서태원, 2013, 「조선후기 충청도 安興鎭의 구조와 기능」, 『역사와 실학』 52, 120쪽

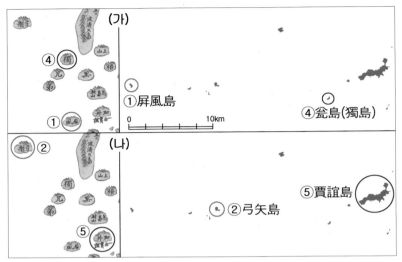

<그림 4> 「동여도」에서 섬들의 상대적 위치의 혼란

만 안흥진 근처에서 조금만 벗어나면 섬들의 위치, 형태는 지도에 정확하게 표시되지 못했다. 섬들의 상대적인 방위, 크기, 거리가 맞지 않는 사례는 아주 많으나 몇 개만 들어본다.

첫째, 두 섬의 상대적인 방위가 맞지 않는 경우이다. <그림 4>의 (가)에서 ①병풍도(屛風島)는 ④옹도(瓮島: 獨島, 독섬) 서쪽 23km에 있는데 「동여도」에서는 옹도 남쪽에 있다. <그림 4>의 (나)에서 「동여도」에 궁사도(弓射島)로 표기되고 주민들이 '화사리'로 부르는[28] ②궁시도(弓矢島)는 ⑤가의도(賈誼島) 서쪽 16.5km에 있는데 「동여도」에서는 북쪽에 있다. 또한 <그림 5>에서 ⑪황도(黃島)는 안흥진 동쪽의 육지에 바짝 붙어 있는데 「동여도」에서는 안흥진 남쪽으로 육지에서 멀리 떨어져 있다. <그림 5>의 ⑧마도(馬島)는 가

28)　한글학회, 1974, 『한국지명총람 4(충남편下)』, 15쪽

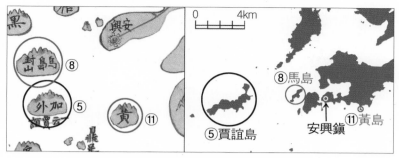

〈그림 5〉「동여도」에서 섬들의 상대적 크기의 혼란

의도 동쪽에 있는 섬인데, 「동여도」에서는 북쪽에 있다.

　둘째, 상대적인 크기가 맞지 않는 경우이다. 〈그림 5〉에서 ⑤가의도는 이 일대에서 가장 큰 섬으로 ⑧마도보다 엄청나게 큰데 「동여도」에서는 마도 (馬島)보다 작게 그려졌다. 게다 가 「동여도」의 가의도 형태는 실제와 전혀 다르다. 〈그림 5·6〉 의 ⑩토도와 ⑪황도도 ⑤가의도 와는 비교도 안 될 만큼 작은 섬 인데 「동여도」에서는 거의 같은 크기로 그려져 있다.

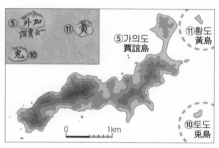

〈그림 6〉「동여도」의 섬 크기와 실제 크기

　셋째, 두 섬의 거리가 맞지 않는 경우이다. 〈그림 7〉의 (가)에서 ①병풍도 (屛風島)와 ⑩토도(兔島)는 멀리 40km나 떨어져 있어서 거의 양쪽 끝에 있 는데 「동여도」에서는 바로 곁에 그려져 있다. 〈그림 7〉의 (나)에서 ③흑도 (黑島)는 ⑧마도(馬島)의 서쪽 17km 먼 거리에 있는데 「동여도」에서는 북쪽 바로 옆에 그려져 있다.

　이처럼 고지도에서는 바다에서 동서와 남북이 바뀌고, 큰 섬이 작게 그

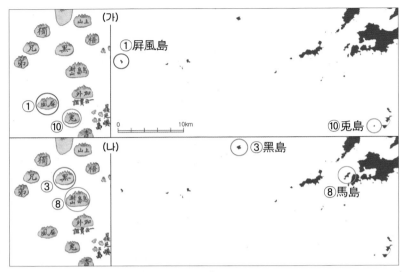

<그림 7> 「동여도」에서 섬들 사이의 거리의 혼란

려지고 작은 섬이 크게 그려지며, 먼 섬이 곁에 놓이고 곁에 있는 섬이 뚝 떨어져 있는 것은 아주 흔한 일이었다. 바다에서의 이런 현상은 태안반도 근처에서만 그런 것이 아니라 「동여도」 전반에서 그렇다. 육지에서는 상당히 정확했던 「동여도」도 바다에서는 그렇지 못했던 것이다.

그러면 울릉도와 독도는 서해 안흥진 주변의 섬들에 비해 어떤가?

조선시대에 울릉도에 갈 때에는 삼척의 장오리진(莊五里津: 현 장호항), 울진의 죽변진(竹邊津: 현 죽변항), 평해(平海)의 구산포(邱山浦: 현 울진 구산항)에서 출항하는 경우가 많았다.[29] 울릉도는 구산항이나 장호항에서는 대략 140km거리에 있었고, 죽변항에서는 130km 거리에 있었으며 독도는

---

29)　심현용, 2013, 「조선시대 울릉도 수토정책(搜討政策)에 대한 고고학적 시·공간 검토」, 『영토해양연구』 6, 187-191쪽

217km나 떨어져 있었다. 그런데 〈그림 3〉에서 안흥진에서 서쪽 끝의 ①병풍도까지는 36km 남짓했다. 불과 36km 안에서도 섬의 배치에 오류가 이렇게 많은데 그보다 4배 가까이 먼 울릉도와, 6배나 되는 거리에 있는 독도의 위치가 지도에 정확하게 표시되지 않은 것은 이상한 일이 아니다.

그리고 울릉도와 독도의 상대적인 위치, 크기가 현지의 주민들에게 정확하게 인식되었다 하더라도 그것이 중앙에 보고되고, 중앙에서 큰 관심을 기울여 지도에까지 반영하는 것은 기대하기 어려웠다.

고지도에서는 울릉도와 독도의 정확한 방향과 거리를 표시하려 한 것이 아니다. 전부터 전해져 오는 정보에 따라 그저 동해 아주 먼 곳에 두 섬이 있는데 하나는 크고 하나는 작다는 것을 그렸을 뿐이다. 그런데 처음에 우연히도 독도가 울릉도 서쪽에 그려졌고, 그 이후로는 오랫동안 관행적으로 답습되었던 것이다. 따라서 우산도가 초기 지도에서 울릉도의 서쪽에 그려졌다는 이유로 우산도가 독도가 아니라고 하는 것은 성급한 판단이다.

앞의 안흥진 사례에서 보았듯이 「동여도」에는 토도(兎島)에서 아득히 떨어진 병풍도가 토도 가까이 그려지고, 가의도보다 엄청나게 작은 황도(黃島)가 가의도와 거의 비슷한 크기로 그려졌어도 토도나 황도를 가공의 섬이라거나 다른 섬이라고 말하지 않는다. 그런데 토도, 가의도보다 어마어마하게 먼 거리에 있는 독도의 실재 여부를 고지도의 부정확성은 고려하지 않은 채 고지도에 그려진 형태, 크기, 방향, 거리만으로 판단하는 것은 지극히 위태롭다.

일본 외무성의 홈페이지에 올려놓은 팜플렛에서는 우산도가 독도가 아니라는 또 하나의 증거로 1899년에 대한제국 학부편집국에서 제작한 〈대한전도(大韓全圖)〉를 소개하고 있다. 18세기 이후의 고지도에는 우산도가 울릉도의 서쪽이 아니라 동쪽에 있기는 한데, 그렇더라도 그 우산도는 울릉도에 너무 가까이 있기 때문에 독도가 아니라고 한다. 특히 〈대한전도〉에 그려진 우산도(A)는 독도일 수가 없다고 한다(〈그림 8〉). 즉 한국 학자들이 우산도(독도)가 울릉도 바로 옆에 그려진 것은 고지도의 부정확성 때문이라 하지만 〈대한전도〉는 예전의 고지도와는 달리 '경위도선이 그려진 근대적인 지도'이므로 울릉도 가까이 있는 섬 우산도는 독도가 아니라, 울릉도 동쪽 해안선에서 2km쯤 떨어져 있는 죽서(竹嶼: 竹島)라고 주장한다.

그런데 〈대한전도〉의 경위도선은 중요하고 엄밀한 기준 좌표가 아니다. 즉 지도의 각 지점을 경위도선에 맞추어 그린 것이 아니라, 예전의 고지도와 같은 형태의 지도에 그저 적절한 간격으로 구획이 그어진 경위도선을 얹었을 뿐이다. 한반도의 전체 형태를 보더라도 정확하게 경위도에 맞추어 그린 지도와는 다른 것을 한눈에 알 수 있다.

그것은 개성(開城)의 위치로도 알 수 있다. 개성은 북위 38도선 바로 아래에 놓여 있었다. 그래서 1945년 8월 15일에 일본이 항복한 후 미군보다 먼저 한반도에 진주한 소련군은 8월 23일에 개성까지 들어왔다가, 38도선 분할점령이 발표되자 9월 초에 38선 이북으로 철수했다. 그런데 지도에서는 개성이 대략 북위 38.3°에 있다.

울릉도의 위치도 경위도선에 맞지 않는다. 울릉도는 동경 130.79°~130.92°, 북위 37.45°~37.55°에 있어 서쪽 끝 지점이 130.79°인데,[30] 〈대한전도〉에는 동경 130° 선에 서쪽 끝이 닿아 있다. 북위 37.5°에서 경도 1°는 약 88km에 해당되므로[31] 0.79°의 차이는 약 70km의 오차를 의미한다. 울릉도의 위치가 서울에서 춘천에 이르는 거리만큼이나 어긋난 것이다.

---

30) 독도는 동경 131.86°~131.87°, 북위 37.24~37.25°에 있다.
31) 76쪽의 〈수식 1〉을 토대로 계산하였다.

〈그림 8〉 學部編輯局〈대한전도〉(1899)의 鬱陵島와 于山島

■ 국회도서관 소장. 이상태, 『사료가 증명하는 독도는 한국땅』, 64쪽의 지도를 가공함

그리고 울릉도 동쪽의 작은 A섬이 독도가 아니라 죽도라면 '정확한 근대

지도'에 그려진 B섬은 무엇인가? 울릉도 근처에 남쪽으로는 섬이라고 할

만한 것이 없다. 있다면 멀리 동남쪽으로 독도가 있을 뿐이다. 방향과 거리

를 제대로 가늠하기 어려운 바다 위의 섬들이 고지도 상에 표시되지 못한 것은 충분히 이해되는 일이다. 그리고 제한된 지면에 멀리 있는 작은 섬 하나를 정확한 위치에 표시하려면 정작 중요한 육지 부분을 작게 그릴 수밖에 없으므로 정확한 위치를 알았더라도 그대로 그릴 수는 없었을 것이다.

다만 〈대한전도〉의 A섬이 울릉도와의 거리, 방향만으로 독도가 아니라는 주장에 동의할 수는 없지만 '于山'이라는 표기만으로 독도로 판단하기에는 부족함이 없지 않다. '于山' 표시는 단지, 예전 지도와 마찬가지로 동해에 울릉도와 별개의 우산도가 존재했다는 인식을 드러낸 것으로 보인다.

Ⅲ. 울릉도에서 관음도로 옮겨간 이름 '가개섬(可支島)'

1. 가지도(可支島)라는 이름의 관음도

울릉도(鬱陵島), 울릉도(蔚陵島), 무릉도(茂陵島), 우릉도(芋陵島)는 음이 비슷하기도 하지만 모두 '숲이 울창하게 우거진 언덕 섬'이라는 뜻을 한자로 표기한 이름이다. 그렇다면 과거에 울릉도를 우리말로는 무엇이라 불렀을까? 고대국어 자료가 거의 남아 있지 않은 가운데서도 다행히 실마리가 될 만한 자료 둘이 『삼국사기』와 『정조실록』에 남아 있다.

1794년(정조 18) 4월에 울릉도 수토관(搜討官)으로 파견된 월송진(越松鎭) 만호(萬戶) 한창국(韓昌國)은 울릉도를 순회하던 중 가지도(可支島)에서 가지어(可支魚: 강치) 두 마리를 잡았다.[32] 가지어는 1694년(숙종 20)에 울릉도를 탐방한 사실을 기록한 삼척 영장 장한상(張漢相)의 「울릉도사적(鬱陵島事蹟)」에 처음 등장한 후 여러 문헌에 보이고 대한제국 시기의 신문 기사에도 보인다.[33] 가지어는 바다사자과에 속한 동물로 가제 또는 강치라고 부르는데 '어(魚)'자가 붙거나 붙지 않은 형태로 가지(可支, 加支, 嘉支, 可之), 강치(強治)로도 기록되었다.

---

32) 『정조실록』 권40, 정조 18년 6월 3일 무오
33) 한철호, 2012, 「독도·울릉도 '가지'(강치)에 대한 인식의 변화와 그 의미」, 『한국사학보』 49;
     유미림, 2015, 「가제냐, 강치냐: 호칭의 유래와 변천에 관한 소고」, 『일본 사료 속의 독도와 울릉도』, 지식산업사

한창국이 도착한 가지도는 관음도임이 분명하다. 한창국은 4월 22일에 서쪽 황토구미진(黃土丘尾津)에 도착하여 연안을 따라 통구미진(桶丘尾津), 장작지포(長作地浦), 저전동(楮田洞: 苧洞)을 거쳐 가지도(可支島)에 도착했고,

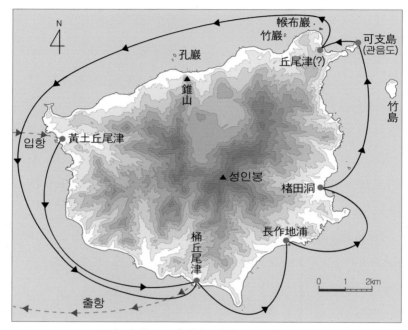

〈그림 9〉 1794년 한창국의 울릉도 순회 경로
* 구미진(丘尾津)의 위치는 불확실함

그 후에 구미진(丘尾津)을 거쳐 죽암(竹巖: 대바우·딴바우), 후포암(帿布巖: 일선 암), 공암(孔巖: 구명바우), 추산(錐山: 송곳산)을 두루 둘러보고 다시 남쪽 통구 미진으로 돌아와 4월 30일에 울릉도를 떠났다.[34] 그의 행로를 추적해 보면

---

34) 한창국의 기록에 등장하는 지명 가운데 楮田洞은 1786년에 搜討官 金昌胤이 올린 牒呈에서 는 苧田洞으로 기록되어 현재의 苧洞을 가리키는 것을 알 수 있고, 『일성록』에 帿竹巖으로도 기록된 帿布岩은 현재의 一仙岩으로 짐작된다(『日省錄』 정조 10년 6월 4일 병자). 이는 고지도

가지도는 저전동과 죽암 사이에 있는 섬이며, 관음도에 해당됨을 짐작할 수 있다(<그림 9>).

지금까지의 연구에서 可支島라는 이름은 가제, 강치가 많이 잡히는 섬이라는 뜻으로 이해해 왔다. 그러나 그러한 해석에는 의문이 있다.

우리나라 섬 이름 가운데는 동물 이름이 붙은 섬이 여럿이 있다. 현지 주민들의 말로는 특정 동물이 많아서 붙여진 이름이라고 하는 경우가 많지만 막연한 추측일뿐 사실과는 거리가 멀다. 예컨대 까치섬[鵲島]은 까치가 많이 모여서 그런 이름이 붙었다고 자주 이야기되지만 실제로는 작은 섬을 가리키며, 새섬[鳥島]은 사이에 낀 섬을 말한다. 누에섬[蠶島], 새우섬[鰕島], 뱀섬[蛇島]은 섬의 전체적인 모양이 동물 모양과 비슷하여 붙인 이름이다(<그림 41·87>). 소섬[牛島], 말섬[馬島], 돝섬[猪島] 가운데 상당수는 소나 말을 방목할 수 없는 작은 섬들이 대부분이고 희귀하게 보이는 토끼섬[兎島], 파리섬[蠅島], 모기섬[蚊島]은 무슨 뜻으로 붙인 이름인지도 분명치 않다. 즉 섬에 서식하는 동물로 섬의 이름을 지은 확실한 사례를 보지 못했다.

可支島라는 이름도 섬에 강치가 많아서 붙였을 가능성은 희박하다. 관음도 바로 옆에 울릉도가 있고 가까이에는 죽도도 있고, 북정암, 딴바위, 구멍바위 등의 바위들도 많은데 관음도에만 강치가 몰려들지는 않았을 것이다. 그리고 강치가 독도에서 많이 잡혔다는 것은 널리 알려져 있다. 따라서 섬이름 可支島의 '可支'를 동물 이름 강치와 연결시킬 필요는 없어 보인다.

그렇다면 可支는 무슨 의미로 붙여진 이름일까? 우선 可支를 한자의 뜻으로 풀이하면 전혀 짐작할 수가 없다. 그러므로 한자의 음을 빌려 표기한 것으로 보는 것이 적절하다. 음을 빌렸다면 어떻게 읽어야 할까?

에서도 확인된다.

실록에서 可支島로 나타난 관음도에는 까깨섬, 까깨섬 또는 깍새섬, 깍세섬이라는 별명이 있다.[35] 그 이름의 유래에 대해 깍새(슴새)가 많이 몰려들어 깍새라 했다 하기도 하고 섬에 살던 사람이 깍새를 구워먹은 이래로 깍새섬이 되었다는 말이 전해지기도 하는데 신빙성이 거의 없는 말이며, 앞서 말했듯이 특정 동물이 많아 지은 이름으로 믿기 어렵다. 그리고 실제로 이 섬에만 깍새가 많이 오는지 확인된 바도 없다. 그것은 아마도 '까깨'가 이미 뜻을 잊어버린 지 오래된 옛날 말에서 유래된 말이라서 의미가 이해되지 않자 음이 비슷한 깍새를 끌어들여 깍새섬이라는 말을 붙였던 것으로 짐작된다.

可支島라는 이름이 언제 붙여졌는지 현재로서는 알 수가 없다. 따라서 어느 시기의 한자음으로 읽어야 옳은지도 알 수 없다. 그런데 可支島를 삼국시대부터 있었던 비슷한 음의 이름으로 가정하면 鬱陵島, 可支島, 까깨섬이 하나로 연결되어 조각으로 흩어진 이름들의 퍼즐이 맞추어진다. 可支島를 고대국어로 재현해 보기로 한다.

2. '支'의 소릿값 '개[kɛ]'

可支島를 지금의 한자음 그대로 읽으면 '가지도'이다. 현재 우리나라에서 쓰고 있는 한국한자음(Sino-Korean)은 대체로 800년을 전후하여 중당(中唐: 766~835) 시기에 편찬된 혜림(慧琳)의 『일체경음의(一切經音義)』의 음운체계 또는 그보다 약간 늦은 시기의 것을 반영한 것으로 알려져 있다.[36] 따라

서 일본의 한음(漢音), 베트남한자음과 같이 후기중고음에 해당하는 중당(中唐)의 장안음(長安音)이 핵심 층위를 이루고 있다. 그리고 한국한자음이 통일신라 시기에 정해진 이후로는 중국에서 한자의 음이 송, 원, 명, 청을 거치면서 어떻게 변했든 관계없이 한국한자음은 지금까지 바뀌지 않고 계속 유지되어 왔다. 그리고 바뀌었더라도 중국어 음의 변화 때문이 아니라 한국어의 변화에 따라 바뀌었을 뿐이다.

그런데 지명표기는 아주 옛날 것이 그대로 전해지는 경우가 많다. 초기에 우리말을 음이 비슷하거나 일치하는 한자로 표기했는데, 시간이 흐르면서 중국어 한자음이 변하여 우리말과 어긋나게 되었다 하더라도, 지명은 완고한 보수성으로 인해 예전의 한자를 바꾸지 않고 그대로 쓰는 경우가 많다. 그래서 조선후기의 可支島라는 표기도 삼국시대에 시작되었을 가능성을 열어놓고 분석해 보기로 한다. 그래야 鬱陵島, 可支島, 까깨섬을 하나로 꿸 수 있기 때문이다.

可支島가 삼국시대의 이름이었다면 지금처럼 중고음 '가지도'로 읽을 것이 아니라 한대(漢代)의 후기상고음으로 읽어야 한다.

함경남도 원산 바로 남쪽 안변에 있었던 청산현(菁山縣)의 삼국시대 이름은 可支島의 의미에 시사하는 바가 크다. (가)에 제시된 청산현의 고구려 시절 이름에는 可支와 음이 같은 加支가 보이기 때문이다.

(가) 菁山縣 本高句麗加支達縣 景德王改名 今汶山縣[37]

36) 河野六郎, 1979, 『朝鮮漢字音の研究』, 『河野六郎著作集 2』, 東京: 平凡社, 509쪽; 伊藤智ゆき, 2007, 『朝鮮漢字音研究』, 東京: 汲古書院, 266-267쪽; 魏國峰, 2017, 『고대 한국어 음운 체계 연구』, 태학사, 61-64쪽
37) 『三國史記』 권35, 지리지2 朔州 朔庭郡

경덕왕 때에 개정된 군현명칭에는 예전에 한자의 음을 빌려 표기한 우리 말 지명을 한자의 뜻을 빌려 표기하는 방식으로 바꾼 것이 많다. 청산(菁山) 의 본래 이름은 가지달(加支達)이었는데 '達'은 종종 '高[높다]' 또는 '山(산)'에 대응한다.[38] 그러므로 加支는 菁에 대응한다. 菁은 鬱, 蔚, 茂와 마찬가지로 무성하다, 우거지다의 뜻을 지니고 있으므로 加支의 한자음으로 표현한 우 리말은 무성하다, 우거지다의 뜻을 지닌다. 加支와 可支의 공통된 글자 支 의 음운 분석은 뒤로 미루고 우선 可와 加부터 살펴보기로 한다.

예전에는 한자의 음을 반절(反切)로 표시했다.[39] 예컨대 堅(견)의 음은 '고 현절(古賢切)'로 표시하는데 이는 '견'을 고(古)의 'ㄱ'과 현(賢)의 'ㅕㄴ'으로 나 누어 음을 나타낸 것이다. 이때 'ㄱ'을 성모(聲母: initial)라 하고 'ㅕㄴ'을 운모 (韻母: final)라 하며, 성모는 반절 두 글자 가운데 앞의 반절상자(反切上字)에 반영되어 있고, 운모와 성조는 뒤의 반절하자(反切下字)에 반영되어 있다.

그리고 堅의 후기중고음은 kien이다. 이 가운데 k를 성모(聲母, I: initial) 라 하고, i를 개음(介音, M: medial)이라 하고, e를 운복(韻腹), 핵모(核母) 또는 주요모음(V: main vowel)이라 하고, n을 운미(韻尾, E: ending, coda)라 하며, 음 의 고저를 성조(聲調, T: tone)라 한다. 그래서 한자의 음은 IMVE/T로 구성되 며 이 가운데 일부는 없기도 하지만 주요모음(V)과 성조(T)는 반드시 있다.

한어음운학(漢語音韻學)에서는 주, 진, 한의 음을 상고음(上古音)이라 하고 그 가운데 서한(西漢: 前漢), 동한(東漢: 後漢)의 음을 후기 상고음이라 하며, 위진(魏晉) 시기의 음을 과도기의 음으로 보고, 남북조시대 이후 수, 당을

---

38)   '達'이 '高'에, 또는 '山'에 상응한 예를 각각 둘씩 든다. "高城郡 本高句麗達忽", "高烽縣 本高 句麗達乙省縣" "土山縣 本高句麗息達", "僧山縣 一云所勿達"(『三國史記』 권35, 地理志2 高句 麗 冥洲 高城郡, 권37, 地理志4 漢州 交河郡; 高句麗 漢山州)

39)   이후의 한어음운학 설명은 정연식, 2023, 『경주 첨성대의 기원』, 주류성, 174쪽에 따른다.

거쳐 송까지 이어진 음을 중고음(中古音)이라 부른다. 학자에 따라서는 중고음 중에서도 남북조(南北朝), 수(隋), 초당(初唐), 성당(盛唐)의 음을 전기중고음(EMC)이라 하고, 중당(中唐), 만당(晩唐), 오대(五代), 송(宋)의 음은 후기중고음(LMC)으로 하여 둘로 나누기도 한다.[40]

　加支의 고구려 음은 후기상고음으로 재구(再構: reconstruction)하는 것이 옳다. 또한 과도기 위진 시기의 음을 그대로 후기상고음에 포함하여 논해도 크게 무리는 없다고 본다. 한어음운학자들은 두 글자를 〈표 2〉와 같이 재구했다.[41]

〈표 2〉 可와 加의 재구

	可		加	
中古音韻	枯我切, 溪母 哿韻 1等 開口 上聲		古牙切, 見母 麻韻 2等 開口 平聲	
Karlgren	*kʰâ〉kʰâ:		*ka〉ka	
李方桂	*kʰar〉kʰâ	歌	*krar〉ka	歌
Starostin	*kʰāj〉*kʰä〉kʰā〉*kʰâ	歌A	*krāj〉*krä〉kā〉ka	歌A
Schuessler	*kʰâi?〉*kʰɑi〉kʰâ	歌(1)	*krai〉*kai〉*ka〉ka	歌(1)
鄭張尙芳	*kʰaal?〉*kʰaai〉*kʰɑ	歌₁	*kraal〉*kraa〉kɣa	歌₁

＊ 재구음 뒤의 한자는 상고음 운부(韻部)이다. 칼그렌, 리팡구이는 상고〉중고, 스타로스틴은 주〉동한)3~5세기〉중고, 슈에슬러는 주〉동한()동한)〉중고, 정장상팡은 주〉진·한·위)육조·초당.

||||||||||||||||||||||||||||||||||||||||||||||||

40)　E. G. Pulleyblank, 1984, *Middle Chinese: A Study in Historical Phonology*, Vancouver: University of British Columbia Press, p.3

41)　B. Karlgren, 1957, *Grammata Serica Recensa*, Stockholm: The Museum of Far Eastern Antiquities, GSR No. 1a, 15a; 李方桂, 1980, 『上古音研究』, 北京: 商務印書館, 53쪽; S. A. Starostin(斯·阿·斯塔羅斯金), 林海鷹·王冲 譯, 2010, 『古代漢語音系的構擬』, 上海: 上海教育出版社(1989, *Reconstruction of Old Phonological System*, Moscow: Nauka), 248쪽, 321쪽, 324쪽; A. Schuessler, 2009, *Minimal Old Chinese and Later Han Chinese: A Companion to Grammata Serica Recensa*, Honolulu: University of Hawai'i Press, p.210, p.212; 鄭張尙芳, 2013, 『上古音系(第2版)』, 上海: 上海教育出版社, 365쪽, 393쪽; 鄭張尙芳, 2012, 『鄭張尙芳語言學論文集(上)』北京: 中華書局, 182쪽, 186쪽

표에서 상고음에서나 중고음에서나 모두 可의 성모는 계모(溪母) k^h이고, 加의 성모는 견모(見母) k이다. 우리말 고대국어에서 유기음의 존재 여부는 아직도 논쟁 중이다. 그러나 유기음이 존재했다고 보는 경우에도 치음 ts^h나 설음 t^h가 먼저 생성되고 순음 p^h이나 아음 k^h은 그보다 뒤늦게 생성되었다고 본다. 특히 k^h은 중세국어에서도 '갈(칼)', '고(코)'가 여전히 남아있듯이 가장 늦게 발달한 것으로 보인다.[42] 그리고 설음이나 치음 유기음이 존재했다고 하더라도 삼국시대 초기, 중기에도 존재했다고 보는 데는 상당히 주저되는데 더군다나 아음 유기음 'ㅋ [k^h]'이 존재했다고 보는 연구자는 거의 없다. 그러므로 성모는 우리말에서 모두 k로 반영된다.

운모의 경우 加는 상고음에서 가부(歌部, 歌₁部)에 속하여 최근 연구로는 운미(韻尾)는 *-al로 보아 加는 *kral로, 可는 *k^hal로 재구했다. 그리고 표에도 보이듯이 대체로 *-al은 우리나라 삼국 초기에 해당하는 후기상고음에서 유음 운미가 사라져 *-ai(*-aj)가 되었고 다시 *-a를 거쳐 중고음에서 a로 정착되었다.

야혼토프(S. E. Yakhontov)는 유음 운미가 서력기원 이전에, 즉 전한(前漢) 시기에 *-i로 변했거나 흔적 없이 사라졌다고 했다.[43] 한편 딩방신(丁邦新)은 전한까지 존속되다가 후한(25~220)에서 사라졌다고 보았다.[44] 표에 열거한 학자들은 대체로 -i로 바뀐 뒤에 사라졌다고 보았는데 *-l이 그대로 사라진 것인지, 아니면 -i로 바뀐 뒤에 사라진 것인지 현재로서는 뭐라 단언

||||||||||||||||||||||||||||||||||||||||

42) 김무림, 2004, 『국어의 역사』, 한국문화사, 61~62쪽

43) S. E. Yakhontov, J. Norman tr., 1978-1979, "Old Chinese Phonology", *Early China*, Vol.4, Hanover: Dartmouth College(1965, *Old Chinese*, Moscow: Nauka), p.37

44) 丁邦新, 1975, 『魏晉音韻研究』, 臺北: 中央研究院 歷史語言研究所, 239~240쪽. 王力와 Starostin은 *-r에 상응하는 운미로 *-i와 *-j를 설정했는데, 王力는 *-i가 兩漢 시기에 탈락했다고 보았고, Starostin은 *-j가 後漢 시기에 탈락했다고 보았다.

하기 어렵다. 그런데 후기상고음에서 *-ai가 되었다 하더라도 마지막 단계 후한말, 삼국초에는 *ɑ/*a가 되었다고 보아도 무방하다. 그러므로 '可[kʰa]'와 '加[ka]'는 모두 우리말 '가[ka]'를 표현한 글자로 보아야 할 것이다.

다음으로 支는 통일신라 중반 이후 한국한자음으로는 '지[tɕi]'로 읽지만 예전 음은 달랐다. 支의 재구음은 〈표 3〉과 같다.[45]

우선 성모는 장모(章母: 照₃) [tɕ]이다. 장조(章組)의 상고음 성모에 대해 초기에는 t-계열에 유의하여 칼그렌(B. Karlgren)과 왕리(王力)는 무성 치경구개 파찰음 tɕ-가 무성 치경구개 폐쇄음 *t-에서 시작되었다고 보았고 저우파가오(周法高)는 *t-에서 유래되었다고 보았

〈표 3〉 支의 재구

章移切, 章母 支韻 止攝, 3等 開口 平聲			
	上古	韻部	中古
Karlgren	*tĭĕg	XIX/24	tśĭĕ
董同龢	*kĭeg	佳	tśĭĕ
王力	*tĭe/*tĭe/tɕi	支	tɕi
周法高	*tjieɤ	支	tśĭɪ
Pulleyblank	*keɦ/*kye	支	cǐe
李方桂	*krjig/tje	佳	tśjĕ
Starostin	*ke/*ke/*kie	支	će
Schuessler	*ke/*kie/*tśe	支	tśje
Baxter	*kje	支	tsye
鄭張尚芳	*kje	支	tɕiᴇ
潘悟雲	*kje	支	tɕiᴇ

* 상고음은 先秦音이다. 둘 이상이 제시된 것은 왕리는 주)한)위진남북조, 풀리블랭크는 주)한, 스타로스틴은 주)전한)후한, 슈에슬러는 주)후한)후한의 음이다.

* tś-, ć-, tsy-는 tɕ-에 해당한다.

* 칼그렌, 둥퉁허의 ï는 IPA의 ɿ로 교체했고 인쇄의 편의를 위해 본문과 표의 i̯는 ĭ로 대체했다.

45) B. Karlgren, 1957, op. cit., GSR No. 864a; 董同龢, 1944, 『上古音韻表稿』, 臺北: 台聯國風出版社, 173쪽; 王力, 1987, 『漢語語音史(王力文集10)』, 濟南: 山東教育出版社, 612쪽, 616쪽; 周法高, 張日昇·林潔明 編, 1973, 『周法高上古音韻表』, 臺北: 三民書局, 56쪽; E. G. Pulleyblank, 1962a, "The Consonantal System of Old Chinese", *Asia Major*, Vol.9 No.1, Princeton: Princeton University Press, p.100, p.105; 李方桂, 1980, 앞의 책, 91쪽; S. A. Starostin(斯·阿·斯塔羅斯金), 林海鷹·王冲 譯, 2010, 앞의 책, 190쪽, 200쪽, 246쪽; A. Schuessler, 2009, op. cit., p.120; W. H. Baxter, 1992, *A Handbook of Old Chinese Phonology*, Berlin·New York: Mouton de Gruyter, p.809; 鄭張尚芳, 2013, 앞의 책, 567쪽; 潘悟雲, 2000, 『漢語歷史音韻學』, 上海: 上海教育出版社, 60쪽, 86쪽

다. 그러나 점차 *k-계열로 관심이 옮겨갔다. 풀리블랭크(E. G. Pulleyblank)
는 章組 tɕ-(c-)를 상고의 *ky-가 구개음화한 것으로 보고 支의 음운 변화
를 *kēɦ〉*kye〉cǐe로 설명했다.[46] 이어서 둥퉁허(董同龢)는 支(지)와 岐(기),
區(구)와 樞(추)처럼 장계(章系)의 글자들이 설근음(舌根音)과 해성(諧聲)하는
것을 근거로 하여 支가 상고에 *kj-(kǐ-)를 지닌 것으로 보았다.[47]

한편 리팡구이(李方桂)는 초기에는 支를 *skj-로 재구했으나[48] 장모(章母)
의 기원을 *tj-, *krj- 두 계열로 보면서 支의 경우에는 *krj-를 채택했고,[49]
보드만(N. C. Bodman)은 *krj-와 아울러 *kj-를 제시했다.

결국 장모(章母)의 기원에 설음 *t-와 아음 *k- 두 계열이 있었음이 인정
되었고 판우윈(潘悟雲)과 정장상팡(鄭張尙芳)은 일부 순음 계열의 *p-도 언
급하고 있지만[50] 支의 경우에는 *k- 계열에서 유래되었다는 주장이 차츰
정착되었다.

그런데 1973년에 풀리블랭크가 종전의 래모(來母)가 *l-에서, 이모(以母)
가 *j-에서 유래되었다는 가설을 깨고, 來母 *r-, 以母 *l- 기원설을 제시하
면서 *r-〉l-, *l-〉j-의 음운변화를 주장하였다.[51] 이를 곧바로 슈에슬러(A.
Schuessler)가 이론적으로 보강함으로써[52] 이후로 *r이 *l로 교체되었다. 그

46) E. G. Pulleyblank, 1962a, op. cit., p.100. 풀리블랭크는 연구개음 성모(k)의 구개음화는
open ǐ보다 close y에 유발된다고 하였다.
47) 董同龢, 2001, 『漢語音韻學』, 北京: 中華書局, 290쪽
48) 李方桂, 1980, 앞의 책, 26쪽, 68쪽
49) 李方桂, 1976, 「幾個上古聲母問題」, 『總統蔣公逝世週年紀念論文集』(1980, 『上古音研究』, 北京:
商務印書館, 88-91쪽)
50) 潘悟雲, 2000, 앞의 책, 287쪽; 鄭張尙芳, 2013, 앞의 책, 124쪽
51) E. G. Pulleyblank, 1973, "Some New Hypothesis concerning Word Families in Chinese",
Journal of Chinese Linguistics, Vol.1 No.3, Berkeley: University of California, pp.116-117.
52) A. Schuessler, 1974, "*R* and *L* in Archaic Chinese", *Journal of Chinese Linguistics*,
Vol.2 No.2, Berkeley: University of California

것이 복성모(複聲母)에도 적용되어 리팡구이와 보드만의 *krj-는 *klj-로 수정되었다. 그 결과 支의 상고음 성모는 둥퉁허의 *kj-와 리팡구이의 *klj-(*krj-) 두 계열이 남게 되었다. 판우윈과 정장상팡은 장조(章組) ʨ-의 기원으로 *klj-, *kj- 두 가지를 모두 인정하면서,[53] 支의 경우에는 *kj-를 선택했다.

하지만 스타로스틴(S. A. Starostin)은 ʨ가 견모(見母) *k-에 단모음을 지닌 음절의 3등운에서 유래되었다고 보았으며, 슈에슬러도 같은 견해를 갖고 있다.[54] 3등운의 개음 -j-는 상고음에서는 없었고, 후기중고음에 가서야 나타났다는 풀리블랭크의 가설은[55] 현재 정설로 정착되었다. 그러므로 스타로스틴과 슈에슬러는 상고음 성모를 *k-로 제시하고 3등운의 개음 -j-를 쓰지 않았다.

지금까지 본 바와 같이 장조(章組)의 상고음 성모는 *t-, *k-와 *p- 계열에서 시작되었는데, 支는 *k- 계열에 해당되어, *k- 또는 *kj-로 재구된다고 보고 있다. *k-와 *kj-는 다르지만, 뒤에 주요모음으로 무엇이 붙느냐에 따라 약간 상황이 달라진다.

支는 당연히 지부(支部)에 속하고,[56] 支部의 주요모음이 *e라는 것은 〈표 3〉에도 나타나 있다.[57] 그리고 상고음에서나 중고음에서의 주요모음도 대체로 e로 파악된다. 그런데 고대 한반도에서 支, 只를 기[*ki]로 읽었던 사실은 이미 오래전부터 알려져 있었고 연구자들에 의해 여러 차례 확인되었다.[58]

---

53) 潘悟雲, 2000, 앞의 책, 287쪽

54) S. A. Starostin, 林海鷹·王沖 譯, 2010, 앞의 책, 198-199쪽; A. Schuessler, 2009, op. cit., p.13.

55) E. G. Pulleyblank, 1962a, op. cit., pp.98-114

56) 〈표 3〉에서 董同龢, 李方桂의 佳部는 支部와 같다. zhī로 발음되는 韻部가 支, 脂, 之로 셋이나 되어 혼동을 피하기 위해 달리 썼을 뿐이다.

57) 칼그렌의 경우에는 支를 *tiĕg으로 재구했는데 그가 제시한 주요모음은 뒤에 딸린 단음 *ĕ가 아니라 앞의 *i였다(潘悟雲, 2000, 앞의 책, 80-81쪽).

支, 只를 기[*ki]로 읽은 것은 중국 남방 강동방음(江東方音)의 영향으로 추정된다. 사카이 겐이치(坂井健一)는 한부터 위진남북조까지 여러 학자가 경전의 한자음을 주석한 『경전석문(經典釋文)』에서 지섭(止攝)의 지운(支韻), 지운(脂韻), 지운(之韻)이 서로 통하는 현상을 발견하였다.[59] 支部 글자의 주요모음을 강동방음과 일본 오음(吳音)에서는 *e가 아니라 지부(脂部)와 같은 *i로 읽었던 것이다. 중국 중원(中原)의 낙양음(洛陽音)이나 장안음(長安音)이 아닌 남쪽 남조의 음을 기원으로 하는 오음은 백제, 신라의 한자음과 비슷한 특성을 지니고 있었다. 양자강 유역의 강동방음이 중국 남부와 교류했던 백제를 거쳐 신라와 일본에 전달되었기 때문이다.[60]

그런데 지부(支部)의 주요모음을 고구려 지역에서는 *i로 읽지 않았을 것이다. 왜냐하면 고구려는 백제, 신라와는 달리 중국 남방보다는 중국 북방 지역과 문화적인 교류를 행했고, 한자음의 발음도 당연히 중국 북방 낙양(洛陽)의 중원음(中原音)으로 읽었다. 그리고 백제, 신라도 중국 남부와 교류가 없었던 초기에는 중원음의 영향을 받을 수밖에 없었다.

고구려에서는 支를 강동방음이 아니라 중원음으로 읽었을 것이므로 고구려의 영역에 속해 있었던 함경남도 안변의 加支達縣에서 支의 주요모음은 *e로 읽는 것이 옳다. 그리고 『고려사』 지리지에 기록되어 있듯이 울릉

---

58) 鮎貝房之進, 1972, 『雜攷(俗字攷 · 俗文攷 · 借字攷)』, 豊島區: 國書刊行會, 808쪽; 이기문, 1972, 『국어사개설(개정판)』, 탑출판사, 37쪽; 도수희, 1977, 『백제어연구』, 아세아문화사, 11쪽; 유창균, 1991, 『삼국시대 한자음』, 민음사, 447-449쪽; 김무림, 2015, 『고대국어 한자음』, 한국문화사, 203-205쪽

59) 坂井健一, 1975, 『魏晉南北朝字音研究─經典釋文所引音義攷一』, 東京: 汲古書院, 391쪽

60) 정연식, 2018, 「신라의 초기 국호 사라벌[徐羅伐]과 시라[斯盧]의 뜻」, 『동아시아문화연구』 72. 1916년에 마쓰타 신조(滿田新造)가 제기한 吳音이 백제 한자음에서 유래되었다는 주장은 현재 통설로 받아들여지고 있다(藤堂明保, 1957, 『中國語音韻論』. 東京: 江南書院, 137쪽; 沼本克明, 1986, 『日本漢字音の歷史』, 東京: 東京堂出版, 88-89쪽, 92쪽).

도가 속해 있던 울진현(蔚珍縣)은 본래 고구려의 우진야현(于珍也縣)이었는데 후에 신라의 영토로 편입된 곳이다.[61] 그러므로 이름에 쓰인 한자도 고구려의 한자음으로 읽어야 한다.

그리고 앞에서 스타로스틴과 슈에슬러는 支의 성모를 *k로 보았고, 정장상팡, 판우윈은 *kj로 보았다고 하였다. 상고의 연구개음 *k-/*kj-는 치경구개 파찰음 tɕ로 변해 가고 있었는데, 연구개음에서 치경구개음으로의 진행이 남방 강동방음에서는 상당히 늦어져 육조시대까지도 여전히 연구개음의 흔적을 남기고 있었으며, 중국 북방에서도 대체로 후한 시기부터 서서히 진행되고 있었다고 한다.[62] 그러므로 중국의 한자음이 한반도에 전해지는 시차까지 고려한다면 고구려 加支達縣의 支는 여전히 *k-/*kj- 상태에 있었다고 보아도 크게 무리는 아니라고 본다.

이제 *k 또는 *kj-에 주요모음 *e를 결합하면, 이제 *kje를 선택해야 할지, 아니면 *ke를 선택해야 할지가 문제로 남는다. 그런데 중국의 산스크리트어 불경 번역에서도 ke를 支로 대역(對譯)하는 경우가 적지 않았다.[63] 그리고 -a, -u, -o, -ə와 같은 모음은 반모음(반자음) j가 앞에 붙는 경우와 붙지 않는 경우의 발음이 많이 달라진다. 그런데 -je의 경우에는 그렇지 않다. 왜냐하면 반모음 j는 전설 고모음에 속하는 평순 i 또는 원순 y와 아주 유사한 음인데 조음 시에 혀의 위치가 전설 고모음 i/y와 전설 반고모음 e가 아주 가까워서 -e와 -je가 뚜렷이 구분되지 않는다는 점이다. 비유해서 말하자면 '가-갸, 거-겨. 고-교, 구-규'는 뚜렷이 구분되지만 '게-계'는 뚜렷

61) 『高麗史』 권58, 地理志3 交州道 "蔚珍縣 本高句麗于珍也縣(一云古亏 伊郡) 新羅景德王改今名 爲郡 高麗降爲置縣令 有鬱陵島"

62) 한경호, 2010, 「고대 한국한자음에 반영된 東漢~六朝代 중국음(1)」, 『구결연구』 24

63) 俞敏, 1999, 「後漢三國梵漢對音譜」, 『俞敏語言學論文集』, 北京: 商務印書館, 28쪽, 52쪽

이 구분되지 않는다는 것이다.

게다가 고대국어에서 이중모음의 존재는 아직 불확실하다. 따라서 *ke 와 *kje 가운데 *ke를 선택해도 별 문제가 없다. 왜냐하면 지금 우리가 궁극적으로 찾으려는 것은 정확한 중국어 한자음이 아니라 그 중국어 한자음과 같거나 비슷한 우리말이기 때문이다.

결국 숲이 무성하다는 뜻의 '加支'는 가지[*katɕi/*katsi]도 아니고 가기 [*kaki]도 아닌 가게[*kake] 또는 그와 유사한 음으로 읽는 것이 적절하다는 결론에 이르게 된다.

고구려에서 支를 *tɕi/*tsi도 *ki도 아닌 *ke 또는 그와 유사한 음으로 읽었다는 사실은 지금의 함경남도 안변 남쪽의 익곡현(翼谷縣)에 관한 『삼국사기』지리지의 기록에서도 실마리를 찾을 수 있다.[64]

(나) 於支呑 一云翼谷
(다) 翊谿縣 本高句麗翼谷縣 景德王改名 今因之

(나)와 (다)를 종합하면 고구려에서 어지탄현(於支呑縣) 또는 익곡현(翼谷縣)이었던 곳을 경덕왕 때에 익계현(翊谿縣)으로 개명했음을 알 수 있다. 골짜기[谷]에 해당하는 말이 신라에서는 *sir이었다는 것은 울산의 곡포(谷浦)를 실개[絲浦]라고 했고,[65] 한실[大谷], 돌실[石谷], 닭실[酉谷] 등의 지명이 남아 있는 것으로 확인된다. 그리고 고구려에서는, 황해도 신계(新溪)의 수곡성(水谷城)을 매단홀(買旦忽)이라고 했듯이[66] 계곡을 이르는 말이 *tan이었고

—————————————————————

64) 『삼국사기』권37, 지리지4 高句麗 漢山州; 권35, 지리지2, 朔州 朔庭郡
65) 『三國遺事』권3, 塔像 皇龍寺丈六
66) 『삼국사기』권37, 지리지4 高句麗 漢山州. 그 밖에 習比谷을 習比呑으로, 十谷縣을 德頓忽로

그것이 현재 일본에서 tani가 되었다는 것도 널리 알려져 있다.[67] 그러므로 (나)에서 呑은 谷에 대응하고, 於支가 翼에 대응함을 알 수 있다. 그리고 (다)에서 翼谷이 翊谿로 개명된 것으로 보아 '翼谷'과 '翊谿'가 모두 '날개 골짜기'라는 뜻의 지명을 한자의 뜻을 빌려 표기한 것이라는 점을 인정할 수 있다. 그렇다면 於支는 '날개'에 해당되는 음을 한자로 표현한 것이 된다.

於는 고대국어 표기에서 대개 '늘/널'의 표기에 사용되었고,[68] 『천자문(千字文)』이나 『신증유합(新增類合)』에서도 '於'를 '늘 어'로 새겼으며, 조선시대에도 '느름적'을 '於흡炙'이라 썼다.[69] 그리고 '翼/翊'을 뜻하는 중세국어는 '놀개'이다.[70] 따라서 '놀개[翼]'를 '於支'로 표기했으므로 於는 '놀'의 표기에, 支는 '개'의 표기에 쓰인 것이다.[71] 다만 중세국어에서 '개'로 표기된 글자의 실제 소릿값은 kai/kaj였는데 18세기 근대국어에서 단모음화하여 kɛ가 된 것이다. 그런데 '날개'의 중세국어 놀개[nɐl-kaj]는 알지만, 고대국어는 모르고 있으므로 중세국어에서 유추할 수밖에 없다.[72] 支로 표현하려던 고구려의 고대국어가 홑모음을 지녔다고 가정한다면 kaj/kai는 역시 *kɛ에 가까운 음이었다고 생각하는 것이 가장 무난하다.[73]

표기한 것도 같은 사례이다.

67) 박병채, 1989, 『국어발달사』, 세영사, 110쪽

68) 『(光州版)千字文』(1575) 28엽, 『石峰千字文』(1583) 28엽 '於 늘 어'; 『新增類合』(1576) 상권 16엽; 황금연, 2001, 「옛 지명 형태소 '於乙-'에 대한 통시적 고찰」, 『한글』 254

69) 『肅宗己亥進宴儀軌』 己亥九月日 大殿王世子別行果味數饌品 "落蹄於흡炙一器"

70) 『月印釋譜』(1459) 1:14 "迦강樓룽羅랑는 金금놀개라 혼 匹디니 두 놀개 쓰싀…"; 『訓蒙字會』(1527) 下6 "翼 놀개 익"

71) 'ㅇ'의 표기 부호와 고대국어에서의 존재 여부는 이 글의 논지와 무관하므로 언급하지 않는다.

72) 최남희는 고구려어의 支를 백제, 신라와 차이가 없이 *ki로 간주하여 於支를 *nerki로 재구했다(최남희, 2005, 『고구려어 연구』, 박이정, 306-307쪽)

73) 김태경은 王力이 재구한 支의 *kie가 '개'와 비슷하다고 보아 '개'로 읽었고, 김종택도 '개'로 읽었다(김태경, 2008, 「일부 章系字의 상고음 설근음설」, 『중국어문학논집』 51, 45쪽; 김종택,

그래서 加支의 支로 표현하려 한 고대국어는 중국어 *ke와 유사한 음이며, 한국의 중세국어음 kaj/kai와 유사한 *kɛ 언저리의 음이라는 결론에 이르게 된다. 그런데 *ke와 *kɛ 가운데 어떤 것을 선택해야 옳을지 분명하지 않다. *ke와 *kɛ의 두 가지 가능성은 중국어의 견지에서 살펴보아도 마찬가지이다. 울창하다는 뜻의 고대국어가 *kake였든 *kakɛ였든, 이를 한자로 표현하려면 주요모음 *e를 지닌 '加支/可支'로 표현하는 수밖에 달리 방법이 없었다. 상고음 31개 운부(韻部) 가운데 주요모음 *ɛ를 지닌 운부가 없었기 때문에 *ɛ와 가장 가까운 支部 *e로 표현하는 수밖에 없었던 것이다.

삼국시대 고구려어의 모음 음소에 e, ɛ가 모두 있었는지, 아니면 둘 가운데 하나만 있었는지, 아니면 e였는데 후에 ɛ로 변했는지, 아니면 그 반대였는지 현재로서는 단언하기 어렵다. 하지만 고구려 고대어에서 [*e]와 [*ɛ]의 음운 대립은 없었다고 보는 것이 무난하리라고 본다.[74]

그리고 중국에서도 支部가 반드시 *e를 표현했던 것도 아니었다. 코블린(W. S. Coblin)은 후한 시기 문헌에 나타나는 글자들의 韻을 조사해 보면 支部 모음의 지역 方音이 *i, *e, *æ로 나타난다고 하였다. 코블린은 그 중에 *i를 순수한 전설 고모음이 아니라 후설화한 고모음으로 보았으므로 아마도 [ɪ]나 [ɨ] 정도로 설정했던 것으로 생각된다.[75] 우리말 고대국어에는 비록 정확하게 전설 고모음은 아니더라도 *i에 해당되는 모음이 별도로 있었던 것으로 추정되며 그것은 脂部(脂₂部)의 글자로 표현할 수 있었다.[76] 그리고

||||||||||||||||||||||||||||||||||||||||||

2002, 「於乙買(串)를 다시 해독함」, 『지명학』 7. 95쪽).

74)   이승재, 2016, 『한자음으로 본 고구려어의 음운체계』, 일조각, 454쪽

75)   W. South Coblin, 1983, *A Handbook of Eastern Han Sound Glosses*, Hong Kong: Chinese University Press, pp.105-107

76)   *-i의 운미가 없는 脂部를 鄭張尙芳과 潘悟雲은 脂₂部로 명명했다.

*æ는 후한 시기 산동(山東)반도 출신으로 낙양(洛陽)에서도 활동했던 정현(鄭玄: 127~200)의 문헌에서 추출된 방음(方音)인데,[77] 이를 우리말에 적용해보면 현대국어에도 없는 개구도가 상당히 큰 [æ]가 고대국어에 존재했다고 보기는 어렵다. 따라서 고대국어의

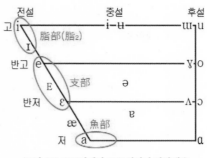

〈그림 10〉 고구려에서 支部 한자가 담당했을 고대국어의 모음 영역

표현에서 支部의 글자가 담당하고 있는 모음은 [e]~[ɜ] 범위에 있었던 것으로 보인다(〈그림 10〉).

결국 可支[*kake]로 표현하려 한 고대국어는 *kake(가게)일 수도 있고, *kakɛ(가개)일 수도 있다. 그리고 *kake로 보나 *kakɛ로 보나 큰 차이가 없다. 기록으로 남기보다는 입에서 입으로 전승된 이름에 '게'와 '개'의 넘나듦은 얼마든지 있을 수 있다. 울창한 섬을 가리키는 '가개섬/가게섬'에 여러 방언이 있을 수 있고, 표준어로 정확하게 발음한다 해도 듣는 사람에게는 '가게'와 '가개'가 음이 비슷해서 뚜렷하게 구분되지 않았을 것이다. 관음도에 붙여진 까깨섬/까께섬이란 이름에서도 마찬가지이다.

'곳'이 '꽃'으로 변했듯이, 우리말에 된소리[硬音]가 존재하지 않았던 고대국어 시절의 '가개섬/가게섬'이 언제부터인가 경음화가 진행되면서 까깨섬/까께섬으로 변했을 것이다. '개/게'가 모두 남아 서로 넘나든 것이다.

可支/加支의 재구는 *kake도 가능하고 *kakɜ도 가능하며 그 중간의 *kakE도 가능하다. 결국 결론의 단순화를 위해 익숙지 않은 발음부호 E를

---

77)   W. South Coblin, 1983, op. cit., pp.106-107

배제하고 *kake와 *kakɛ 가운데 선택을 해야 한다면 울창하다, 우거지다는 뜻의 고대국어를 편의상 잠정적으로 '가개[*kakɛ]'로 한다. 중세국어 kaj/kai를 단모음으로 표현한다면 뒤의 반모음 j나 전설고모음 i가 앞의 a를 약간 前舌化할 것이므로 i에 가까운 e보다는 a에 가까운 ɛ로 설정하는 것이 낫기 때문이다. 그리고 바로 뒤에 언급할 가개산을 설명하기도 편하기 때문이다.

3. 경주의 울창한 무산(茂山)과 가개산[蔚介山]

울창하다, 우거지다를 뜻하는 고대국어가 '가개[*kakɛ]'였고 가개섬[可支島]이 울릉도의 순수한 우리말 이름이라는 것을 입증하는 작은 흔적이 경주 건천읍의 방내리와 조전리에 남았다.

신라 건국을 주도했던 6촌 가운데 하나인 무산(茂山) 대수촌(大樹村)은 6부(部) 가운데 모량부(牟梁部)가 되었는데, 모량부는 건천읍의 방내리(芳內里), 박실[朴谷] 부근에 있었을 것으로 추정되고 있다. 대수촌(大樹村)의 '대수(大樹)'란 대숲을 가리키는 '대수'라는 말을 한자로 표기한 것으로 짐작되며, '대수'가 '대추'로 변해 대추밭이라는 뜻의 조전리(棗田里)라는 이름이 생겨났을 것이다.

그런데 박실, 조전리 근처의 산으로는 장군봉이 있으므로 '무산(茂山) 대수촌(大樹村)'의 茂山이 장군봉일 가능성이 매우 높다. 그렇게 보는 이유는 울개산(蔚介山)의 위치 때문이다. 『동국여지승람(東國輿地勝覽)』과 『여지도서(輿地圖書)』에서는 경주부 서쪽 23리에 단석산(斷石山)에서 내려온 蔚介山이 있다고 하였다.[78] 당시 경주부의 거리 측정 기준점은 경주 읍성의 정문인 남문 징례문(徵禮門) 자리였을 터이고,[79] 조선시대의 10리는 지금의 약 4.5km에 해당된다.[80] 징례문에서 서쪽 장군봉 정상까지의 거리는 11.5km로서 26리에 해당하므로, 기록의 23리와 크게 차이가 나지 않는다. 그리고 단석산 지맥에 있는 산으로 징례문 서쪽 23리 지점 근처에 있는 산은 장군봉밖에 없다. 따라서 장군봉의 예전 이름이 蔚介山이었음을 충분히 짐작할 수 있다(<그림 11>).

그런데 울개산(蔚介山)의 울(蔚)은 수풀이 우거져 무성(茂盛)하다는 뜻이다. 그러므로 무산(茂山)에 합당하다. 그렇다면 왜 울산(蔚山)이라 하지 않고 蔚介山이라 했을까?

우리말을 한자로 표기할 때에 음과 뜻을 동시에 표현하기 위해 앞에는 뜻을 표현하는 한자를 쓰고 뒤에는 음을 표현하는 한자를 쓰는 경우가 있다. 신라 향가에서는 내(川)를 뜻하는 '나리'를 '川里'로, '잣'을 '栢史'로, '밤'을 '夜音'으로 썼고,[81] 조선시대에는 버들을 '柳等'으로 '녹두기름(숙주나물)'을 '菉豆長音'이라 썼다.[82] 蔚介도 같은 방식의 표기로 짐작된다. 즉 울창하게 우거졌다는 뜻의 우리말 '가개'를 한자로 표기할 때에, 앞글자는 울창하다는 '蔚'을 쓰고 뒷글자는 '가개'의 '介'를 쓴 것이다. 그러므로 蔚介는 加

78) 『東國輿地勝覽』 권21, 慶州府 山川; 『輿地圖書』 慶州府 山川

79) 정연식, 2016, 「신라 금성(金城)의 위치 고증」 『한국사연구』 173, 67-68쪽

80) 20세기 초 일본 도량형의 도입으로 지금의 1리는 392.7m이지만 조선시대에는 달랐다. 조선 시대의 1步는 周尺 6尺이고, 1里는 360步로서 2,160尺이다(『태종실록』 권30, 태종 15년 12월 14일 정축; 『經國大典』 권6, 工典 橋路; 『續大典』 권6, 工典 橋路), 주척 1척의 길이에 관해 박흥수는 20.795cm로 남문현은 20.7cm로, 이종봉은 20.62cm로 보았다(박흥수, 1999, 『韓・中度量衡制度史』, 성균관대학교출판부, 577~578쪽; 남문현, 1998, 『한국의 물시계』, 건국대학교출판부, 303쪽; 이종봉, 2001, 『한국중세 도량형제연구』, 혜안, 110쪽). 따라서 조선시대의 1리는 대략 450m가 된다.

81) 김완진, 1980, 『향가해독법연구』, 서울대학교출판부, 19쪽

82) 『萬機要覽(財用篇)』 供上 大殿 誕日節日表裏物膳衣襨 "綠豆長音二筍"

〈그림 11〉 가개산(蔚介山: 茂山)의 위치

■ 국토지리정보원, 2013, 1:50,000지형도 〈경주〉. 등고선간격 100m

支/可支와 비슷한 음으로 읽어야 한다. 즉 蔚介山은 '가개산'으로 읽어야 하며 그것이 바로 茂山이다.[83] 鬱陵島의 별칭 蔚陵島(울릉도)는 蔚介山과 연결되고, 茂陵島(무릉도)는 茂山과 연결된다.

울릉도는 오래전에 '가개섬'으로도 불렸고,[84] 한자로 옮길 때에는 '可支島'라 썼다. 그런데 훗날 가개섬, 可支島라는 이름이 울릉도의 부속 섬인 관음도로 옮겨 간 것이다.

[83] 정연식, 2021, 「고려의 경주 6부 마을들의 위치와 신라의 6부」, 『대동문화연구』 113, 413-414쪽. 茂山의 현 이름 '장군봉'이 가개-(구개음화)-〉자개-(이음화)-〉잔개-(자음동화)-장개-(ㄴ첨가)-〉장군의 과정을 거쳐 형성되었을 가능성을 고려해 볼 수 있다.

[84] 섬[島]의 중세국어는 '셤'이다. 권인한은 '섬'이 *sima〉ʃema〉ʃjem〉ʃjəm에서 유래되었다고 했다(권인한, 2005, 「고대국어의 i-breaking 현상에 대한 일 고찰—'셤'[島]의 음운사를 중심으로—」, 『진단학보』 100). 이 글에서는 섬의 고어를 밝히는 것이 주제가 아니므로 島는 편의상 현대어 '섬'으로 읽는다.

IV. 울릉도의 북쪽 윗부분만 보인 요도(蓼島)

1. 함경도와 강원도 북부에서 보았다는 요도

실록의 15세기 기록에는 동해 먼바다에 요도(蓼島)와 삼봉도(三峯島)가 있었다고 한다. 그런데 어떤 섬인지 실체가 불분명하고, 특히 요도가 더 그러했다. 그래서 두 섬이 실제로 존재했던 섬인지 당대에도 의문이 있었다. 만약 그 섬들이 실재했다면 동해에는 울릉도와 독도밖에 없으므로 모두 울릉도이든지, 아니면 모두 독도이든지, 그것도 아니면 하나는 울릉도이고 하나는 독도일 것이다. 그래서 기존의 여러 연구에서는 두 섬을 독도로 보기도 하고, 울릉도로 보기도 하고, 어느 쪽인지 불분명하다고 판단을 포기하기도 하고, 때로는 실체가 없는 가공의 섬으로 보기도 했다.[85]

그런데 강원도와 함경도 동해안에서 요도를 보았다는 기록들이 적지 않았다. 그리고 삼봉도에 대해서는 실제로 찾아갔다는 기록도 있고 형태를 묘사한 기록도 있으며 울릉도의 삼봉에 관한 기록도 꽤 남아 있다. 과연 그 섬들은 존재했을까? 존재했다면 울릉도인가, 독도인가?[86]

요도(蓼島)에 관해서는 세종 대에 집중적인 논의가 있었다. 요도가 동해

---

85) 신석호와 신용하는 모두 독도로 보았고, 송병기는 요도는 독도로 추정되지만 삼봉도는 울릉도인지 독도인지 불분명하다고 보았다. 한편 손승철은 요도와 삼봉도를 실체가 없는 섬으로 보았다(신석호, 1960, 「독도의 내력」, 『사상계』 85, 129-130쪽; 신용하, 1996, 『독도의 민족영토사 연구』, 지식산업사, 81-87쪽; 송병기, 2010, 『울릉도와 독도, 그 역사적 검증』, 역사공간, 33-37쪽; 손승철, 1998, 「조선전기 요도와 삼봉도의 실체에 관한 연구」, 『한일관계사연구』 44).

에 있다는 소문은 그 전부터 무성했으나 정작 요도에 다녀왔다는 사람은 없었다. 조정에서는 1429년(세종 11)부터 이듬해까지 소문만 무성하던 요도를 찾기 위해 요도에 관한 정보를 수집하였다. 그 첫 작업으로 1429년 12월에 봉상시(奉常寺) 윤(尹) 이안경(李安敬)을 강원도에 보내어 요도를 '방문(訪問)'하게 하였다. '訪問'이란 특정 장소를 찾아가는 것을 뜻하는 것이 아니라, 어떤 사실을 알고 있는 사람을 찾아가 그 사실에 관해 물어보는 것을 뜻한다.[87] 그리고 이안경이 돌아온 뒤에 이듬해 1430년 정월에는 이번에는 함길도에 지시를 내려 요도를 다녀온 사람이나 요도에 대해 보고 들은 일이 있는 사람들을 모두 찾아가 물어보게 하였다.[88]

그 후 4월 초에 함길도에서 1월 말에 내린 지시에 대해 보고가 올라왔다. 함흥부 보청사(蒲靑社)에 사는 김남련(金南連)이라는 사람이 요도에 다녀온 일이 있다는 것이다. 조정에서는 김남련을 서울로 불러들이거나, 그러기 어려우면 요도의 형세와 요도로 가는 물길에 대해 물어서 보고하라고 지시를 내렸다.[89] 그런데 김남련이 요도에 다녀왔다는 말은 사실이 아니었던 것으로 보인다. 뒤에 언급할 삼봉도를 찾는 과정에서는 삼봉도에 다녀왔다는 김한경(金漢京)에 관한 기록이 계속 이어지지만 요도를 다녀왔다는 김남련

86) 이하의 서술은 정연식, 2020, 「15세기의 蓼島, 三峯島와 울릉도」, 『조선시대사학보』 92에 따른다.
87) 『세종실록』 권46, 세종 11년 12월 27일 기해 "遣奉常寺尹李安敬于江原道 訪問蓼島" 조선왕조실록 홈페이지에서나 관련 논문에서도 '訪問'을 그대로 '방문'으로 번역하여 이안경을 요도에 보낸 것으로 오해되고 있다. '訪問'은 요즘과는 뜻이 다르다. 訪을 『大廣益會玉篇』에서는 '問也'라 했고(『大廣益會玉篇』 권9, 言部90) 『書傳』에서는 '謂就而問之也'라 했다(『書傳』 권6, 周書 洪範). 訪은 부수가 言인 것으로도 알 수 있듯이 어떤 일에 관한 정보를 얻기 위해 사람을 찾아가서 묻는 것을 말하며, '訪問'은 '訪'의 뜻을 더욱 분명히 한 것이다.
88) 『세종실록』 권47, 세종 12년 1월 26일 정묘
89) 『세종실록』 권47, 세종 12년 4월 3일 계유

에 관한 기록은 그 뒤로 전혀 보이지 않는다. 결국 그가 다녀온 섬이 조정에서 찾는 요도가 아니었거나, 요도에 다녀왔다는 말 자체가 헛소문이었던 것으로 보인다. 그러한 사실은 1438년(세종 20)에 세종이 함길도 감사에게 요도의 위치를 찾아내라고 지시한 문서에서 그때까지 요도에 다녀온 사람이 전혀 없었다고 밝힌 점으로도 드러난다.[90]

그리고 김남련에 관한 지시를 내린 이튿날, 4월 4일에는 강원도에 상호군(上護軍) 홍사석(洪師錫)을 보내고, 다시 이틀 뒤에는 함길도에 전농(典農) 윤(尹) 신인손(辛引孫)을 보내어 요도를 '심방(尋訪)'하게 하였다.[91] 물론 이때의 심방(尋訪)도 요도에 관한 정보를 얻기 위해 사람을 보냈다는 뜻이다.

이때 함길도 감사에게 지시한 문서에서는 요도가 경성(鏡城) 무지곶(無地串)과 홍원(洪原) 보청사(補靑社)에서 보이는 섬이라고 하였다.[92] 이어서 강원도 관찰사와 함길도 관찰사에게 내린 교지에서는 요도가 양양부(襄陽府) 청대(靑臺)나 통천현(通川縣) 당산(堂山)에 올라 바라보면 북북동[子丑間]에 보이고, 길주(吉州)의 무시곶(無時串)이나 홍원현(洪原縣)의 보청사(蒲靑社)에서 바라보면 남남동[巳午間]에 보인다 하니 두 감사에게 관찰해서 결과를 보고하게 하였다.[93]

그 후 10월에 무시곶에서 섬을 보았다는 함길도 관찰사의 보고가 도착했다. 조정의 지시에 따라 전직(殿直) 전벽(田闢) 등 네 사람에게 무시곶에 올라 바다를 관망하게 하였더니 섬을 발견했는데, 남남동 방향으로 섬 같은 모양의 봉우리가 동서로 둘이 보이되, 하나는 약간 높고 하나는 작으며

90) 『세종실록』 권82, 세종 20년 7월 26일 무신
91) 『세종실록』 권48, 세종 12년 4월 4일 갑술, 4월 6일 병자
92) 『세종실록』 권48, 세종 12년 4월 3일 계유
93) 『세종실록』 권50, 세종 12년 10월 23일 경인

중간에 큰 봉우리가 하나 있다고 하였다.[94]

요도의 존재와 위치를 확인하기 전에 우선 요도가 보인다는 포청사(蒲靑社)·보청사(補靑社)와, 무지곶(無地串)·무시곶(無時串)과, 양양의 청대(靑臺), 통천의 당산(堂山)이 어느 지점인지 확인해 보기로 한다. 요도 관망 지점은 사람들이 모여 사는 바닷가 마을에서 가까우면서도 고도가 높은 곳이 적당할 것이다. 그러한 조건을 적용하면 네 곳을 모두 찾을 수 있다.

첫째, 함흥의 포청사(蒲靑社), 홍원의 포청사(蒲靑社), 홍원의 보청사(補靑社)는 모두 같은 곳으로 보인다. 보청사는 1750년경의 「해동지도(海東地圖)」, 1770년경 「조선지도(朝鮮地圖)」의 〈함흥부지도(咸興府地圖)〉(奎10696), 1789년의 『호구총수(戶口摠數)』에서도 함흥의 보청사(甫靑社)로 표시되어 있다. 그런데 홍원의 보청사라고도 말한 것은 보청사가 함흥의 동쪽 끝에 홍원과 경계를 이루는 곳에 있기 때문이다. 1918년에 제작된 조선총독부 육지측량부의 1:50,000지형도《퇴조(退潮)》에는 보청면(甫靑面)이 함흥군이 아니라 홍원군 소속으로 되어 있는 것으로 보아,[95] 결국 홍원으로 소속이 바뀐 듯하다. 육지측량부 지도의 보청면 지역을 살펴보면 집삼리(執三里) 중심지 남쪽 가까이 바닷가에 표고 242m의 봉수치(烽燧峙)라는 봉화대 언덕이 있다. 실록에서 말한 포청사 또는 보청사는 이곳으로 짐작된다(<그림 12>의 ①).

둘째, 1430년 4월 기록의 경성 무지곶(無地串)은 10월 기록에는 길주 무시곶(無時串)으로 바뀌었다. 무시곶을 경성 관내로 잘못 알았다가 길주 관내로 수정한 것이다. 세조 때에는 이시애(李施愛)의 난으로 길주목(吉州牧)

94) 위의 註
95) 이후《 》안에 적은 圖葉 이름은 朝鮮總督府 陸地測量部에서 제작한 5만분의 1 지형도를 말한다.

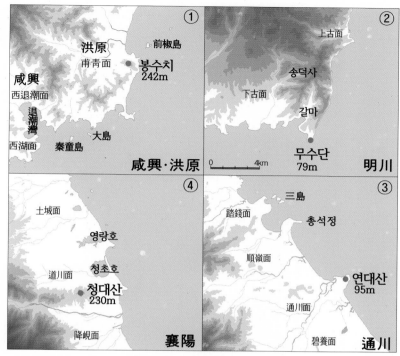

<그림 12> 요도를 보았다는 네 곳

* ①함흥 보청사: 洪原郡 甫青面 烽燧峙, ②길주 무시곶: 明川郡 下古面 舞水端串, ③통천 당산: 通川郡 通川面 蓮臺山, ④양양 청대: 襄陽郡 道川面 青岱山

■ ①《下鷹峰》·《泗浦洞》, ②《退潮》, ③《通川》, ④《瓮津》·《襄陽》, 등고선간격 100m

이 길성현(吉城縣)으로 강등되면서 동쪽 일부가 명천현(明川縣)으로 분리되어 무시곶도 명천현 소속이 되었다.[96] 1872년에 제작된 〈명천지도(明川地圖)〉(奎10693)를 보면 북에서 남으로 일직선상에 송덕사(松德寺), 갈마산성

[96] 明川縣 지역은 세종 당시에 吉州牧에 속해 있었는데 세조 때 李施愛의 난이 평정된 후 길주 목은 吉城縣으로 강등되었고, 長德山 북쪽 지역을 떼어내어 明川縣을 두었다. 그래서 명천 은 남서로는 吉州, 동북으로는 鏡城과 접해 있다(『東國輿地勝覽』 권50, 咸境道 明川縣 建置 沿革). 무시곶은 길주의 남동쪽 끝, 경성과의 경계선 지역에 있었다.

(塋亇山城), 무시단(武矢端)이 표시되어 있는데,《하응봉(下鷹峰)》,《사포동(泗浦洞)》에도 송덕사(松德寺), 갈마(竭麻), 무수단(舞水端)이 일직선상에 놓여 있다(<그림 12>의 ②). 그리고 두 지도에서 '무시단(武矢端)', '무수단(舞水端)'으로 표시된 곳은 1861년의 「대동여지도」에는 무수암(无水岩)으로 표기되었다. 행정구역의 변천과 지도에 기재된 명칭을 종합해 보면 명천의 무시단(武矢端)을 길주의 무시곶(無時串)으로 보는 데 무리가 없다. 곶(串)과 단(端)이 같은 말이기 때문이다. 바다로 뾰족하게 튀어나온 육지는 대개 '곶'이라 부르고 '串(곶)'으로 표기하며, 때로는 '끝'이라 부르고 '端(단)' 또는 '末(말)'로 표기하기도 하며, 때로는 '부리'라 부르고 '嘴(쥐)'로 쓴다.[97] 따라서 무시단(武矢端)은 무시곶(武矢串)으로 표기할 수도 있고 이것이 실록에는 '무시곶(無時串)' 또는 '무지곶(無地串)'으로 기록된 것이다. 무수단(舞水端)을 무수단곶으로도 부르는데 이는 단(端)과 곶(串)을 겹쳐 부른 것이다.

셋째, 통천현(通川縣)의 당산(堂山)에서 일반적으로 당산이란 마을신을 모신 성황당이 있는 산을 말한다. 육지측량부 지도《통천(通川)》을 보면 통천현 읍치에서 약 4km 떨어진, 동북쪽 바다로 돌출한 곳에 표고 95m의 연대산(蓮臺山)이 있고, 그곳의 표고 86.5m 지점에 성황당이 있다(<그림 12>의 ③). 읍치에서 가까운 그곳이 통천 당산이었을 가능성은 매우 높다.

넷째, 양양부(襄陽府)의 청대(靑臺)는 한자 표기가 약간 다르기는 하지만 속초시청 동남쪽 속초시 도문동의 해발 231m의 청대산(靑岱山)을 지칭한다(<그림 12>의 ④).[98]

요도가 통천 연대산이나 양양 청대산에서 북북동[子丑間] 방향으로 보인

97) 정연식, 2019, 「울릉도, 독도의 옛 이름 대섬[竹島], 솔섬[松島]의 뜻」, 『역사학보』 241, 187쪽
98) 『戶口總數』에는 양양 西面 靑岱里가 보이며,《瓮津》에도 표고 230.4m의 靑岱山이 보인다.

다면 당연히 연대산이나 청대산보다는 고위도 해상에 있는 섬일 것이고, 해안에서 멀리 떨어져 잘 알려지지 않은 섬일 것이다. 그런데 네 관측지점을 대축척 지도에 표시한 〈그림 13〉을 보면 동해에는 그런 조건에 맞는 섬

경성부

(명천현)

길주목 ● 길주 무시곶(무수단)②

● 卵島

단천군

북청부

홍원현

함흥부 ● 함흥 보청사(봉수치)①

정평부

영흥부

문천현
덕원부

안변부 卵島

흡곡현 ● 통천 당산(연대산)③

통천군

고성군

간성군

● 양양 청대(청대산)④

양양부 ▲ 양양 동산현(동산리)

강릉부

삼척부 ▲ 삼척 봉화현
(광진산봉수)

울릉도

독도

울진현

평해군

〈그림 13〉 세종 때의 요도 관측지

＊ 관측지 이름 뒤의 번호는 〈그림 12〉의 번호
■ 카카오맵(2019)

이 없다. 바닷가에서 멀리 떨어진 섬이라면 겨우 17km 떨어진 길주의 난도(卵島)와, 15km 떨어진 통천의 난도(卵島)가 있을 뿐이다. 그러나 통천과 길주의 난도는 요도(蓼島)가 될 수 없다. 두 섬은 요도처럼 정체가 불분명한 섬이 아니다. 『동국여지승람』에 섬의 형태와 그 안에 살고있는 동물들까지 기록될 정도로, 잘 알고 있었던 섬이다.[99]

그렇다면 함흥 보청사와 길주 무시곶에서 남남동[巳午間] 방향으로 보았다는 섬은 무엇일까? 보청사, 무시곶에서 남남동 방향으로 멀리 떨어진 섬으로는 울릉도와 독도 외에는 없다. 요도가 통천 당산이나 양양 청대에서 북북동 방향으로 보인다고 했는데, 관측 방향을 남동쪽으로 바꾸어도 역시 울릉도와 독도뿐이다. 그런데 그곳에서 울릉도나 독도가 보일까?

2. 지구타원체에서 원거리 섬의 관측

홍원 봉수치, 명천 무수단, 통천 연대산, 양양 청대산에서 울릉도, 독도까지는 거리가 꽤 멀다. 그러면 두 가지 의문점이 생긴다. 첫째로는 그렇게 멀리 떨어져 있는 섬이 과연 보일까 하는 의문이고, 둘째로는 그렇게 먼 거리의 섬이라면 혹시 둥근 지구의 둥근 해수면 뒤로 가려져 보이지 않는 것은 아닐까 하는 의문이다.

그 의문을 해결하기 위해서 타원체에 관한 기하학과 구면삼각법과 측지학(測地學)의 지식을 활용하기로 한다. 멀리 떨어진 섬이 해수면 뒤로 가려

---

99) 『東國興地勝覽』 권45, 江原道 通川郡 山川 "【卵島】 在郡東海中水路五十里 四面石壁峭立 唯西一徑通 于水涯 其涯僅泊一漁舟 每歲三四月 海中禽鳥群聚産卵有故名"; 권50, 咸境道 明川縣 山川 "【卵島】 在縣南二百九十里海中 巖石峻險 人跡不通 鷄屬多養雛焉"

지지 않고 보이려면 두 가지 조건이 필요하다. 거리는 가까워야 하고, 관측고도는 높아야 한다. 지구표면이 곡면이므로 거리가 멀어지면 멀어질수록 보이는 부분이 줄어들다가 결국은 전체가 보이지 않게 된다. 그리고 같은 거리에서라면 높은 곳에서 볼수록 관측자의 시선이 해수면과 닿는 점점의 거리는 멀어지고 해수면 접점과 관측대상의 거리는 짧아져서 더 많은 부분을 볼 수 있다.

그러므로 어떤 섬이 보이는지 안 보이는지를 판별하기 위해서는 관측지와 섬의 해발고도(표고)와 둘 사이의 거리를 알아야 한다. 그래서 우선 수학식을 동원하여 구체적인 수치를 계산해 보고, 계산결과가 실제로 맞는지 동해안에서 울릉도를 촬영한 사진을 통해 검증해 보기로 한다.

지구의 표면은 산과 바다로 울퉁불퉁하지만 위치를 경도, 위도로 표시할 때에는 가상의 회전체를 설정한다. 그 가상의 회전체는 지구자전축을 중심

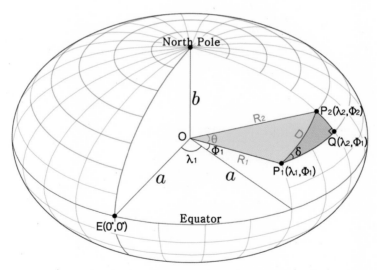

〈그림 14〉 지구 타원체 위 두 지점의 위치 설정

으로 원을 회전하여 만든 구(sphere)가 아니라 타원을 회전하여 만든 형태의 타원체(spheroid)이다. 지구 자전에 따른 원심력의 작용으로 적도반지름이 극반지름보다 길기 때문이다. 〈그림 14〉는 장반경을 a, 단반경을 b로 하는 지구타원체를 이해의 편의를 위해 절개한 그림이다. 그림에서 관측지점과 관측대상지점의 경도와 위도를 알면 몇 가지 필요한 수치들을 도출해낼 수 있다. 〈그림 14〉에서 경도를 λ, 위도를 ϕ라 하고 관측지의 지구타원체 표면지점을 $P_1(\lambda_1, \phi_1)$, 관측대상지의 지구타원체 표면지점을 $P_2(\lambda_2, \phi_2)$로 한다.

먼저 지구는 구면체가 아니라 타원체이기 때문에 위치에 따라 지구중심과의 거리, 즉 반지름의 길이가 다르다. 점 $P(\lambda, \phi)$에서의 반지름은 경도(λ)와 관계없이 오로지 위도(ϕ)에 의해 정해지며 그 값은 $R=\sqrt{\dfrac{a^4\cos^2\phi + b^4\sin^2\phi}{a^2\cos^2\phi + b^2\sin^2\phi}}$ (<수식 1>)이 된다.[100]

우선 〈그림 14〉에서 지구 표면 위의 두 지점 $P_1(\lambda_1, \phi_1)$, $P_2(\lambda_2, \phi_2)$ 사이의 가장 짧은 거리를 형성하는 선 $\widehat{P_1P_2}$는 두 지점과 지구 중심 O를 이어서 만든 대권(大圈: great circle)의 호(弧)에 놓여 있다. $\phi_2 - \phi_1 = \Delta\phi$, $\lambda_2 - \lambda_1 = \Delta\lambda$라 하면 지구 중심과 두 지점을 잇는 두 직선 $\overline{OP_1}$과 $\overline{OP_2}$의 사이각은 $\theta = \mathrm{acos}(\sin\phi_1\sin\phi_2 + \cos\phi_1\cos\phi_2\cos\Delta\lambda)$(<수식 2>)가 된다.[101] 사이각 θ가 결정되면 P_1과 P_2 사이의 최단거리—물론 이때의 최단거리는 직선거리가 아니라 지표면 위에서의 곡선거리를 가리킨다—는 지구가 완벽한 구면체라면 $D = \widehat{P_1P_2} = R \times \theta$로 간단히 계산할 수 있지만,[102]

100) Wolfgang Torge, 2001, *Geodesy*(3rd Edition), BerlinNew York: Walter de Gruyter, p.94

101) Thomas H. Meyer, 2010, *Introduction to Geometrical and Physical Geodesy: Foundations of Geomatics*, Redlands, California: ESRI Press, p.108

102) $D=R\times\theta$의 θ는 호도(弧度: rad)로 표시된 각이며, 일반적인 각도로 표시한 경우에는 $D=R\times$

지구가 타원체이므로 그대로 사용할 수 없다. 그래서 근거리에서 오차가 아주 작은 해버사인공식(haversine formula)으로 거리 $D=2R\times\mathrm{asin}$ $\sqrt{\sin^2\dfrac{\Delta\phi}{2}+\cos\phi_1\cos\phi_2\sin^2\dfrac{\Delta\lambda}{2}}$ (<수식 3>)를 구한다.[103]

그리고 지구 곡면 위의 직각삼각형 $\triangle P_1P_2Q$에서 $P_1(\lambda_1,\ \phi_1)$에서 $P_2(\lambda_2,\ \phi_2)$를 바라보는 방향각 δ를 구하기 위해, 〈그림 14〉에서 지구 중심 O와 $\triangle P_1P_2Q$를 이어서 만든 사면체 OP_1P_2Q를 떼어내고 그 안에 가상의 직각삼각형 $\triangle DEF$를 그려 넣어 〈그림 15〉를 만들었다.

〈그림 15〉의 직각삼각형 $\triangle DEF$에서 $\tan\delta=\dfrac{EF}{DF}=\dfrac{OF\times\tan\Delta\phi}{OF\times\sin\Delta\lambda}=\dfrac{\tan\Delta\phi}{\sin\Delta\lambda}$ (<수식 4>)이 성립한다.[104]

이제 이 수식들을 활용하여 작성한 울릉도의 모습이 정확한지 확인하기 위해 관측지 P_1으로 강원도 삼척시 원덕읍 노곡리의 산 중턱에 있는 소공대(召公臺)를 선택하였다. 조선시

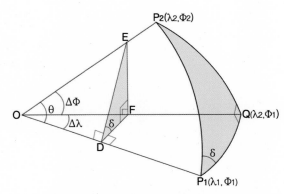

〈그림 15〉 구면 위 직각삼각형에서의 각도 δ

대에 소공대에서 울릉도를 관망하고 남긴 기록이 꽤 많이 남아 있고, 근래

$\theta\times180/\pi$가 된다.

103) Thomas H. Meyer, 2010, op. cit., p.109. 동해에서는 편의상 λ를 경도에서 90°를 뺀 값으로 하여 계산한다.

104) M. Richardson, 1950, *Plane and Spherical Trigonometry*, New York: The MacMillan Company, p.299

에 그곳에서 울릉도를 촬영한 사진들이 있어서 계산의 정확성 여부를 점검할 수 있기 때문이다.

〈그림 16〉에 표시되어 있는 소공대의 해발고도는 대략 272m로 추정된다. 소공대에는 황희의 업적을 기리기 위한 비(碑)가 세워져 있어서 지명이 지금까지 전해져 왔다.[105] 그곳에서 울릉도는 약 140km나 떨어져 있어서 지나가면서 바다 쪽을 흘끗 보아서는 울릉도가 잘 보이지 않는다. 그런데 고갯마루 갈림길에 있어서 사람들이 이곳에서 잠시 앉아 쉬면서 동해를 물끄러미 바라보다가 울릉도를 발견하는 일이 잦았던 것으로 보인다.

조선시대 문사들로는 이산해(李山海: 1538~1609)가 임진왜란 당시 평해로

〈그림 16〉 소공대의 위치

■ 국토지리정보원, 2015, 1:25,000지형도 〈임원〉. 등고선간격 50m.
  도로는 《임원진(臨院津)》(1918)의 도로

---

105) 1423년(세종 5)에 강원도 백성들이 선정을 베푼 황희를 기리기 위해 이곳에 돌을 모아 대를 쌓고 김公臺라 불렀고, 1516년(중종 11)에 황희의 현손 黃孟獻이 강원도 관찰사로 부임하여 비를 세웠다. 지금의 비는 비바람에 쓰러져 부러져 있던 것을 1578년(선조 11)에 다시 세운 것이다. 지도의 등고선을 보면 소공대비가 있는 곳의 표고는 270m 이상 280m 미만인데 부정확하지만 사진 등으로 272m로 추정한다.

유배 가는 도중에 삼척을 지나면서 기록을 남긴 것을 필두로 하여[106] 유몽인(柳夢寅: 1559~1623), 이춘원(李春元: 1571~1634), 김영조(金榮祖: 1577~1648), 신열도(申悅道: 1589~1659), 허목(許穆: 1595~1682), 이명한(李明漢: 1595~1645), 이단상(李端相: 1628~1669), 김창흡(金昌翕: 1653~1722), 이현조(李玄祚: 1654~1710), 이병연(李秉淵: 1671~1751), 성대중(成大中: 1732~1809), 이서구(李書九: 1754~1825) 등이 소공대에서 울릉도를 보고 시를 남겼고, 일제강점기에 권영주(權寧周: 1887~1974)가 지은 시도 남아 있다.[107]

이제 〈그림 14〉와 〈그림 15〉의 P_1을 지구타원체 표면 위의 소공대 지점으로 하고, P_2를 울릉도 성인봉 지점으로 하여 이 수식이 얼마나 정확한지 점검해 본다. 소공대는 129.3159°E, 37.2136°N에 있고, 울릉도 성인봉 정상은 130.8671°E, 37.4979°N 지점에 있다.[108]

소공대에서 울릉도 성인봉을 바라보는 방향각 δ는, 소공대와 성인봉의 경도차 1.5512°, 위도차 0.2843°를 〈수식 4〉에 대입하여 계산하면 $\tan\delta =$ 0.1833을 만족하는 δ 값은 10.39°이다. 즉 울릉도는 소공대에서 동북동 10.39° 방향에 있다.

106) 李山海『拋溪遺稿』, 권2, 箕城錄 詩 紀行; 권3 箕城錄 雜著 望洋亭記

107) 柳夢寅『於于集』後集 권1, 詩 關東錄 關東紀行二百韻; 李春元『九畹先生集』 권1, 詩 召公臺望鬱陵島(二首); 金榮祖『忘窩先生文集』 권3, 詩 召公臺霧中口占; 申悅道『懶齋先生文集』 권1, 詩 登召公臺; 李明漢『白洲集』 권5, 五言律 召公臺(以御史赴嶺東時); 李端相『靜觀齋先生集』 권1, 詩 別關東伯滄洲金按使(益熙); 金昌翕『三淵集』 권8, 詩 召公臺; 李玄祚『景淵堂先生詩集』 권3, 關東錄 復次寒字韻及召公臺卽事韻却寄; 李秉淵『槎川詩抄』 卷下, 詩 召公臺; 成大中『青城集』 권1, 詩 召公臺見鬱陵島; 李書九『惕齋集』 권3, 詩 七言律詩 召公臺望鬱陵島; 權寧周,『晚松遺稿』 권1, 詩 登召公臺望鬱陵島

108) 소공대와 울릉도 성인봉의 경도, 위도는 국토지리정보원의 1:25,000지형도 〈임원〉(2010)과 〈울릉〉(2007)에서 구하였다. 이후 여러 지점의 경위도는 대체로 Bessel 좌표계와 GRS80 좌표계의 경위도가 모두 표시되어 있는 국토지리정보원의 2007년도판 1:25,000지형도를 이용하여 구했다.

이에 따라 울릉도 평면 지형도를 토대로 입면도를 작성하였다. 〈그림 17〉은 울릉도의 1:25,000지형도를 반시계방향으로 79.61°(90°-10.39°) 돌려 놓고, 그 위에 수직선들을 그어 수직선과 10m 간격 등고선이 만나는 점 가운데 고도가 가장 높은 교차점들을 찾아서 그 점들을 이어 그린 입면도이다.[109] 입면도의 생김새를 보면 언덕섬이라는 '능도(陵島)'의 의미를 충분히 이해할 수 있다.

그러나 울릉도를 서남서 10.39° 방향의 소공대에서 보면 실제로는 〈그림 17〉처럼 보이지 않는다. 섬이 너무 먼 거리에 있으면 지구가 둥글기 때문에 섬이 해수면 뒤로 가려져 일부 또는 전체를 볼 수 없기 때문이다. 그래서 울릉도가 얼마나 보이는지 알아내기 위해서는 몇 가지 계산을 해야 한다.

이제 표고 0m의 지구타원체 표면이 아니라 표고 272m의 소공대에서 표고 986.5m의 울릉도 성인봉을 보았을 경우를 보이기 위해, 〈그림 14〉의 부채꼴 평면 $\triangledown OP_1P_2$ 부분을 떼어내어 〈그림 18〉로 재구성했다. 〈그림 18〉에서 궁극적으로 알아내고자 하는 것은 소공대에서 보이는 울릉도의 최저 해발고도, 즉 H_2이다.

H_2를 계산하기 위해서는 먼저 〈그림 14〉와 〈그림 18〉의 P_1지점의 지구 반지름 R_1과 P_2지점의 지구반지름 R_2와 그 사이각 θ, 그리고 두 지점 사이의 거리 $D(\overset{\frown}{R_1R_2})$를 알아야 하며, 그러기 위해서는 먼저 P_1, P_2의 경도, 위도와 아울러 지구의 적도반지름 a, 극반지름 b를 알아야 하고, 다시 a와 b를 설정하기 위해서는 우선 가상의 회전타원체 모델을 설정해야 한다. 우

---

109) 입면도는 동해안의 한 지점에서 방사선을 투사하여 작성한 것이 아니라 평행선을 투사하여 작성한 것이므로 울릉도의 가까운 부분이 먼 부분보다 약간 작고 낮게 표시되었다. 그리고 해발고도 표고는 가상의 회전타원체가 아니라 지구중력을 고려한 Geoid곡면을 기준으로 한 것이므로 약간의 오차가 발생할 수 있다. 그러나 이러한 오차들은 미미하므로 무시한다.

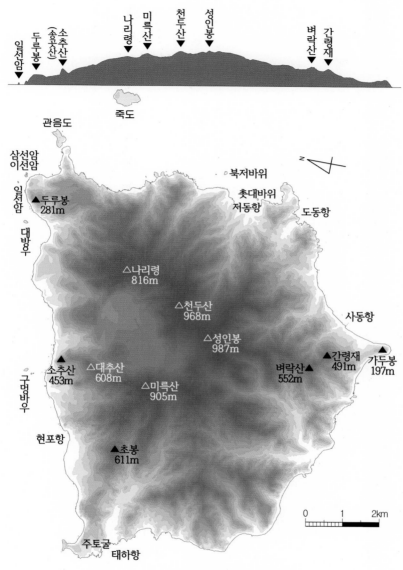

<그림 17> 소공대 방향에서 본 울릉도의 입면도와 평면도

■ 국토지리정보원, 2015, 1:25,000지형도 〈울릉군〉. 등고선 간격 50m

리나라는 일제 강점기에 Bessel 좌표계에 따른 타원체를 설정하여 경도와 위도를 표시했지만 오차가 적지 않아 불편함이 많았다. 그래서 2007년부터 는 GRS80 좌표계에 따르고 있으며 그 정확성은 위성항법장치(GPS)로 확인 된다. GRS80 타원체의 적도반지름 장반경(a)은 6,378,137.00m이고, 극반 지름 단반경(b)은 6,356,752.31m이다.[110]

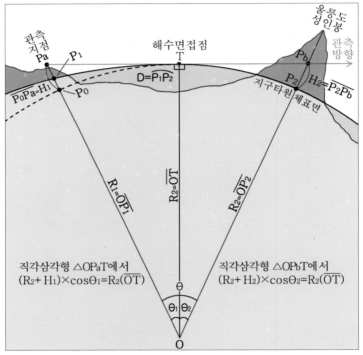

〈그림 18〉 동해안 울릉도 관측지의 대권(大圈) 단면도

ииииииииииииииииииииииииии

110) Bessel 타원체에서는 a=6,377397.16m b=6,356,078.56m였으나 GRS80에서는 적도반지 름이 740m, 극반지름이 673m 길어졌다. GRS80(1980)은 GPS시스템을 적용한 가장 최근 의 WGS84(1984)와는 거의 같아서, 극반지름에 0.1mm의 차이가 있을 뿐이다(Maarten Hooijberg, 2008, *Geometrical Geodesy*, Berlin · Heidelberg: Spiringer, pp.19-20, p.121).

조선시대 울릉도와 독도의 우리말 이름들

이제 〈표 4〉에 제시된 소공대와 성인봉의 경도와 위도를 〈수식 2·3·4〉에 적용하면, 두 지점과 지구중심을 잇는 각각의 반지름 R_1, R_2의 길이와 그 반지름 사이의 각도 θ, 두 지점 사이의 최단거리 D를 구할 수 있다. 앞서 말했듯이 지구는 타원체이므로 타원체에 관한 곡면기하학의 수식을 적용하여 계산해야 하겠으나, 그것은 일반적인 미적분 정도의 수학식으로는 표현되지 않는다. 그래서 편의상 지구를 관측지점과 성인봉 지점의 반지름 가운데 상대적으로 짧은 반지름을 갖는 구면체로 설정하고, 반지름이 긴 지점의 해발고도는 두 지점의 반지름 차이를 더하여 보정하기로 한다.[111] 그것이 〈그림 18〉이다.

〈수식 1〉에 따르면 장반경(a) 6,378,137m, 단반경(b) 6,356,752m인 지구타원체에서 위도 37.4979°N의 성인봉 지점 반지름 R_2는 6,370,255m이고, 위도 37.2136°N의 소공대 지점 지구반지름 R_1은 6,370,357m이다. 이제 〈그림 18〉에서 지구의 반지름을 짧은 쪽, 즉 성인봉의 반지름 6,370,255m를 갖는 구면체로 설정하면 소공대에서의 관측고도 H_1은 반지름 차 102m에 소공대의 해발고도 272m와 사람의 눈높이 1.5m를 더하

〈표 4〉 울릉도 관측지

	소공대	동해연구소
경도 λ 위도 φ	129.3159° 37.2136°	129.4072° 37.0748°
관측지표고 관측고도 H_1	272m 375.5m	7m 160.4m
성인봉방향 δ 성인봉거리 D	10.39° 140,595m	16.17° 137,354m
사이각 θ 관측지편각 θ_1 성인봉편각 θ_2	1.2654° 0.6222° 0.6432°	1.2362° 0.4066° 0.8296°
접선고도 H_2	401.3m	667.8m

* 성인봉의 위치는 130.8671°E, 37.4979°N, 표고는 986.5m, 반지름은 6,370,255m이다.
* 소공대와 동해연구소의 표고는 지도와 사진으로 추정했다.

111) 소공대는 위도가 낮아 반지름이 길고, 성인봉은 위도가 높아 반지름이 짧다. 타원체 위에서의 시선이 닿는 해수면 접점은 짧은 반지름을 적용할 때보다는 높고, 긴 반지름을 적용할 때보다는 낮다. 그런데 진공 상태가 아닌 대기 중을 지나는 빛은 굴절하기에 해수면 접선보다 약간 아래쪽을 볼 수 있다. 이런 점을 감안하면 짧은 반지름을 선택하는 것이 적절하다.

면 375.5m가 된다.

〈그림 14〉와 〈그림 18〉의 두 지점과 지구 중심을 잇는 선의 사이각 θ는 〈수식 2〉에 따르면 1.2654°이다. 그리고 〈그림 18〉의 직각삼각형 △OPaT에서 $(R_2+H_1)\times\cos\theta_1=R_2$를 충족하는 θ_1은 0.6222°이다. 따라서 $\theta_2=\theta-\theta_1$=0.6432°이고 $\cos\theta_2$는 0.999937이다. 직각삼각형 △OP$_b$T에서 $(R_2+H_2)\times\cos\theta_2=R_2$이므로 (6,370,255+H$_2$)×0.999937=6,370,255를 만족하는 H$_2$는 401.3이다. 소공대에서는 울릉도가 표고 401.3m지점 윗부분만 보인다는 뜻이다. 이 H$_2$를 접선고도라 부르기로 한다. 그리고 두 지점 사이의 거리 $D=\widehat{P_1P_2}$는 〈수식 3〉에 따르면 140,595m이다. 그것을 〈표 4〉에 제시했다.

이런 작업 끝에 〈그림 17〉의 입면도에서 표고 401m 이상 부분만 보인 것이 〈그림 19〉의 그림이다. 그리고 아래는 2019년에 이효응이 소공대에 올라 울릉도를 촬영한 사진이다.[112] 사진과 그림을 비교해 보면 스카이라인

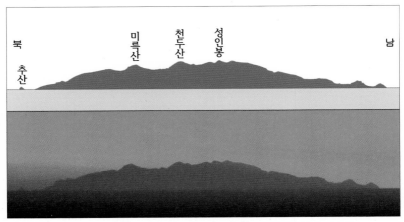

〈그림 19〉 삼척 소공대에서 바라본 울릉도

* 상: 국토지리정보원, 2015, 1:25,000지형도 〈울릉군〉을 반시계방향으로 79.61° 회전한 뒤 평행투사한 수직선과 10m 간격 등고선의 접점을 구하여 그림
* 하: 2009년 9월에 소공대에서 촬영한 울릉도(사진: 이효응)

의 형태가 거의 같고, 왼쪽(북쪽)에 표고 453m의 송곳산[錐山] 윗부분 일부
가 수면 위로 돌출된 것도 똑같다. 입면도가 비교적 정확하게 그려졌음을
확인할 수 있다. 다만 유심히 살펴보면 작도보다는 사진에서 울릉도의 아
랫부분이 더 많이 보인다. 즉 접선고도가 낮아진 것이다. 빛이 대기중을 지
나면서 굴절했기 때문이다. 그러므로 실제로는 작도보다는 약간 더 보인다
는 점을 항상 고려해야 한다.

  그리고 계산식에 따라 그린 소공대 그림과 사진의 일치가 우연이 아님
을 입증하기 위해 다른 지점에서 본 울릉도의 입면도의 사진을 비교해 보
기로 한다. 〈그림 20〉의 윗부분은 2009년 4월 21일에 동경 129.4072°, 북위
37.0748°의 울진군 죽변면 후정리의 한국해양과학기술원 동해연구소 관사
동에서 박용주 연구원이 촬영한 사진이다.[113] 중간은 앞에서와 같은 방법으
로 울릉도지형도를 반시계방향으로 73.83°(90°-16.17°) 돌려놓고 그 위에 수
직선을 그어 1차로 입면도를 작성한 뒤, 다시 계산식에 따라 접선고도를 표
고 668m로 산출하여(<표 4>) 만든 최종 입면도이다. 사진과 그림을 비교해
보면 이 경우에도 그림과 사진이 거의 일치하는 것을 확인할 수 있다. 그리
고 사진이 작도보다는 울릉도의 아랫부분이 더 많이 보이는 것을 알 수 있
다. 그리고 그 사진과 작도의 차이가 소공대보다는 약간 덜해 보인다. 거리
로는 소공대가 약 3.2km가 더 멀어 빛이 그 거리만큼 공기중을 더 지나야
하므로 빛의 굴절이 더하지만, 관측지 표고는 소공대가 265m가 더 높은데,
높은 곳에서 관망하면 공기 밀도가 낮아 빛의 굴절이 덜하다. 그런데 빛의

112) 사진을 제공하고 전재를 허락해 주신 이효응 사진작가에게 감사를 표한다.
113) 한국해양과학기술원 홈페이지 2009년 4월 29일자 소식―보도자료에 사진이 소개되어 있다
      (http://www.kiost.ac.kr/cop/bbs/BBSMSTR_000000000075/selectBoardArticle.do?ntt
      Id=6639&kind=&mno=sitemap_12&pageIndex=70&searchCnd=&searchWrd=).

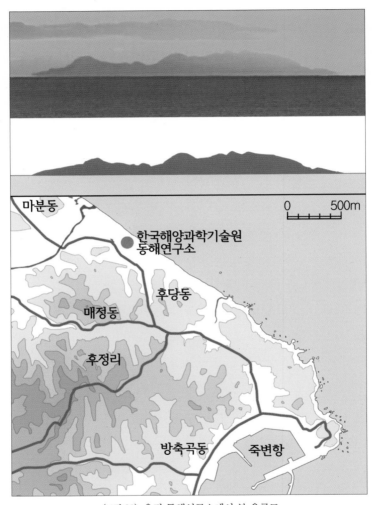

〈그림 20〉 울진 동해연구소에서 본 울릉도

＊ 상: 2009년 4월 21일 아침 동해연구소에서 박용주 연구원이 촬영한 울릉도
＊ 중: 국토지리정보원, 2015, 1:25,000지형도 〈울릉군〉을 반시계방향으로 73.83° 회전한
    뒤 평행 투사한 수직선과 10m 간격 등고선의 접점을 구하여 그린 입면도
■ 하: 국토지리정보원, 2015, 1:25,000지형도 〈죽변〉. 등고선간격 50m. 도로는《興富洞》
    (1918)의 도로

굴절은 소공대에서 더 일어났다.

이처럼 빛의 굴절에는 온도, 기압, 습도, 대기 중의 탄산가스 함유량 등 여러 요소가 작용하여 완벽한 예측값을 구하는 것은 매우 어렵지만[114] 대강의 모습을 파악하는 데는 큰 지장이 없을 것이다.

그런데 앞에서 소공대에서 141km 떨어진 울릉도가 보였다고 했는데 조선시대에 높은 산에 오르면 발광체가 아닌 섬이 141km 거리에서 보였을까?

가시거리는 대기 중의 수증기, 먼지, 얼음입자 등으로 이루어진 안개, 층운, 황사, 눈, 비의 영향을 받는다. 결국 습도, 기압, 풍속 등의 기상조건과 관측지점의 환경에 좌우된다. 바다 위의 배에서 보면 공기 중의 물입자로 인해 가시거리가 제한될 수밖에 없다. 그러나 극지방이나 높은 산 정상처럼 대기 상태가 극도로 안정되어 있는 곳에서 관망하면 240km까지도 볼 수 있다고 한다.[115] 일본에서는 해발고도 3,776m의 후지산이 200km 넘는 곳에서 높은 산이나 타워 위에서 가끔 촬영되기도 했다. 2020년에는 코로나19 바이러스로 인해 인도에서 공장 가동이 중단되어 인도 북부 편잡 지방에서 30여 년만에 160여 km 떨어진 히말라야 연봉이 보였다는 증언이 여러 곳에서 있었고 촬영된 사진도 공개되었다.[116]

그런데 조선시대는 매연, 미세먼지 등 각종 공해로 뒤덮인 오늘의 하늘과는 달리, 대기상태가 훨씬 양호했으므로 기상조건이 완벽하게 충족되면 높은 산꼭대기에서는 상당히 먼 곳까지 볼 수 있었을 것이고 바다 위의 섬도 마찬가지이다. 그리고 먼 곳에서 바라본 관찰 기록도 남아 있다.

17세기에 신활(申活)은 평해군(平海郡) 백암산 정상의 상일암(桑日菴)과 영

114) 이계학, 1997, 「정밀 수준측량에 있어서 빛의 굴절오차에 관한 연구」, 『한국측지학회지』 15-1
115) Wikipedia "visibility"(https://en.wikipedia.org/wiki/Visibility)
116) 연합뉴스 2020년 4월 10일

해부(寧海府) 바닷가 상대산 꼭대기 관어대(觀魚臺)에서 울릉도를 보았다고 했는데, 상일암은 울릉도 성인봉에서 163.8km, 관어대는 164.9km 떨어져 있다.[117] 이미 1511년(중종 6)의 실록에도 영해부에 사는 군관 박자범(朴自範)이 영해에서 무릉도를 보았다는 기록이 있다.[118]

그러므로 비 갠 뒤의 맑은 날에 기상 조건이 아주 좋은 상태에서 높은 산 꼭대기에 오르면 200km 안팎까지도 볼 수 있었을 것으로 생각된다. 그것은 1694년(숙종 16)에 울릉도에 첫 번째 수토관(搜討官)으로 파견되었던 장한상(張漢相)의 「울릉도사적(鬱陵島事蹟)」에 밝혀져 있다.

비 개이고 구름 걷힌 날, 산에 들어가 중봉(中峯)에 올라보니…서쪽으로는 구불구불한 대관령의 모습이 보이고, 동쪽으로 바다를 바라보니 동남쪽에 섬 하나가 희미하게 있는데 크기는 울릉도의 3분의 1이 안 되고 거리는 300여 리에 지나지 않았다.[119]

위 글에서 장한상은 대관령 길과 독도를 묘사하고 있다. 독도는 울릉도에서 약 92km 떨어져 있어 성인봉 정상에서는 해수면에 가려지지 않은 섬 전체를 볼 수 있다. 그러나 대관령길이 있는 강릉 해변은 그렇지 않다. 울릉도 성인봉에서 서북서 5.17° 방향에 있는 대관령마루 쪽을 보면 지구가 둥글기 때문에 고도가 낮은 곳의 길은 보이지 않는다. 성인봉에서 바라보면 해수면이 표고 350m 지점에 걸쳐 있다. 현재 456번 지방도로로 지정된

117) 『竹老集』 권3, 記 觀魚臺遊行記, 雜著 書蔚陵島圖後. 〈표 11〉 참조.
118) 『중종실록』 권13, 중종 6년 5월 21일 경오
119) 張漢相 「鬱陵島事蹟」 "霽雨(+馬)捲之日 入山登中峯 則南北兩峯 岌崇相面 此所謂三峯也 西望大関嶺 透迤之狀 東望海中有一島 杳在辰方 而其大未滿蔚島三分之一"

	370m 지점	450m 지점	770m 지점	832m 대관령
경도 λ	128.7815°	128.7795°	128.7622°	128.7611°
위도 φ	37.7164°	37.7131°	37.6921°	37.6884°
관측고도 H_1	1,066.7m	1,065.5m	1,057.9m	1,056.6m
성인봉방향 δ	5.98°	5.89°	5.27°	5.17°
성인봉거리 D	185,160m	185,291m	186,542m	186,595m
사이각 θ	1.6666°	1.6678°	1.6790°	1.6795°
성인봉편각 θ_1	1.0484°	1.0479°	1.0441°	1.0435°
대상지편각 θ_2	0.6182°	0.6199°	0.6349°	0.6360°
접선고도 H_2	370.8m	372.8m	391.1m	392.5m
보이는 높이	-0.8m	77.2m	378.9m	439.5m

대관령길은 강릉에서 평창 쪽으로 가다보면 성산면 어흘리의 초막교(草幕橋)라는 작은 다리를 약 600m 앞둔 표고 370m 근처에서 접선고도가 0m가 되어 그곳부터 보여야겠지만, 망덕봉의 동북쪽 능선에 가려져 보이지 않고 (<표 5>), 초막교를 500m쯤 지난 표고 450m 지점부터 보인다(<그림 21·22>). 길은 오봉산 능선에 가려졌다가 능선에서 벗어나자마자 심하게 굽은 모습을 보인 뒤 오르는데, 다시 잠시 망덕봉 능선에 가려졌다 나온 뒤로는 신사임당사친시비 근처의 표고 770m 지점까지 보이며 그 이후로는 제왕산 능선에 가려져 더 이상 볼 수가 없다(<표 5>, <그림 22>). 결국 성인봉에서 볼 수

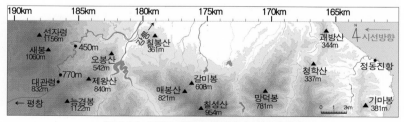

〈그림 21〉 울릉도 성인봉 방향에서 보는 대관령
■ 국토지리정보원, 2015, 1:50,000지형도 〈도암〉·〈구정〉·〈묵호〉를 반시계방향으로 5.17° 회전. 등고선간격 100m. 눈금은 성인봉에서의 거리.

있는 대관령 길은 표고 450~770m 구간인데 그곳은 성인봉에서 186km 가량 떨어져 있다.

장한상은 좋은 기상조건에서 높은 산 위에 올라서 멀리 구불구불한 대관

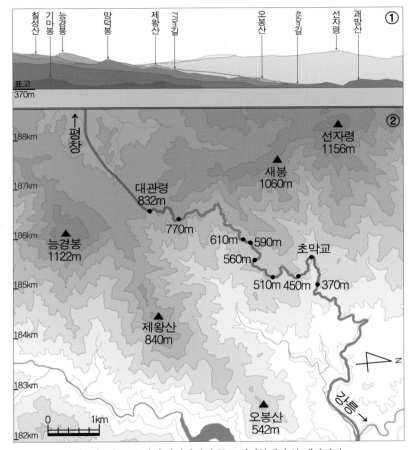

〈그림 22〉 1694년에 장한상이 울릉도 성인봉에서 본 대관령길

＊ ①은 〈그림 21〉에 수평선을 평행 투사하여 20m 간격의 등고선과 만나는 점들을 구한 뒤, 각 점의 표고에서 접선고도를 빼고, 다시 거리에 따라 높이가 달라 보이는 것을 보정하여 작성한 입면도.
②는 〈그림 21〉의 동쪽 부분을 잘라내고 시계방향으로 90° 회전한 것으로 대관령 길에서 붉은 부분이 보이는 부분.

령길을 볼 수 있었다. 단순히 강릉의 산들이 그린 스카이라인이나 산의 앞뒤 능선을 본 것이 아니라 그 사이에 놓여 있는 '구불구불한 길을' 보았다고 하였다. 186km 안팎의, 산의 능선 사이에 놓인 길을 구불구불한 모습까지 보았다면, 200km 안팎의 거리에서는 비록 중첩된 능선이나 그 사이의 길은 볼 수 없을지라도 스카이라인은 볼 수 있었을 것이다.

다시 세종 때의 요도 관측지에 관한 논의로 돌아와서, 네 관측지점에서 울릉도, 독도의 관망이 가능한지 수식에 따라 계산하여 그 결과를 〈표 6〉에 보였다.[120] 표를 보면 독도는 무수단, 봉수치, 연대산, 청대산에서 311~459km나 떨어졌고, 울릉도도 각기 217~392km나 떨어져 있어서 네 곳에서 울릉도나 독도를 관찰하는 것은 불가능하다는 결론에 이르게 된다.

〈표 6〉 요도 관측지의 울릉도 · 독도와의 거리와 접선고도

		길주 무수단	함흥 봉수치	통천 연대산	양양 청대산
경도 λ 위도 φ		129.7250° 40.9100°	127.8750° 39.9336°	127.9534° 38.9260°	128.5524° 38.1956°
관측지표고 관측고도 H_1		79m 80.5m	242m 243.5m	87m 88.5m	231m 232.5m
거리 D	울릉도 독도	391,681m 448,132m	374,792m 458,868m	299,735m 391,284m	217,351m 311,392m
접선고도 H_2	울릉도 독도	10,179m 13,631m	8,014m 12,806m	5,574m 10,079m	2,088m 5,198m

* 울릉도 성인봉: 130.8671°E, 37.4979°N, 표고 986.5m
* 독도 대한봉: 131.8852°E, 37.2418°N, 표고 168.5m

다만 지극히 좋은 조건이 갖추어지면 200km 내외까지도 보일 것이라

120) 이 경우에는 울릉도나 독도보다 고위도에 있는 관측지의 반지름을 지구 반지름으로 선택하여 계산했다. 그리고 양양 청대를 제외한 북한지역 세 곳의 경 · 위도는 舊소련군 참모본부에서 1981년에 제작한 5만분의 1지형도로 구했다(경인문화사 편, 1997, 『最近北韓五萬分之一地形圖 上』). 다만 그 지형도의 좌표는 Bessel 좌표계에 따른 것이므로 GRS80 좌표계로 바꾸어야 하는데, 정밀한 계산이 불필요하여 기계적으로 경도는 8초 줄이고, 위도는 10초 늘였다.

했으므로, 양양 청대산에서 217km 떨어진 울릉도 관망에 대해 일말의 가능성을 생각해 볼 수 있겠지만 이렇게 거리가 멀어지면 다시 지구가 구면체라는 사실을 고려해야 한다. 청대산에서 울릉도 방향을 보면 시선이 해수면과 이루는 접선이 울릉도 해수면의 2,088m 위쪽을 지나므로 표고 987m의 성인봉은 볼 수 없다. 물론 독도는 더 말할 나위도 없다.

결국 1430년(세종 12)에 함경도와 강원도에서 보았다는 요도는 잘못 보았거나 거짓일 가능성이 높다. 그 이유는 확실치 않다. 다만 요도에 관한 소문 가운데 일부는 함경도 주민들이 강원도에서 들은 소문이거나, 아니면 강원도에서 온 이주민들이 퍼뜨린 것이 아니었을까 의심되기도 한다. 조선 초기 태조, 태종 때에도 영토 개척을 위한 사민(徙民) 정책이 시행되어 강원도 사람들이 일부 함경도로 이주했는데 그들이 소문을 퍼뜨렸고, 그러다가 중앙정부에서 정보를 수집하고 확인하는 과정에서 잘못 전해졌을 가능성을 생각해 볼 수 있다.

3. 강원도 남부에서 보았으나 찾지 못한 요도

1) 양양, 삼척에서 본 요도

1430년(세종 12)에 일련의 논의와 지시가 있은 후로 요도에 관한 논란은 한동안 잠잠하다가 8년 뒤에 다시 재연되었다. 1438년 7월에 세종은 강원도 관찰사에게 양양 동쪽 해상에 요도가 있다는 소문이 전해져 오는데 소문만 무성할 뿐 어디에 있는지도 모르고 왕래한 자도 없다 하니 탐문해서 보고하라고 지시하였다.[121] 그 후로 아무런 성과가 없자 1441년에는 상을 내걸고 요도에 관한 정보를 수집해 보라고 함길도 관찰사와 절제사에게 지시를 내렸다.[122] 그러나 강원도와 함경도에 내린 지시에 대해서는 쓸 만한 정보를 얻지 못했던 것으로 보인다.

그런데 4년 뒤인 1445년에 오히려 중앙에서 정보가 들어왔다. 6월에 내섬시 영사(令史) 김만(金滿)이 양양부 동쪽 100여 리 되는 곳에 요도가 있다는 말을 양양부에 사는 김연기(金延奇)에게서 들었다고 하였다.[123] 그리고 8월에는 공조참판 권맹손(權孟孫)이 전 사직(前 司職) 남회(南薈)가 동산현(洞山縣) 정자 위에서 요도를 보았다는 말을 들었다고 했다.[124]

김만의 진술에서는 관측 위치가 모호하지만 남회가 말한 동산현 정자가 어디인지는 찾을 수 있다. 양양의 속현 동산현(洞山縣)은 본래 고구려의 혈산현(穴山縣)이었던 곳으로서 읍치 남쪽 45리에 있었으며,[125] 현재 양양군 현남면에 해당된다. 양양부의 이름난 정자로는 동산현 동쪽 2리의 관란정(觀瀾亭), 읍치 남쪽 25리의 상운정(祥雲亭), 읍치 북쪽 29리의 강선정(降仙亭)이 있었다.[126] 이 가운데 동산현 정자라면 관란정 외에 지목할 곳이 없다.

『동국여지승람』에서는 관란정 앞에 죽도(竹島)가 있다고 했다.[127] 그리고

121) 『세종실록』 권82, 세종 20년 7월 26일 무신
122) 『세종실록』 권93, 세종 23년 7월 14일 무신
123) 『세종실록』 권108, 세종 27년 6월 12일 갑인
124) 『세종실록』 권109, 세종 27년 8월 17일 무오 "南薈言 年前在洞山縣亭上 望見海中有山 質諸其縣吏 答曰 此山自古有之 使其吏終日候之 曰 非雲氣 實山也" 남회는 강원도 바닷가 출신으로, 7년 전에 조민(曹敏)과 함께 무릉도순심경차관(茂陵島巡審敬差官)에 임명되어 울릉도에 가서 주민 66명을 쇄환해 왔던 인물이다(『세종실록』 권81, 세종 20년 4월 21일 갑술, 26일 기묘; 권82, 세종 20년 7월 15일 무술).
125) 『東國輿地勝覽』 권44, 地理志 江原道 襄陽都護府 建置沿革 "屬縣 洞山縣 在府南四十五里 本高句麗穴山縣 新羅改今名 爲溟州領縣 高麗顯宗戊午 移屬翼嶺縣任內 本朝因之"
126) 『東國輿地勝覽』 권44, 地理志 江原道 襄陽都護府 樓亭
127) 『東國輿地勝覽』 권44, 地理志 江原道 襄陽都護府 山川 "竹島 在府南四十五里觀瀾亭前 滿島

'관란(觀瀾)'이 물결을 바라본다는 뜻이고, 윤증(尹拯)이 시에서 관란정 아래
에서 배를 불러 죽도 앞으로 갔다고 했으므로[128] 죽도 근처의 바닷가 언덕
에 있었을 것이다. 그리고 죽도가 관란정 앞에 있다고 했는데, 조선시대에
'앒, 뒤'라는 말은 '남, 북'을 가리키는 말로도 쓰였다.[129] 따라서 관란정은
죽도 북쪽에 있었을 가능성이 높다. 따라서 관란정이 있을 만한 곳으로는
양양군 현남면 동산리의 동산항 근처 표고 31m 지점이 가장 유력하다(<그
림 23>).

　　요도가 동산현 관란정에서 보인다고도 하고, 또는 양양 동쪽 해상에 있
다고도 했는데 양양 동쪽으로는 울릉도와 독도가 있다. 그렇다면 혹시 양
양에서 보았다는 요도가 울릉도나 독도가 아닐까 생각해 볼 수 있다. 앞서
언급했듯이 울릉도나 독도가 보이려면 두 섬이 가시거리 내에 있어야 하
며 둥근 지구의 해수면 뒤에 가려지지 않을 정도의 거리에 있어야 한다. 과
연 그러한 조건에 맞는지 계산한 결과를 <표 7>에 보였다. 관란정에서 울릉
도까지는 약 190km 남짓한 먼 거리이지만 앞서 대관령 길의 사례에서도
보았듯이 기상 조건이 완벽하면 볼 수 없는 것은 아니다. 그런데 지구가 구
면체라서 31m 높이에서 193km 거리의 울릉도 성인봉쪽을 보면 울릉도가
해수면 접선 아래로 약 2,339m나 내려가기 때문에 표고 987m의 성인봉
정상부도 해수면 1,352m 아래에 놓이게 되어 보일 리 없다.

　　혹시 관란정의 위치를 잘못 파악한 결과가 아닌가 할 수도 있겠으나, 계
산식대로라면 동산현 바닷가에서는 울릉도를 볼 수 있는 곳이 없다. <그

　　皆蒼竹 島下海藻有石凹如槽…"
128)　『明齋遺稿』 권2, 詩 竹島石槽口號 "觀瀾亭下喚輕舠 蒼竹島前看小槽…"
129)　『訓蒙字會』 中2 "南 앒 남, 北 뒤 븍"; 『新增類合』 上2 "南 남녁 남, 앒 남, 北 븍녁 븍, 뒤 븍";
　　『石峰千字文』 28下 "南 앒 남"

림 23〉에서 바닷가에서 약간 떨어져 있는 동산리의 표고 92m 지점과 광진리의 표고 94m 지점에서 관측해도 성인봉 정상은 각각 해수면 접선 아래로 너무 많이 내려가 볼 수 없다(<표 7>). 그러므로 남회가 양양의 동산현 정자에서 보았다는 울릉도일 가능성은 거의 없고 실제로 존재한 섬인지도 의문이다. 요도를 찾으라고 남회를 보냈던 일도 허사로 그치고 말았다.[130]

〈그림 23〉 양양 동산현 관란정 위치

＊ 竹島는 현재 육지와 이어져 있다.
■ 국토지리정보원, 2019, 1:25,000지형도 〈주문진〉, 등고선 간격 20m

　다만 전혀 가능성이 없는 것은 아니다. 빛은 진공이 아닌 대기 중에서는 직진하지 않고 굴절한다. 그리고 봄날 아지랑이에서 나타나듯이 아래 위 기온의 차가 커지면 그 굴절도는 더 커진다. 그리고 대기의 온도, 기압 등의 조건이 잘 맞으면 크게 굴절이 일어나 사막이나 바다에서 흔히 보이는 신기루 현상으로 훨씬 아랫부분이 모래벌판이나 해수면 위로 떠 보인다.[131]

---

130)　『세종실록』 권109, 세종 27년 8월 17일 무오
131)　관란정에서 해수면 접선 아래 1,304m에 있는 울릉도 정상부가 보이려면 빛이 192,819m를 진행하는 동안 1,392"(0.3875°) 이상 굴절해야 한다($\tan\theta$=1,304m÷192,819m의 θ는 0.3875°).

그래서 기하학적인 계산으로 얻은 가시고도보다 아래쪽에 있는 부분도 볼 수 있다. 물론 그것도 가시거리 내에 있을 때에 가능한 일인데, 193km라면 가시거리 밖이라고 단언할 수 없다.

요도의 관망지로 양양이 자주 거론되었고, 양양 동쪽

〈표 7〉 양양 해안 근처에서 본 울릉도

	관란정	동산리	광진리
경도 λ 위도 φ	128.7584° 37.9789°	128.7522° 37.9781°	128.7629° 37.9573°
관측지표고 관측고도 H_1	31m 32.5m	92.3m 93.8m	94.3m 95.8m
성인봉방향 δ 성인봉거리 D	12.85° 192,819m	12.79° 193,319m	12.32° 191,813m
사이각 θ 관측지편각 θ_1 성인봉편각 θ_2	1.7355° 0.1830° 1.5525°	1.7400° 0.3109° 1.4291°	1.7264° 0.3142° 1.4122°
접선고도 H_2	2,339m	1,982m	1,936m

에 요도가 있다는 말이 무성했으므로 양양 관내에 울릉도가 보이는 곳이 있는지 찾아볼 필요가 있다. 양양의 바닷가에는 그런 곳이 없지만 내륙 쪽으로 들어가면 울릉도를 볼 수 있을 만한 지점이 꽤 있다.

육지측량부의 양양 지도에서 정상부까지 사람들이 다니는 길이 연결된 산으로 만월산, 정족산, 조봉, 응복산이 있는데(〈그림 24〉) 그 꼭대기에서 울릉도 성인봉까지는 198~209km로서 〈표 8〉에서 확인되듯이 울릉도의 윗부분을 볼 수 있다.

다만 네 산과 성인봉과의 거리가 200km 내외로 상당히 먼데 과연 울릉도가 보일까 의문이 제기된다. 그러나 성인봉 정상에서 186km나 떨어진 대관령길의 구불구불한 모습까지 볼 수 있었으므로, 200km가 넘는 응복산, 조봉, 정족산에서는 볼 수 없을지라도 197.6km의 만월산에서는 볼 수 있었을 것이다. 그곳은 동산현 관란정에서도 멀지 않은 곳이다. 따라서 양양에서 본 동해의 섬이 울릉도일 가능성은 충족된다. 다만 독도는 볼 수 없다.

양양에서 울릉도 관측이 가능하다면 그보다 남쪽의 강릉, 삼척, 울진에

〈표 8〉 관측지점과 울릉도 접선고도

	만월산	응복산	조봉	정족산
경도 λ	128.6936°	128.5665°	128.5604°	128.5755°
위도 φ	37.9531°	37.8756°	37.9450°	37.9984°
관측지표고	628m	1360m	1,182m	869m
관측고도 H_1	630m	1362m	1,184m	871m
성인봉방향 δ	11.83°	9.32°	10.97°	12.32°
성인봉거리 D	197,572m	206,566m	208,698m	208,840m
사이각 θ	1.7783°	1.8593°	1.8785°	1.8798°
관측지편각 $θ_1$	0.8055°	1.1845°	1.1044°	0.9472°
성인봉편각 $θ_2$	0.9728°	0.6748°	0.7741°	0.9326°
접선고도 H_2	918m	442m	581m	844m

서는 더욱 가능성이 높아진다. 1445년(세종 27) 8월에 권맹손은 남회가 삼척부 바다 가운데 요도가 있다는 말을 했다고 전했다. 그리고 갑사(甲士) 최운저(崔雲渚)는 삼척 봉화현(烽火峴)에 올라서 요도를 보았고, 무릉도(茂陵島)로 가던 도중에도 보았다고 더욱 구체적인 이야기를 했다.[132] 최운저가 올라가 요도를 관망했다는 봉화현(烽火峴), 즉 봉화고개는 봉수대가 있는 고개이고, 고개는 산길이 오르막에서 내리막으로 바뀌는 높은 곳에 있다. 그런 조건을 갖춘 곳을 삼척에서 찾아본다.

『동국여지승람』에 수록된 삼척의 봉수를 남쪽부터 나열하면 가곡산봉수(可谷山烽燧), 임원산봉수(臨院山烽燧), 초곡산봉수(草谷山烽燧), 양야산봉수(陽野山烽燧), 광진산봉수(廣津山烽燧)가 있다(〈그림 25〉).[133]

---

132) 『세종실록』 권109, 세종 17년 8월 17일 무오

133) 『東國輿地勝覽』 권44, 江原道 三陟都護府 烽燧 "【可谷山烽燧】 在府南一百六里 南應蔚珍恒出道山 北應臨院山, 【臨院山烽燧】 在府南八十里 北應草谷山 南應可谷山, 【草谷山烽燧】 在府南五十四里 北應陽野山 南應草谷山, 【陽野山烽燧】 北應廣津山 南應 草谷山, 【廣津山烽燧】 北應江陵羽溪縣 南應陽野山"

<간성군>
영랑호
청초호
▲ 청대산230m
217.3km
쌍천

양양읍치 ●
남대천

하조대

양양부

△ 정족산869m
208.8km

● 관란정 31m
192.8km

△ 만월산628m
197.6km

△ 조봉1182m
208.7km

▲ 암산1153m

삼형제봉

699m ▲ 618m
689m

응복산1360m
206.6km

강릉부   주문진

△   ▲   ▲ 철갑령 1013m
만월봉1281m 복룡산1015m   연곡천

〈그림 24〉 양양부의 요도, 울릉도 관측

■ 《甕津》·《襄陽》·《北盆里》·《注文津》, 등고선간격 100m, km 수치는 성인봉에서의 거리

우선 가곡산은 『여지도서
(輿地圖書)』의 삼척지도에 보
이는데 현재 삼척 남쪽 끝
가곡면(可谷面) 풍곡리에 응
봉산(鷹峯山)이라는 이름으
로 남아 있다. 그런데 그곳은
울진과 경계를 이루는 곳으
로서, 해안에서 13km나 떨
어진 내륙 깊숙이 있고 높이
가 999m나 되는 곳이어서
쉽게 접근할 수 있는 곳이
아니다. 원덕읍 임원리의 임

〈그림 25〉 삼척도호부의 봉수대 위치
■ 국립지리원, 1975, 1:250,000지형도 〈강릉〉. 등고선간
격 400m

원산봉수(표고 141m)와 근덕면 초곡리의 초곡산봉수(표고 135m)는 바닷가의
약간 높은 곳 막다른 곳에 있어서 산을 넘어가는 고개에 있는 봉수대가 아
니다. 근덕면 덕산리의 덕봉산(德峯山)에 있었던 양야산봉수(표고 52m)도 해
상 석벽(石壁)에 있었으므로 그곳을 고개라 부를 수는 없다.[134]

따라서 최운저가 말한 삼척의 봉화고개로 지목할 만한 곳은 동북쪽 바닷
가에 있는 교동의 광진산봉수(廣津山烽燧)뿐이다. 그곳은 읍치에서 아주 가
까울 뿐 아니라 남쪽 오십천(五十川) 쪽의 정상리(汀上里)·정하리(汀下里)와
북쪽 바닷가 배드나드리나루[船出入津]·갈천리(葛川里)를 연결하는 길의 가
장 높은 곳 139m 지점에 있다(<그림 26>). 최운저는 이곳에서 요도를 보았
을 것이다.

----

134) 『三陟府邑誌』(奎17511) 名山條 "陽野山 在府南二十里 近德面 卽海上石壁"

〈그림 26〉 봉화고개와 고성산 요전산성

■ 《三陟》(1918). 등고선간격 40m. 회색선은 도로

　그리고 약 30년 뒤 1473년(성종 4)에 요도의 위치에 관한 이야기가 나왔다. 7월에 영안도(永安道) 관찰사 정난종(鄭蘭宗)에게 내린 유서(諭書)에서 무릉도(茂陵島)는 잘 아는 섬이고 요도(蓼島)는 모르는 섬인데 세상에 전하기를 무릉도 북쪽에 요도가 있다지만 다녀온 사람이 하나도 없으니 의심스럽다 하였다.[135]

　이를 종합하면 요도는 삼척 봉화고개에서 볼 수 있는 섬이고, 때로는 무

릉도를 찾아가는 도중에 볼 수 있는 섬이다. 그리고 오래전부터 항간에 전하는 말로는 무릉도 북쪽에 있는 섬이라고 하는데, 아무도 가 본 사람이 없어서 실제로 존재하는 섬인지 의심되는 섬이다. 이 사항들은 요도의 정체를 짐작하게 하는 중요한 단서이다.

2) 멀리서만 보이는 요도

삼봉도와 요도를 찾기 위해서는 우선 울릉도가 조선시대 사람들의 눈에 어떤 형태로 보였을까를 생각해 보아야 한다. 울릉도는 가까이 찾아가서 보기도 하고 상륙해서 답사하기도 했지만, 일상적으로는 동해안에서 멀리 바라보던 섬이다. 울릉도를 바라보면 거리가 140km 전후가 되기 때문에 잘 보이지 않는다. 그런데 날씨가 아주 좋은 날 아침 해 뜨는 시각에는 해가 뒤에서 후광을 비추어 울릉도의 윤곽이 비교적 또렷이 보이는 경우가 종종 있었던 것으로 보인다.

우선 최운저가 광진산봉수에서 본 모습을 그리기 위해 이제까지의 계산에 따라 〈표 9〉를 작성했다. 이에 따르면 광진산봉수에서 동북동 1.7° 방향에 보이는 울릉도는 작도상으로는 표고 845m 윗부분만 볼 수 있다. 이를 토대로 울릉도 지도로 그린 입면도가 〈그림 27〉이다. 이렇게 보면 요

〈표 9〉 광진산과 고성산에서의 관망

	광진산봉수	고성산
경도 λ	129.1823°	129.1906°
위도 φ	37.4478°	37.4292°
관측지표고	139.3m	99.7m
관측고도 H_1	158.8m	125.9m
성인봉방향 δ	1.71°	2.35°
성인봉거리 D	148,667m	148,047m
사이각 θ	1.3380°	1.3325°
관측지편각 θ_1	0.4046°	0.3603°
성인봉편각 θ_2	0.9334°	0.9722°
접선고도 H_2	845.5m	917.1m

135) 『성종실록』 권16, 성종 4년 1월 9일 경자 "世傳 茂陵島之北 有蓼島 無一人往還者 是亦可疑"

도가 무엇을 말하는지 알 수 있다. 즉 울릉도 아랫부분이 해수면 뒤로 가려져 보이지 않으므로 미륵산이 울릉도에서 분리된 별개의 섬으로 보이는 것이다. 그리고 요도가 울릉도의 북쪽에 있다는 진술과도 일치한다. 즉 울릉도의 아랫부분이 가려져서 울릉도의 일부 봉우리가 마치 섬처럼 보이게 되어 요도라는 이름을 얻게 된 것이다.

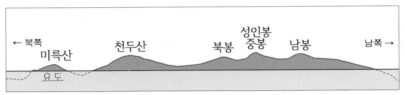

〈그림 27〉 광진산봉수에서 본 울릉도 작도

그런데 실제로 보는 모습은 작도와는 다르게 나타난다. 〈그림 28〉의 광진산에서 촬영한 울릉도 사진을 보면 미륵산이 별개의 섬으로 보이지 않는다. 〈그림 27〉의 작도에서 천두산과 미륵산 사이 수평선 뒤로 가려진 깊이는 약 35m밖에 되지 않는다. 따라서 빛의 굴절로 인해 접선고도가 35m만 낮아져도 천두산과 미륵산이 분리되어 보이지 않는 것이다.

최운저가 보았다는 요도가 그냥 울릉도인지 별개의 섬처럼 보이는 울릉도의 일부인지는 기록이 소략하여 알 수가 없다. 그런데 동해에 울릉도가 있다는 것을 알고 있었을 터인데 울릉도라고 하지 않고 요도라고 한 것을 보면 울릉도와는 다른 섬, 분리된 섬을 말하는 듯하다. 그리고 기압, 습도 등의 조건이 다르면 〈그림 28〉이 아니라 〈그림 27〉의 요도를 볼 수도 있었을 것이다.

사진을 보면 한편으로는 최운저가 요도를 보았다는 다른 이유를 찾을 수도 있을 듯하다. 〈그림 28〉 ①의 광진산 전망대에서 찍은 사진에도 울릉도

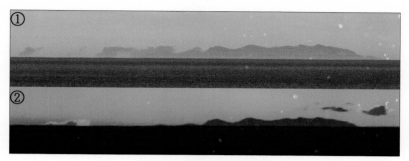

〈그림 28〉 광진산에서 본 울릉도

* ①은 광진산 전망대에서, ②는 전망대보다 낮은 곳에서 촬영(사진: 이효웅)

북쪽(왼쪽)으로 구름 같은 것이 수평선 위로 펼쳐져 있는 것을 볼 수 있고, ②에서도 해뜰녘에 구름이 태양의 역광을 받아 밝게 빛나면서 수평선에 닿은 모양으로 떠 있는 것을 볼 수 있다. 기상 조건에 따라서 이런 것들이 수평선 위로 보일 수도 있다는 것을 감안하면 최운저가 울릉도와는 다른 뭔가를 보았다고 생각할 수도 있다.

그런데 최운저는 매우 중요한 말을 남겼다. 무릉도를 '가는 도중에' 요도를 보았다는 것이다. 울릉도를 향해 배를 타고 가는 도중에 해발고도 제로의 해수면 위에서 멀리 있는 울릉도를 바라보면 당연히 울릉도의 전체 모습을 볼 수가 없다. 그러면 가는 도중에 〈그림 27〉과 같은 모습을 충분히 볼 수 있다. 그런데 점점 가까이 다가가면 해수면 뒤로 가려지는 부분이 점점 줄어들어 분리된 섬처럼 보이던 울릉도의 봉우리가 다시 이어져 보이고 울릉도 가까이에서는 울릉도 전체를 보게 되므로 요도가 사라지게 되는 것이다.[136] '가는 도중에' 보았다는 최운저의 말은 이런 상황을 말하는 것으로

---

136) 울릉도 북쪽에도 100m 전후 높이의 이선암이나 딴바위가 있지만 그 바위들은 해변에 가까운 곳에 있는 작은 바위라서 요도가 될 수 없다.

보인다.

그렇다면 요도는 미륵산을 말하는 것인가? 꼭 그런 것만도 아니다. 광진산봉수보다 고도가 낮은 곳이나 바다 위에서 보거나, 거리가 먼 곳에서 보면 울릉도가 해수면 아래로 더 내려가서 미륵산은 해수면 뒤로 가려져 보이지 않고 이번에는 천두산이 섬으로 보인다. 이 경우에는 천두산이 요도가 된다.

고려 후기에 이승휴(李承休)는 울릉도에 관한 기록을 하나 남겨 놓았다. 1253년(고종 40)에 몽골의 침입을 피해 삼척의 요전산성(蓼田山城)에 있었는데 그곳에서 본 울릉도의 모습을 이렇게 묘사했다.

> 성의 동남쪽으로 어두운 바다와 하늘 사이로 사방이 거칠 것 없이 망망한 가운데 산 하나가 구름과 파도가 뿌옇게 아른거리는 사이로 떴다 가라앉았다, 보였다 안보였다 하는데, 해뜰녘과 해질녘의 어스름에 보이는 아리따운 광경이 마치 누군가가 일부러 만들어낸 것 같았다. 그곳 나이든 사람들의 말로는 무릉도(武陵島)라고 한다.[137]

고성산에서 148km 거리의 울릉도를 보면 울릉도 아랫부분이 거의 다 해수면으로 가려져서 〈그림 28〉의 사진에도 보이듯이 물 위에 가로로 놓인 기다란 띠처럼 보인다. 무릉도가 구름과 물결 사이로 오르락내리락, 보일락말락 '부침출몰(浮沈出沒)'했다고 한 것은 섬의 존재를 인지할 수는 있지만 너무 작고 흐리게 보여 대기 상태에 따라 명멸하는 현상을 그린 것이다.

---

137) 李承休, 『動安居士集』 動安居士行錄 권1, 行錄 望武陵島行 幷序 "越癸丑秋 因避胡寇 一方會守眞珠府蓼田山城 城之東南面 溟涬際天 而四無涯極 中有一山 浮沈出沒於雲濤煙浪之間 晨昏媚嫵 若有爲之者焉 父老云 武陵島也 江陵田使君命子賦之 聊以鄙語形容云"

요전산성이 고성산이 아니라 동해시 두타산성이라고 보는 견해도 있지만 이런 현상은 고성산에서 보았을 때 나타나는 현상으로 이해된다.[138]

요전산성은 1384년(우왕 10)에 오화리산성(吾火里山城)을 쌓았던 자리에 있던 성으로서, 광진산봉수에서 오십천 너머 고성산(古城山) 자리에 있던 성으로 알려져 있다(<그림 26>).[139] 고성산의 산성은 광진산봉수에서 남쪽으로 2.5km 거리에 있고, 성인봉과의 거리는 광진산봉수보다 600m 가량 가깝지만 그보다 중요한 해발고도가 광진산봉수보다 40m가 낮다. 그러므로 울릉도는 광진산봉수에서 볼 때보다 72m나 더 해수면 아래로 내려간다(<표 9>).

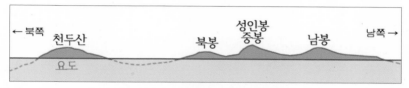

〈그림 29〉 고성산 요전산성에서 본 무릉도(울릉도) 작도

고성산의 요전산성에서 가장 높은 표고 99m 지점에서 울릉도를 빛의 굴절이 없는 상태에서 보면 〈그림 29〉의 정경이 보일 것이다. 〈그림 29〉에서는 울릉도가 표고 917m부터 보이므로 905m의 미륵산은 보이지 않고 968m의 천두산은 해수면에 의해 성인봉과 분리되어 섬처럼 보인다.

||||||||||||||||||||||||||||||||||||||

138) 홍영호, 2004, 「삼척시 하장면 숙암리 차단성에 대한 일고찰」, 『박물관지』 11, 강원대학교 중앙박물관. 고성산에서 서쪽으로 16.2km 떨어진 두타산성의 표고 1,030m 지점은 129.0079°E, 37.44002°N 자리에 있는데, 그곳에서 동북동 1.79° 방향으로 163km 떨어진 성인봉을 보면 표고 184m 위쪽의 803m 부분이 보인다. 고성산에서는 성인봉 높이의 7%밖에 보이지 않지만 두타산성에서는 81%가 보이는 것이다. 이는 100m 거리에서 49cm의 물체를 보는 것과 마찬가지이므로 울릉도가 '浮沈出沒'하는 것으로 보일 리가 없다.

139) 강원문화재연구소, 2001, 『삼척 요전산성─기본설계(지표조사) 보고서─』

그런데 빛의 굴절을 감안하면 이승휴는 〈그림 29〉의 천두산이 분리된 모습은 보지 못하더라도 〈그림 27〉의 미륵산이 분리된 모습을 보았을 가능성은 매우 높다. 이승휴가 무릉도를 보았다면 그 북쪽에 있는 요도도 보았을 것이다.[140)]

그런데 요도를 울릉도로 '가는 도중에' 보았다는 최운저의 진술도 중요한 단서이지만 예전부터 여러 사람이 요도가 울릉도 북쪽에 있다고 한 것은 더 결정적인 단서이다. 앞에서도 보았듯이 천두산과 미륵산은 울릉도를 보는 거리와 고도에 따라서 섬으로 인식될 수 있음은 의심의 여지가 없을 것이다. 다만 삼척의 소공대에서 보면 표고 453m의 송곳산[小錐山]도 분리되어 50m쯤 보이지만(<그림 19>), 그것을 요도로 생각했을 가능성은 높지 않다. 너무 작아서 잘 보이지 않고 보인다 하더라도 섬보다는 단순한 작은 바위로 인식되었을 가능성이 높다.

결국 세종 대에 여러 사람의 입에 오르내렸던 울릉도 북쪽에 있었다는 요도는 볼 수는 있으나 일정한 범위의 관측지점에서만 섬처럼 보이는 울릉도의 일부분으로 추정된다. 요도를 보았다는 말은 무성하지만, 요도가 정말로 있는 섬인지 의문이 많았고, 다녀 온 사람이 아무도 없었던 것은 이 때문이다.

---

140)   蓼田山城 이름에 흔치 않은 '蓼' 자가 쓰인 것이 蓼島와 연관이 있나 생각되기도 하지만 현재로서는 그저 가능한 상상일 뿐이다.

4. '역괴섬[蓼島]'으로 전해진 가깨섬[可支島]

울릉도의 일부였던 미륵산이나 천두산이 요도로 인식되었다는 것을 말했다. 그런데 왜 요도라는 이름이 붙었을까?

울창한 언덕섬이라는 뜻의 울릉도(鬱陵島)는 같은 뜻을 지닌 한자를 써서 울릉도(蔚陵島), 무릉도(茂陵島), 우릉도(芋陵島)라고도 하였으며, 이와 음이 같은 한자를 써서 무릉도(武陵島), 우릉도(羽陵島), 우릉도(于陵島)라고도 하였다.

그런데 앞에서 보았듯이 여러 가지 한자로 표기된 이 섬의 아주 오래전의 우리말 이름은 가개섬이었다. 그리고 14세기부터 진행된 경음화로 인해 가개섬은 까깨섬이 되었다. 그리고 그 이름은 정조 때에는 이미 관음도의 이름으로 바뀌어 관음도가 可支島로 표기되었고, 최근까지도 관음도에는 까깨섬이라는 별명이 있었다.[141]

그러나 오랜 시간이 흘러 울릉도의 우리말 이름 가개섬은 점차 잘 쓰이지 않게 되었고 울릉도라는 이름이 더 많이 쓰이게 되었다. 그러는 사이에 한편으로는 울창하다, 무성하다를 뜻하는 가개 또는 까깨라는 말이 무슨 뜻인지도 점차 잊게 되었을 것이다. 그래서 잘 쓰이지 않던 가개섬, 까깨섬이라는 이름이 울릉도가 아니라 울릉도 근처의 관음도에 붙었던 것으로 추정된다.

요도(蓼島)의 '蓼'는 여뀌를 가리킨다. 여뀌 '蓼'는 옛 기록에 '역괴, 역쬐, 엿괴, 엿귀, 엳귀' 등으로 다양하게 보인다. 그런데 '여쬐'로 발음되는 '역괴, 역쬐, 엿괴'와 '여뀌'로 발음되는 '엿귀, 엳귀'가 같은 시기에도 함께 통용되

---

141)　정연식, 2019, 「가개섬 鬱陵島의 여러 별칭과 于山島의 실체」, 『대동문화연구』 107

었다. 그 가운데 출현 빈도가 높은 것은 '엿귀'와 '역괴'이다. '여뀌(엿귀)'는 『구급방언해(救急方諺解)』(1466)에서 처음 등장하여 이후 19세기까지 종종 보이고, '여꾀(역괴)'는 『박통사언해(朴通事諺解)』(1577)에 처음 나타나 여러 문헌에 모습을 드러냈다.[142] 그런데 20세기에 여뀌(엿귀)가 표준어가 되면서 여꾀(역괴)라는 말은 점점 사라졌다.

요도(蓼島)는 그 가운데 '여꾀섬'을 한자로 표기한 것으로 짐작된다. 그리고 여꾀섬의 '여꾀'는 '가개/가게'의 발음이 변질된 결과로 보인다. 추측컨대 '가개섬/가게섬'이 언제부터인가 경음화가 진행되면서 '가깨섬/가께섬'이 되었는데, 이미 가깨/가께가 울창하다, 우거지다라는 뜻이라는 것을 알수 없게 되었다. 그래서 가깨/가께가 원래는 무언가 다른 말이었는데 잘못 전해진 것으로 오인하여 발음이 비슷한 말 가운데 그럴듯한 말을 추정해서 끄집어내었을 것이다.

물론 [ga]는 종종 [ŋa] 또는 [øa]로 변질되기도 하지만 [ka]는 좀처럼 그런 일이 없다. 그러나 우리말 '가[ka]'의 [k]는 영어의 g와 k 사이에 놓인 음소로서, 영어의 k[kʰ]는 물론이고 일본어 'か[ka]'의 [k]보다 기류 방출이 적고 긴장도가 낮은 음소라서 [g]와 연관성이 상대적으로 높다. 그러므로 방언에서, 또는 와전에 의해 변질되었을 가능성을 고려해 볼 수 있다.

그러한 사례로 한때 정몽주의 유배지였던, 경북 언양(彦陽)의 요도를 들수 있다. 울산 태화강(太和江)으로 합류하는 하천은 언양 읍치 동쪽에서 작은 언덕을 만나 물길이 둘로 갈라졌다가 다시 합류하는데, 그 언덕의 바위

142) '엿귀'는 『救急方諺解』(1466), 『杜詩諺解(初刊本)』(1481), 『訓蒙字會』(1527)에 보이고, '엿괴'는 『新增類合』(1576)에, '역괴'는 『朴通事諺解』(1677), 『譯語類解』(1690), 『同文類解』(1748), 『物譜』(1802)에, '역쾨'는 『漢淸文鑑』(1779)에 보인다(한글학회, 1992, 『우리말 큰사전』, 어문각, 5274-5276쪽; 남광우 編著, 1997, 『敎學 古語辭典』, 교학사, 1083쪽, 1089쪽).

에 술잔처럼 움푹 파인 부분이 있어서 그 하천을 '작괘천(酌掛川/勺掛川)'이라 부르고,[143] 그리고 두 갈래 물길 사이에 놓인 언덕이 섬처럼 보여 그것을 요도(蓼島)라 불렀다고 한다. '작괘섬'을 '역괴섬[蓼島]'으로 부른 것이다. 그러므로 '가깨섬'을 '역괴섬'으로 불렀다는 추리도 크게 무리한 것은 아니라고 본다.

울릉도 쪽에 가개섬이라고 부르는 섬이 있는데, 뜻을 알 수 없는 이름이었다. 그런데 울릉도를 멀리서 보면 울릉도의 아랫부분이 해수면 뒤에 가려져 보이지 않게 되고, 울릉도의 일부인 미륵산이나 천두산은 커다란 성인봉 덩어리에서 분리되어 마치 떨어져 나온 작은 섬처럼 보였다. 이 머나먼 바다에 떠 있는 자그마한 섬이 마치 습지나 물가에서 자라는 작은 잡초 여뀌 같기에 가깨섬/가께섬이라는 본래 이름이 '여꾀섬'으로 바뀌어, 또는 '여뀌섬'으로 잘못 들려 한자로 '蓼島'로 표기한 것이 아닌가 한다.

---

143) 『慶尙道邑誌』「彦陽縣邑誌」 島嶼 "【蓼島】 在縣東一里 普通院下 卽田麓中一培塿也 處二水間 名爲蓼島"; 形勝 "【酌掛川】 在縣南五里 源出鷲棲山數里許 盤石一色靑瑩 望之若玉版鋪地 又有一巖在川上 巖面有一竅如盂勺形 故名其川日勺掛云 下流滙于南川 入蔚山太和津"

V. 세 봉우리의 삼봉도(三峯島)

1. 성종 때의 삼봉도 탐색

조선시대에 전라도의 삼봉도(三峰島)와[144] 강원도의 삼봉도(三峯島)가 있었다고 한다. 그중에 강원도의 삼봉도는 실체가 모호하여 세종 때에 찾으려다 실패했는데[145] 성종 때에 다시 본격적으로 찾기 시작했다.

삼봉도는 울릉도가 그랬듯이 피역자를 쇄환하는 문제로 관심의 대상이 되었다. 1470년(성종 1) 12월에 영안도 사람들이 부역을 피해 삼봉도로 도망가서 살고 있다는 보고가 있자 영안도 관찰사에게 사정을 알아보라는 지시가 내려지면서 삼봉도에 대한 탐문이 시작되었다.

그런데 이듬해 1471년 5월에 경성(鏡城) 사람 김한경이 동해에서 표류하다가 삼봉도에 도착하여 주민들을 만나고 돌아온 일이 있었다.[146] 조정에서는 박종원(朴宗元)을 삼봉도경차관으로 임명하여 김한경을 데리고 삼봉도를 찾아가게 하였다.[147] 1472년 5월 28일 군사 40명을 태운 4척의 배가 울

---

144) 1434년(세종 16)에 三峰島에서 倭寇를 물리쳤다는 보고가 있은 뒤 논공행상에 관한 논의가 있었고(『세종실록』 권65, 세종 16년 9월 9일 계미; 권66, 세종 16년 10월 7일 경술), 그 이듬해에도 三峰島에서 수군을 공격한 왜구들에 대해 對馬州에 항의한 일이 있는데(『세종실록』 권70, 세종 17년 10월 24일 임술) 모두 전라도의 삼봉도에 관한 기사이다.

145) 『성종실록』 권16, 성종 3년 3월 6일 임인

146) 『성종실록』 권68, 성종 7년 6월 22일 계사. 金漢京은 富寧 사람으로도 나온다(『성종실록』 권15, 성종 3년 2월 3일 경오). 부령은 본래 鏡城郡의 石幕之地였는데 1449년에 경성에서 분할되어 부령이 되었다.

진에서 출항하였으나 비바람을 만나 박종원은 이튿날 새벽에 멀리서 무릉도를 바라보기만 하다가 7일 간의 표류 끝에 6월 6일에 간성 청간진으로 귀환했다. 나머지 배 3척에 탔던 사람들은 무사히 무릉도에 도착하여 사흘 간 머물며 수색작업을 벌였으나 사람을 찾지 못하고 6월 6일에 강릉 오이진에 도착하였다.[148]

그 후로 1475년(성종 6) 5월에도 김한경을 포함하여 함경도 회령, 경원 사람 6명이 경원 말응대진에서 출항한 지 3일 만에 삼봉도 근처에 이르러 섬에 7, 8인이 있는 것을 멀리서 바라보고는 돌아왔다.[149] 1476년에는 영안도 관찰사가 영흥 사람 김자주, 김한경 등 12명을 경성(鏡城)에서 5척의 배에 태워 보냈는데, 사흘 만에 삼봉도에 이르러 입구에 흰 옷 입은 사람 30여 명이 늘어서 있는 것을 보고는 섬의 모양을 그려와 바쳤다.[150]

삼봉도의 존재와 그곳에 도망한 주민들이 살고 있음을 확인한 성종은 부역을 피하여 도망한 자들을 반드시 잡아들여야 한다고 했으나, 신하들은 삼봉도가 정말로 있는지도 약간 의심스럽고 삼봉도의 주민들을 쇄환하는 일이 물길도 위험하여 얻는 것보다 잃는 것이 많을 터이니 중단하자고 하였다. 그렇지만 성종은 고집을 굽히지 않았다.

1479년에 다시 영안도 경차관 신중거(辛仲琚)가 삼봉도를 다녀와 8월 말에 복명(復命)하였는데, 그의 말에 따르면 부역을 피해 이주한 영안도 백성들 1천여 명이 살고 있었고, 삼봉도 곁의 작은 섬에도 두 집이 살고 있다고

---

147) 『성종실록』 권15, 성종 3년 2월 3일 경오; 권16, 성종 3년 3월 20일 병진; 권17, 성종 3년 4월 1일 정묘

148) 『성종실록』 권19, 성종 3년 6월 12일 정축

149) 『성종실록』 권64, 성종 7년 2월 8일 임오; 권68, 성종 7년 6월 22일 계사

150) 『성종실록』 권72, 성종 7년 10월 22일 임진

하였다.[151]

결국 1479년에 삼봉도를 토벌하기로 하되 그 전에 우선 선유(宣諭)한다는 계획 하에 조관(朝官)을 보내기로 하여 삼봉도경차관으로 임명된 조위(曺偉)가 김한경, 김자주 등을 데리고 10월에 출항하였으나 한 달이 넘어서야 귀환했다.[152] 그런데 귀환한 사람들 사이에서도 삼봉도를 멀리서 보았느니, 못 보았느니 하며 서로 말이 달랐다.[153] 우여곡절 끝에 다시 심안인(沈安仁)을 삼봉도초무사(三峯島招撫使)로 임명하여 파견하려 했으나 날씨가 좋지 않아 중단되고 말았다.[154]

김한경이 도착한 섬이 삼봉도라는 것은 주민들 말인지 김한경의 생각인지 알 수는 없다. 스스로 삼봉도에 다녀왔다고 하는 최초의 인물 김한경은 삼봉도가 함경도 경흥에서 맑은 날이면 보인다고 했는데,[155] 그의 말은 조정에도 의심스러워하는 사람들이 많았다. 영조 때에 경원(慶源) 사람 남귀석(南龜錫)은 명천(明川)의 두리산봉대(頭里山烽臺)에서 날이 맑을 때에 가까스로 보이는데 누운 소처럼 보인다는 말을 들은 바 있다고 했지만[156] 그곳에서도 남쪽으로 먼 바다에 보이는 섬은 없다.

||||||||||||||||||||||||||||||||||||||

151) 『성종실록』 권107, 성종 10년 8월 30일 계축
152) 후에 삼봉도의 유무도 불확실하다는 말이 나온 것으로 보아 조위 일행은 삼봉도에 도착하지 못한 듯하다(『성종실록』 권115, 성종 11년 3월 11일 신묘).
153) 『성종실록』 권125, 성종 12년 1월 9일 갑신
154) 『성종실록』 권117, 성종 11년 5월 30일 기유
155) 『성종실록』 권26, 성종 4년 1월 9일 경자
156) 『영조실록』 권18, 영조 4년 6월 9일 무자

2. 김자주 일행이 묘사한 삼봉도의 실체

의문의 삼봉도가 울릉도라는 것은 여러 기록이 시사하고 있다. 1472년에 삼봉도경차관 박종원 일행이 삼봉도를 알고 있다는 김한경을 데리고 찾아간 곳이 무릉도(茂陵島)였다는 것을 보더라도[157] 당시 삼봉도를 울릉도와 동일한 섬으로 인식하고 있었음을 어렴풋이 짐작할 수 있다.

삼봉도의 실체를 알려주는 결정적인 자료는 『성종실록』의 1476년 7월의 기사이다. 1476년(성종 7)에 영안도 관찰사 이극균의 명에 따라 김자주, 김한경 등 12명이 마상선(麻尙船) 5척에 나눠 타고 경성(鏡城)에서 출항하여 경원(慶源) 말응대(末應大)를 거쳐 3박4일을 항해한 끝에 마침내 삼봉도를 발견했다 한다. 그러나 섬 입구에 흰 옷 입은 사람 30여 명이 늘어서 있는 것을 보고는 두려워서 섬에 상륙하지 못하고 멀리서 바라만 보면서 삼봉도 형상을 그려왔다.[158] 김자주는 그림을 바치면서 다음과 같이 진술했다.

섬 서쪽 7, 8리 남짓한 거리에 배를 세우고 바라보니, 섬 북쪽에 바위 셋이 줄지어 섰고, 그 다음에 작은 섬, 다음에 암석(巖石)이 줄지어 섰으며, 다음에 중간크기 섬[中島]이고, 중간크기 섬 서쪽에 또 작은 섬[小島]이 있는데, (그 사이로) 모두 바닷물이 통합니다.[159]

이 기사를 두고 예전에 삼봉도를 독도라고 판단한 연구자들이 많았다.

157) 『성종실록』 권64, 성종 7년 2월 8일 임오
158) 『성종실록』 권72, 성종 7년 10월 22일 임진
159) 『성종실록』 권72, 성종 7년 10월 27일 정유 "西距島七八里許 到泊望見 則於島北有三石列立 次小島 次巖石列立 次中島 中島之西又有小島 皆海水通流"

그런데 왜 이것을 독도라고 하는지 문장의 부분들을 구체적으로 짚어서 말하지 않고 막연히 독도가 틀림없다고 했을 뿐이다. 이를 구체적으로 짚어서 언급한 연구자는 선우영준으로서 그는 이것이 독도의 서도를 향해 북북서 또는 북쪽에서 접근하다가 서도 동쪽 2~3km 거리에서 남쪽으로 이동하면서 그린 기록이라고 하였다.[160]

그런데 이 주장에는 허점이 너무 많다. 우선 독도 서도를 봉우리가 셋인 삼봉도라고 보기 어렵다. 서도를 북쪽에서 보면 삼봉도라고 볼 수 있다고 사진을 제시했으나 필자도 밝히고 있듯이 그 모양을 명백히 삼봉이라고 말하기도 어렵고, 남봉이 약간 낮다는 기록과도 일치하지 않는다. 그리고 서도 주변 바위의 형태가 기록과 일치한다고 했으나 실제로 살펴보면 공감하기 어렵다. 게다가 결정적인 것은 서도가 삼봉도라고 하더라도 김자주 일행이 왜 바로 옆에 있는 동도에 대해서는 아무런 언급이 없었는지 설명이 되지 않는다.

실록의 기록은 오히려 김자주 일행이 본 삼봉도가 울릉도임을 말하고 있다. 섬을 7, 8리 남짓한 자리에서 보았다고 했는데,[161] 조선시대의 1리는 0.45km이므로 8리는 3.6km가 된다.[162]

그들은 삼봉도에 접근해서 서쪽에서 섬을 바라보았다고 했는데, 북쪽 함경도에서 출항하였으므로 아마도 섬의 정서 방향이 아니라 서북 방향에서 접근했을 것이다. 그리고 섬을 순회하지 않고 섬과 약간 거리를 둔 채 동쪽으로 진행하면서 북쪽 해안을 살피다가 어느 지점에 정박해서 섬을 유심히

160) 선우영준, 2007, 「삼봉도는 독도인가 아닌가」, 『한국행정학회학술발표논문집』 2007-4, 620-621쪽
161) 바다에서 정확한 거리를 알기는 쉽지 않아 오차가 발생할 수 있지만 7, 8리는 아주 먼 거리가 아니라서 큰 오차가 발생할 수 없다.
162) 조선시대의 1리는 대략 450m이다.

관찰하고는 북쪽으로 돌아갔을 것이다. 섬 주민들이 바닷가에 서 있는 것을 보고는 두려워서 접근하지 않았기 때문에 섬을 순회할 생각을 못했을 것이다. 김자주 일행은 아마도 예전의 선창이 있었던 천부항 쪽의 주민들을 보았을 것이다. 그것을 가상한 그림이 〈그림 30〉이다. 그리고 이를 토대로 〈그림 31〉의 입면도를 작성했다.

〈그림 30〉을 보면 지면으로는 배가 있는 지점이 울릉도의 어느 쪽인지 분명히 파악할 수 있지만, 당시 울릉도에 접근했던 사람들은 울릉도가 상당히 거대해서 울릉도 가까운 바다 위에서 자신들이 정확하게 울릉도의 어느 쪽에 있는지 파악하기 어려웠으리라는 것을 충분히 짐작할 수 있다. 그래서 서북쪽 해안에서 어느 정도 동쪽으로 움직이다 울릉도를 관찰하기 위해 섰을 때에는 이미 울릉도 북쪽에 해당되는 지점에 있었는데 그것을 인식하지 못했던 것으로 보인다. 그리고 그들이 잠시 배를 멈추고 울릉도를 관찰한 지점을 천부항의 11시 방향 B지점으로 설정하면 김자주가 진술한 삼봉도의 모습은 〈그림 31〉의 울릉도를 본 모습과 완벽하게 부합된다.

우선 섬 북쪽에 바위 셋이 늘어섰다는 것은 구멍바위[孔巖], 작은구멍바위, 수중바위 셋을 가리키는 것으로 보인다. 〈그림 30〉을 보면 B지점에서는 구멍바위에 가려 작은구멍바위나 수중바위가 보이지 않지만 그들이 서쪽에서 접근할 때에 A지점에서 이미 이 세 바위를 보고 지나갔기 때문에 세 바위가 줄지어 섰다고 말할 수 있다.

그리고 B지점에서 본 작은 섬[小島]은 '대방우', '죽암(竹巖)', '딴방우'라고도 부르는 '대바우'를 말하며,[163] '다음에[次]'라는 표현을 계속 쓴 것은 그들

<hr>

163) 딴방우의 '딴'은 남은 부스러기, 우수리를 말하며 섬의 경우에는 큰 섬에서 떨어져 나온 작은 동섬, 통섬, 먹섬, 머구섬을 지칭하는 용어이다(정연식, 2019, 「독섬[獨島]의 뜻과 유래」, 『영토해양연구』 17, 97-100쪽). 그리고 대바우, 竹巖이라고도 부르는데, 이때의 '대'는 '大'나 '竹'이

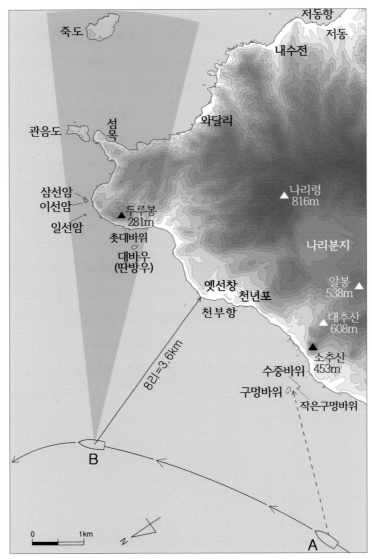

<그림 30> 김자주 일행의 이동 경로와 관찰 지점

■ 국토지리정보원, 2015, 1:25,000지형도 〈울릉도〉를 반시계방향으로 125° 회전함. 등고선 간격 50m

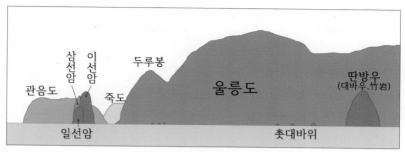

삼선암
이선암
두루봉
울릉도
관음도
죽도
딴방우
(대바우.竹岩)
일선암
촛대바위

〈그림 31〉 김자주 일행이 본 울릉도 풍경

* 〈그림 30〉의 부채꼴 모양에서 배를 중심으로 그은 방사선이 10m 간격 등고선과 만나는 점들을 이어 작성한 입면도이다.

이 진행한 방향에 따라 서쪽에서 동쪽으로 하나씩 짚어가면서 말하는 것이다. 바위가 줄지어 섰다고 한 것은 B지점에서 보면 일선암, 이선삼, 삼선암이 일직선상에 줄지어 선 것으로 보이기 때문이다(<그림 30·31>).

그리고 중도(中島)와 소도(小島)는 중간 지점의 섬과 작은 섬이 아니라 중간크기의 섬과 작은 섬을 말하는 것으로서, 울릉도를 대도(大島)라 하면 관음도는 중도에 해당되고, 죽도(竹島)와 대바우[竹岩]는 소도에 해당되기에 그렇게 부른 것이다.

죽도는 관음도보다 크다. 최고지점의 해발고도도 죽도는 114m로서 105m인 관음도보다 9m가 높다. 그런데도 죽도를 관음도보다 작은 섬으로, 그리고 대바우와 같이 소도로 묘사한 것은 죽도가 멀리 떨어져서 관음도보다 작게 보이기 때문이다. B지점에서 보면 8.2km 거리의 표고 114m의 죽도는 관음도와 같은 6.2km 거리에서는 86m로 보인다. 그렇다면 4km 떨어진 표고 95m의 대바우는 관음도와 같은 6.2km 거리에서는 147m가 되는데 왜 대바우를 소도라 했을까 의문이 생길 수 있다. 그렇지만

아니라 '크다'를 뜻하는 고대국어 *tar에서 유래된 순수한 우리말이다.

대바우는 거리가 그다지 멀지 않은 섬이라서 실제 크기를 어느 정도 가늠할 수 있고, 폭도 좁아서 작은 섬으로 충분히 판단할 수 있다.

그렇다면 다시, 죽도도 멀리 떨어진 것을 감안하면 관음도와 비슷한 크기로 유추했을 가능성도 있지 않았을까 하겠지만 그렇지 않다. 왜냐하면 죽도는 너무 멀리 떨어져 있어서 실제 크기를 가늠하기 어려운 데다가, 울릉도와 관음도에 가려져 가로 폭으로는 전체의 1/5밖에 안 되는 동쪽(왼쪽) 끝 일부밖에 보지 못했다(〈그림 31〉). 그래서 작은 섬으로 생각하고 소도라 표현한 것이다. 따라서 관음도를 중도라 하고 죽도와 대바우를 소도라고 부른 것도 아무런 문제가 되지 않는다.

그리고 소도(죽도)가 중도(관음도)의 서쪽에 있다고 했는데, 죽도는 관음도의 서쪽이 아니라 동남쪽에 있다. 하지만 B지점에서 보면 〈그림 31〉에도 보이듯이 죽도가 관음도의 오른쪽에 보인다. 그래서 관음도의 서쪽에 있는 것으로 착각한 것이다.

그리고 그 사이로 모두 바닷물이 관통해 흐른다고 말한 것도 이유가 있다. 자신들이 있는 지점에서 관음도와 울릉도 사이로 바닷물이 통하고 있는 것은 그대로 보인다. 그런데 그들이 그려온 울릉도 그림에는 〈그림 31〉처럼 일선암, 이선암, 삼선암과 관음도가 겹쳐지고, 죽도가 양쪽으로 관음도, 울릉도와 겹쳐진 상태로 그려져 있었을 것이다. 그렇지만 겹쳐져 보이는 것은 하나의 산이나 섬에 있는 앞뒤 능선이 겹쳐져 보이는 것이 아니라 분리된 섬이 겹쳐져 보이는 것으로서 그 사이로 바닷물이 통한다고 설명한 것이다.

김자주 일행이 본 삼봉도가 울릉도라는 것은 의심의 여지가 없다. 그들은 울릉도 북서쪽에서 접근하여 북쪽 해안을 따라 동쪽으로 진행하다가 잠시 서서 울릉도와 주변 섬들을 살피고는 북쪽으로 뱃머리를 돌렸다. 울릉도 동쪽 저동항 근처의 북저바위나 촛대바위는 울릉도 뒤쪽에 있어서 볼 수 없었고 그 나머지 북쪽의 섬들은 모두 보았을 터인데 그들의 진술 내용을 보면 자신들이 본 섬을 모두 언급하고 있는 것이다.

3. 울릉도에서 가장 높은 삼봉산

삼봉도가 독도인지, 아니면 울릉도인지 여러 주장이 있었다. 삼봉도가 독도라는 주장의 근거는 독도의 동도와 서도를 특정 각도에서 보면 봉우리가 셋으로 보인다는 것이다. 독도 지도로 확인해 보면 지도를 반시계방향으로 60° 회전하여 평행선을 투사하여 입면도를 그리면 〈그림 32〉가 된다. 즉 섬을 남동쪽으로 정남동보다도 조금 더 돌아선 자리에서 보면 〈그림 32〉의 입면도가 보인다. 하지만 입면도를 보면 세 봉우리의 형태와 높이가 많이 달라서 이것을 두고 삼봉도라고 했을지 의심스럽다. 하지만 개인적인 느낌에 따라 삼봉의 형태를 띠었다고 말할 수도 있다.

그런데 섬의 이름을 특정 방향에서만 보이는 모습으로 붙였을 리가 없다. 독도에는 삼봉도보다는 차라리 형제섬이라는 이름이 더 어울린다.

삼봉도가 울릉도라는 것은 이미 여러 곳에 암시되어 있다. 1481년에 완성된 『동국여지승람』에서는 울릉도의 삼봉이 하늘을 떠받치고 있는데 남봉(南峯)이 약간 낮다고 했고,[164] 남학명(南鶴鳴: 1654~1722)의 『와유록(臥遊錄)』에서도 울릉도의 삼봉이 우뚝 솟아 하늘을 떠받치고 있는데 남봉이 약간 낮다고 했다. 박세당(朴世堂: 1629~1703)의 『서계잡록(西溪雜錄)』에는 임진왜

---

164) 『東國輿地勝覽』 권45, 江原道 蔚珍縣 山川 "鬱陵島…三峯岌嶪撑空 南峯稍卑"

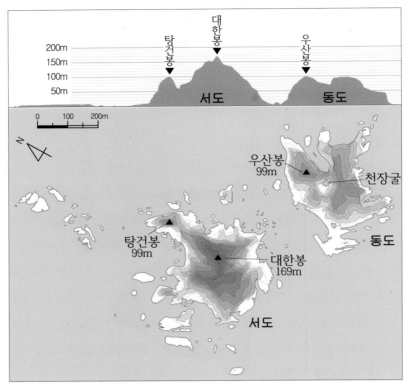

〈그림 32〉 독도의 평면도와 남동 60° 방향에서 본 입면도

■ 국토지리정보원, 2015, 1:50,000지형도 〈독도〉. 등고선간격 20m

란 때에 일본군의 포로가 되었다가 탈출한 한 승려의 말에 울릉도에 도착해서 보니 큰 산이 있는데 삼봉이 우뚝하게 솟았다고 하였다.[165] 『와유록』의 남봉이 약간 낮다는 기록은 『동국여지승람』의 것을 베낀 것일 수도 있지만 박세당의 말은 단순히 예전 기록을 베낀 것으로 보이지 않는다. 한편

---

165) 朴世堂 『西溪雜錄』 "嘗遇一僧 自稱 壬辰之亂俘入日本 丙午隨委船 至鬱陵島 島有大山三峰尤峻發 島三面皆壁立萬仞 南邊稍開豁然 亂山若犬牙撑列"

1694년에 수토사로 울릉도를 다녀온 장한상(張漢相)의 「울릉도사적(鬱陵島事蹟)」에서도 중봉에 올라서면 남북 양 봉우리가 서로 마주보고 치솟아 있으니 그것이 이른바 삼봉이라 했다.[166]

삼봉도라는 이름이 세 봉우리가 있는 섬이라는 뜻에서 붙여진 이름임은 의심의 여지가 없다. 그런데 삼봉도가 울릉도라면 울릉도의 세 봉우리를 찾아야 한다. 울릉도 평면도를 보면 울릉도에서 표고 900m 이상의 높은 산은 해발고도 987m의 성인봉, 그 동북쪽 말잔등 능선에 있는 968m의 천두산(간두봉), 서북쪽 905m의 미륵산(미륵봉)이 있고, 성인봉 서쪽으로 표고 915m의 이름 없는 산이 있다. 그런데 울릉도를 서쪽에서 보면 915m의 무명산은 북봉, 중봉, 남봉 앞에 놓여 능선이 잘 보이지 않는다.[167] 그렇다면 울릉도를 서쪽에서 볼 때에 왼쪽(북쪽)부터 나열하면 삼봉은 미륵산, 천두산, 성인봉이 된다. 하지만 삼봉을 그렇게 설정하면 기록과 어긋나게 된다. 『동국여지승람』, 『와유록』, 『서계잡록』에서는 남봉이 약간 낮다고 했는데 가장 높은 성인봉이 세 산 가운데 가장 남쪽에 있기 때문이다(<그림 33>).

그리고 성인봉, 천두산, 미륵산은 삼봉이라고 부르기 곤란하다. 일반적으로 봉우리가 서로 멀리 떨어져 있으면 각각 별개의 산으로 부르고 두세 개의 봉우리가 서로 가까이 있으면 합하여 하나의 산으로 부른다. 쌍봉이 나란히 솟은 경우에는 두 봉우리에 각각 이름을 붙이지 않고 부엉이의 귀쪽 털깃이 양쪽으로 솟은 모양을 따서 부엉산이라 부르기도 해서 전국에 적지 않은 부엉산이 있다.[168] 세 봉우리의 산 가운데 대표적인 것으로는 지

---

166) 張漢相 『鬱陵島事蹟』 "入山登中峯 則南北兩峯岌崇相面 此所謂三峯也"
167) 915m의 무명산이 북쪽의 미륵산이나 형제봉보다도 고도가 높은데도 이름을 얻지 못한 것은 이유가 있다.
168) 정연식, 2020, 「경주 부엉산 기슭의 돌마을, 자산(觜山) 돌기촌[珍支村]」, 『한국사연구』 190

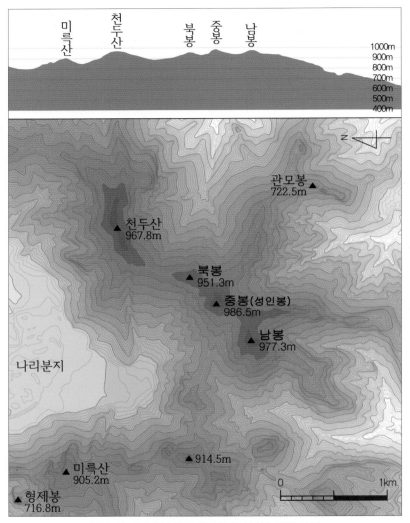

〈그림 33〉 서쪽에서 본 울릉도의 삼봉(중봉·남봉·북봉)

＊ 위: 아래 지도에 수직선을 투사하여 얻은 접점으로 그린 400m 이상 능선

■ 국토지리정보원, 2015, 1:25,000지형도 〈울릉군〉. 등고선 간격 10m, 굵은 등고선 간격 50m. 표고 900m 이상에는 짙은 칠을 하였다.

금은 북한산이라 부르는 서울의 삼각산이 있다. 삼각산(三角山)은 백운대(836m)를 정점으로 하여, 동북쪽 약 260m 지점의 인수봉(811m)과 동남쪽약 300m 지점의 만경대(800m)가 뿔 모양으로 솟아 그렇게 불렸던 것이다.

그런데 울릉도의 성인봉, 천두산, 미륵산은 이런 경우에 해당되지 않는다. 성인봉(987m)에서 동북쪽 천두산(968m)은 1.2km나 떨어져 있고, 서북쪽 미륵산(905m)은 2.2km나 떨어져 있어서 산 하나에 있는 세 봉우리로 부르기 곤란하다.

성인봉(987m)을 중심으로 하나의 산을 구성하는 삼봉을 선택한다면 성인봉 북동쪽 350m 거리에 있는 북봉(951m)과 남서쪽 490m 거리에 있는 남봉(977m)을 들 수 있다. 세 봉우리는 비슷한 높이에 거리도 가까워서 '삼봉산'이라 부를 만하다.

그리고 삼봉도의 삼봉이 세 봉우리로 이루어진 하나의 산이라는 것은 다른 기록에서도 암시되어 있다. 1696년에 안용복(安龍福)은 비변사에서 울릉도를 왕래한 사실을 진술하는 가운데 울릉도의 삼봉을 주산(主山)이라 하였다.[169] 1786년에 수토관으로 파견된 월송진(越松鎭) 만호(萬戶) 김창윤(金昌胤)도 삼봉이 울릉도의 주진(主鎭), 즉 진산(鎭山)이라 했다.

28일 묘시에 선격(船格)들이 손으로 가리키며 "저 검은 구름 아래가 바로 섬 가운데 상봉(上峯)입니다." 하였습니다. 몇 시간 지나지 않아 가장 높은 삼봉(三峯)이 완연히 시야에 들어왔습니다⋯29일 저전동(苧田洞)에 도착하여 닻줄을 풀고 네 배에 탔던 사람들이 모두 목욕하고 산제(山祭)를 지낸 후에 섬을 살펴보니, 골짜기 입구에서 중봉(中峯)까지 20여 리로서

169) 『숙종실록』 권30, 숙종 22년 9월 25일 무인

여러 봉우리가 겹겹이 솟아 안팎으로 이어져 있는데, 가운데 있는 삼봉이 가장 빼어나니 이것이 한 섬의 주진(主鎭)입니다.[170]

주산(主山: 鎭山)이 셋인 경우는 없다. 그러므로 삼봉은 봉우리 셋으로 이루어진 하나의 산을 말하는 것으로 보아야 한다. 삼봉산은 주산이고, 『동국여지승람』을 비롯한 여러 기록에서 '하늘을 떠받치고' 있는 산이라 했으므로 울릉도에서 가장 높은 산이다. 따라서 삼봉산은 성인봉을 포함한 세 봉우리를 말한다. 김창윤은 가운데 있는 삼봉이 가장 빼어나다[中有三峯最秀] 했다. 그것은 세 봉우리가 가운데 몰려 있다는 뜻이다.

앞서 장한상은 『울릉도사적』에서 "중봉(中峯)에 올라보니 남북의 두 봉우리가 우뚝 마주보고 있는데, 이것이 이른바 삼봉(三峯)이다"고 했다. 두 봉우리가 '마주보고' 있다는 것은 장한상이 서있는 중봉 지점의 좌우 또는 앞뒤 일직선상에 비슷한 높이의 두 봉우리가 있다는 말이다. 그것도 〈그림 33〉의 지도와 일치한다.

〈그림 33〉의 평면 지도를 입면도로 만들면 봉우리 모양이 어떤 모양으로 보일지는 앞의 〈그림 17·19·20〉과 〈그림 27·28·29〉에서 이미 보았다. 그리고 정서쪽에서 보았을 때의 모양도 〈그림 33〉에 제시했다.

가장 높은 표고 986.5m의 성인봉이 중봉이 되고, 나머지 두 봉우리는 977.3m의 남봉과 951.3m의 북봉이 된다. 남봉은 중봉보다 9.2m가 낮고 북봉은 중봉보다 35.2m가 낮다. 『동국여지승람』, 『와유록』, 『서계잡록』에

---

170) 『日省錄』 정조 10년 6월 4일 병자 "今年搜討官當次越松萬戶金昌胤牒呈內 … 二十八日卯時船格等指日 彼黑雲底乃島中上峯云云 未過數時最高三峯宛然入望 … 二十九日解纜到苧田洞 四船之人沐浴山祭後看審 則自洞口至中峯二十餘里 重峯疊嶂 內外相連 有三峯最秀 此是一島之主鎭"

서 '남봉이 낮다'거나, '남봉이 가장 낮다'거나 하지 않고 '남봉이 약간 낮다 [南峯稍卑]'고 한 것은 삼봉 중에 가장 높은 봉이 중봉이고 남봉은 그보다 약 간 낮다는 뜻으로 한 말로 짐작된다.

예전에 중봉이라 부르던 봉우리를 지금은 성인봉(聖人峯)이라 부르고 있 다. 언제부터인지는 알 수 없으나 1882년 이규원(李奎遠)의 『울릉도검찰일 기』에 '聖人峯'이라는 이름이 등장하고,[171] 육지측량부 지도에도 그렇게 표 기되어 있다. 성인봉이란 말은 아마도 상봉(上峯)에서 나온 말이 아닐까 생 각된다. 앞의 인용문에서 보았듯이 김창윤이 데리고 간 선격들이 성인봉을 '상봉'이라고 가리켰다고 한다. 삼봉 중에서도 가장 높은 중봉을 상봉(上峯) 이라고도 불렀던 것이다. 그 '상봉'이라는 이름이 음이 비슷하게 고아(高雅) 한 이름으로 변형되어 지금의 '성인봉'이 되었을 것이다.[172]

결국 삼봉도의 삼봉이란 최고봉인 중봉(성인봉)과 가까운 남봉, 북봉 두 봉우리를 아우른 이름이다. 따라서 정확하게 표현하면 울릉도의 가장 높은 산은 삼봉산이고, 삼봉 가운데 중봉이 가장 높다고 말하는 것이 옳을 것이 다. 그런데 상봉(중봉)의 이름이 성인봉으로 바뀌어 산 이름을 대신하면서 북봉, 남봉이라는 이름은 차츰 사라져가고, 그 결과 삼봉도라는 이름도 낯 설게 되었다.

지금까지 삼봉도가 울릉도였다는 것은 울릉도 가까이서, 또는 울릉도의 중봉(성인봉)에 올라서 본 기록들을 근거로 한 것이었다. 그런데 울릉도는 자주 왕래하는 섬이 아니었다. 따라서 울릉도의 이름은 동해안에서 멀리서 바라본 형상을 토대로 한 이름에도 부합되어야 적절하다.

---

171) 李奎遠 『鬱陵島檢察日記』(1882년) 5월 초4일 己丑
172) 上峯이 아니라 三峯이 성인봉으로 변했을 가능성도 배제하기 어렵다.

동해안에서 울릉도를 볼 수 있는 곳은 앞서 밝혔듯이 최적의 기상조건에서 높은 곳에 오른다면 최대한 멀리 볼 수 있는 곳을 200km로 잡았다. 삼봉이 분리되지 않고 하나로 이어져 보이려면 성인봉 정상부가 60m쯤 보여야 하는데 그것은 눈으로 확인이 가능한 최소의 높이라 할 수 있다. 200km

〈표 10〉 성인봉 정상 60m를 볼 수 있는 거리별 표고

거리	160km	170km	180km	190km	200km
경도 위도	129.1703° 36.9986°	129.0622° 36.9724°	128.9542° 36.9461°	128.8462° 36.9199°	128.7383° 36.8937°
관측표고	27m	107m	202m	312m	439m
계산거리	159,998m	170,001m	179,999m	190,001m	199,998m
접선고도	59.7m	60.7m	60.3m	59.3m	59.9m

떨어진 높이 60m의 물체를 보는 것은 100m 거리에서 3cm 높이의 물체를 보는 것이나 마찬가지이기 때문이다. 또한 그 거리에서 해수면 위로 60m 정도가 보이려면 관망지의 고도도 높아야 한다. 〈표 10〉은 울릉도 서남서 16.88°의 죽변진 방향을 기준으로 하여 각 거리별로 성인봉이 60m 가량 보이는지 표고를 계산한 것이고 그것을 〈그림 34〉에 표시했다.[173] 물론 그 결과는 단순한 계산에 따른 것이며, 울릉도가 보이려면 다른 여러 조건이 함께 맞아야 한다. 예컨대 관망지가 구역 안에 있고 표고도 높다 하더라도 태백산맥 서쪽의 곳에서는 산맥에 가려 울릉도를 볼 수 없다.

앞에서 광진산봉수, 요전산성(고성산), 소공대와 양양의 여러 산에서 본 울릉도의 모습을 이야기했다. 그 외에 추가할 만한 관측지점으로는 출항지

---

[173] 〈그림 34〉는 지구타원체에서의 거리를 단순하게 지도에 동심원으로 표시한 것이라 정확하지는 않지만 대강을 파악하는 데는 무리가 없다.

를 들 수 있는데, 울릉도로 가는 출항지는 대개 삼척부, 울진현, 평해군에 있었다. 1472년(성종 3)에 삼봉도경차관 박종원을 보낼 때에 병조에서 올린 계획서에서 형명(形名)과 무기, 화포를 강원도의 삼척, 울진, 평해에 있는 것으로 준비하도록 하고, 군량도 울진의 것으로 준비하도록 하였으며, 출항지도 울진포였다.[174] 17세기 말에 울릉도 수토관이 파견되기 시작했을 때에도 출항지는 대개 삼척부의 장오리진, 울진현의 죽변진, 평해군의 구산

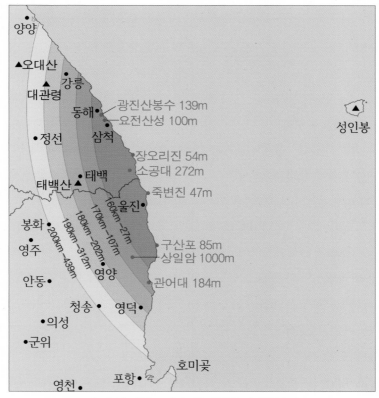

〈그림 34〉 울릉도 관망 가능 구역의 거리별 표고

■ 육지의 선은 현재의 도 경계선.

〈표 11〉 울릉도 관망지 넷의 위치와 거리

	장오리진	죽변진	구산포	관어대
경도 λ	129.3195°	129.4254°	129.4720°	129.4253°
위도 φ	37.2879°	37.0605°	36.7672°	36.5610°
관측지표고	53.9m	46.7m	89.8m	183.7m
관측고도 H_1	131.0m	205.2m	353.2m	520.7m
성인봉방향 δ	7.73°	16.88°	27.65°	33.00°
성인봉거리 D	138,592m	136,413m	147,868m	164,908m
사이각 θ	1.2473°	1.2277°	1.3308°	1.4841°
관측지편각 θ_1	0.3674°	0.4599°	0.6033°	0.7325°
성인봉편각 θ_2	0.8799°	0.7678°	0.7274°	0.7516°
접선고도 H_2	751.3m	572.0m	513.4m	548.2m

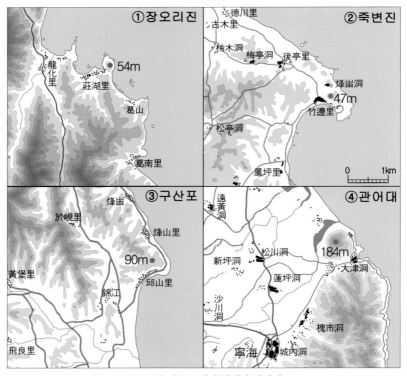

〈그림 35〉 울릉도행 출항지와 관망지

■ ①《臨院津》, ②《興富洞》, ③《平海》, ④《寧海》. 등고선간격 40m

포였으며 그중에서도 특히 울릉도와 가장 가까운 울진에서 출항하는 일이 잦았다.[175] 장오리진, 죽변진, 구산포의 관망지점은 마을 근처의 바닷가 쪽으로 고도가 높은 지점이 적절하다. 그리고 그 밖에 남쪽에 치우친 관망지로는 신활이 울릉도를 보았던 영해부 상대산 꼭대기의 관어대를 들 수 있다. 그곳들의 구체적인 위치를 〈그림 35〉에 표시하고 제반사항을 〈표 11〉에 제시했다.[176]

이제까지 여러 지점에서 본 울릉도의 모습에 관해 이야기했는데, 〈그림 34〉에서 보듯이 울릉도를 대개 울릉도의 남서쪽인 강원도 남부와 경상도 북부 지역에서 보게 된다. 울릉도 서쪽에서는 거리가 멀어서 잘 보이지 않고 북서쪽으로 올라가면 거의 보이지 않아 양양의 남쪽 현남면이 울릉도를 볼 수 있는 한계선이었던 것으로 보인다. 물론 빛의 대기 중에서의 굴절, 또는 굴절이 심해 나타나는 신기루 현상에 의해 해수면 뒤쪽에 가려진 섬을 볼 수도 있겠으나 그렇더라도 너무 멀어서 식별하기 어려웠을 것이다.

〈그림 36〉에서는 여러 관측지점에서 본 울릉도의 모습들을 위도가 높은 지점부터 차례대로 제시했다.[177] 앞의 〈그림 29〉에서도 보았듯이 작도 상으로는 ② 삼척 요전산성(고성산)에서 본 울릉도의 모습은 완연한 삼봉도이다.

||||||||||||||||||||||||||||||||||||||||

174) 『성종실록』 권15, 성종 3년 2월 3일 경오; 권17, 성종 3년 4월 1일 정묘; 권17, 성종 3년 6월 12일 정축; 권26, 성종 4년 1월 9일 경자

175) 울릉도는 『세종실록』 지리지나 『동국여지승람』에서 강원도 울진현에 속해 있었다. 그러다가 1914년에 강원도 울진군과 평해군이 통합되어 울진군이 되었고, 울진군은 1963년에 경상북도로 편입되었다.

176) 〈그림 34〉에는 포항의 호미곶도 울릉도 관망구역에 포함되어 있다. 호미곶의 거리 199.7km, 표고 181m의 고지와 거리 200.3km, 표고 180m의 우물재산에서는 성인봉을 110m 가량 볼 수 있는 것으로 계산되지만 표고가 낮아 울릉도를 보기 힘들었을 것으로 추정된다.

177) 백암산 상일암은 129.2992°E, 36.7165°N, 표고 1,000m로 성인봉과 163,833m 떨어져 있고 성인봉의 접선고도는 103m이다. 그곳에서 보는 울릉도의 모습은 방향각이 동북동 26.50°로 구산포에서의 27.69°와 비슷하여 〈그림 36〉 ⑥의 103m 윗부분과 거의 같으므로 생략한다.

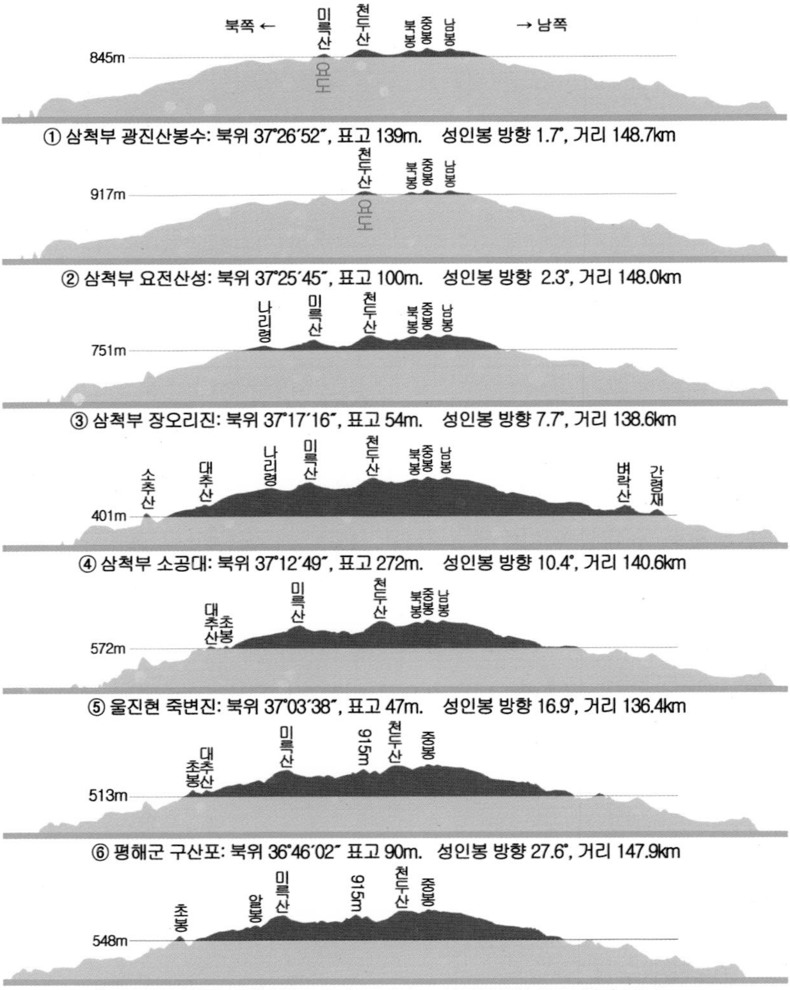
북쪽 ←
미륵산
천두산
북봉
중봉
남봉
→ 남쪽
845m
요도
① 삼척부 광진산봉수: 북위 37°26′52″, 표고 139m. 성인봉 방향 1.7°, 거리 148.7km
천두산
북봉
중봉
남봉
917m
요도
② 삼척부 요전산성: 북위 37°25′45″, 표고 100m. 성인봉 방향 2.3°, 거리 148.0km
나리령
미륵산
천두산
북봉
중봉
남봉
751m
③ 삼척부 장오리진: 북위 37°17′16″, 표고 54m. 성인봉 방향 7.7°, 거리 138.6km
소추산
대추산
나리령
미륵산
천두산
북봉
중봉
남봉
벼락산
간령재
401m
④ 삼척부 소공대: 북위 37°12′49″, 표고 272m. 성인봉 방향 10.4°, 거리 140.6km
대추산
초봉
미륵산
천두산
북봉
중봉
남봉
572m
⑤ 울진현 죽변진: 북위 37°03′38″, 표고 47m. 성인봉 방향 16.9°, 거리 136.4km
대추산
초봉
미륵산
915m
천두산
중봉
513m
⑥ 평해군 구산포: 북위 36°46′02″ 표고 90m. 성인봉 방향 27.6°, 거리 147.9km
초봉
알봉
미륵산
915m
천두산
중봉
548m
⑦ 영해부 관어대: 북위 36°33′40″ 표고 184m. 성인봉 방향 33.0°, 거리 164.9km

〈그림 36〉 관망지에 따라 다르게 보이는 울릉도의 삼봉과 요도

* 성인봉의 위치를 같게 하여 위도 순으로 늘어놓았다.
* 실제로는 대기 중의 빛의 굴절에 의해 접선고도가 약간 아래로 내려간다.

울릉도가 중봉, 남봉, 북봉의 삼봉만으로 구성되어 있고, 천두산은 별도의 섬처럼 보여 요도라는 이름으로 부를 수 있다. 빛의 굴절로 울릉도의 더 아랫부분이 보인다면 ① 광진산봉수에서 보는 것처럼 미륵산이 요도로 보일 수도 있다.

한편 삼척 요전산성이나 광진산봉수보다 남쪽의 ③ 장오리진, ④ 소공대, ⑤ 죽변진에서 보아도 울릉도의 삼봉 모양이 그대로 보인다. 그러나 남쪽 저위도로 내려갈수록 울릉도의 중봉, 남봉, 북봉 세 봉우리가 점점 가까워지는 것을 확인할 수 있으며, 강원도 최남단 ⑥ 평해군의 구산포에서 보면 삼봉을 분간하기가 쉽지 않고 ⑦ 경상도 영해부에서는 삼봉으로 볼 수가 없다. 그렇지만 대부분의 지역에서 울릉도는 역시 삼봉도로 보인다. 그리고 울릉도에 근접해서 최고봉을 보거나, 울릉도에 상륙하여 성인봉에 올랐을 때에는 삼봉의 실체와 함께 남봉이 중봉보다 약간 낮다는 것도 분명히 확인할 수 있다. 그것이 『동국여지승람』, 『와유록』, 『서계잡록』에 기록으로 남았던 것이다.

VI. 큰섬[竹島] 울릉도와 작은섬[松島] 독도

1. 근대 일본에서 '竹島'와 '松島'의 혼동

일본이 현재 다케시마(竹島)라고 부르는 독도는 예전 일본에서는 마쓰시마(松島)라 불렀다. 그리고 다케시마는 독도가 아니라 울릉도의 이름이었다. 그것에 관해서는 한국과 일본, 양국 학자들의 의견이 일치한다. 그리고 松島(독도)가 竹島가 된 경위에 대해서도 이미 여러 글에서 언급되었지만 여기서 간략하게 다시 정리한다.

竹島라는 이름은 16세기 중엽부터 중국, 일본의 기록에 등장한다. 1614년에 쓰시마번(對馬藩)에서 동래부(東萊府)에 '이소다케시마(磯竹島)'를 자유롭게 왕래하고 이주할 수 있도록 허가해 달라고 요청하였으나 조선정부에서 거절한 일이 있었다. 그 전 1561년에 명(明) 정약증(鄭若曾)의 『일본도찬(日本圖纂)』에서 지도에는 호키(伯耆) 북쪽에 '竹島'라고 적고 본문에는 '타계십마(他計什麻)'로 썼는데 이는 물론 '다케시마'를 말한다.[178] 그런데 일본 에도막부(江戶幕府)는 1625년에 조선 정부의 허락도 얻지 않고 오야(大谷), 무라카와(村川) 두 상인 가문에 울릉도의 왕래를 허가하는 죽도도해면허(竹島渡海免許)를 발급해 주었다. 일본 기록에 竹島라는 명칭은 이때 처음으로 모습을 드러낸다. 그 후 1640년대 후반 내지 1650년대 초반의 것으로 보이는,

---

178) 『邊例備要』 권17, 甲寅(1614) 6월; 『朝鮮通交大紀』 5, 慶長 19년; 『芝峯類說』 권2, 地理部 鬱陵島; 中村榮孝, 1969, 『日鮮關係史の研究 (下)』, 東京: 吉川弘文館, 451쪽

이시이 무네요시(石井宗悦)가 오야 미치요시(大谷道喜)에게 보낸 서신에서는 '松島'와 '竹島'가 처음으로 나란히 등장했다.[179] 이어서 1667년에 이즈모(出雲)의 관리 사이토 간스케(齋藤堪介)가 번주(藩主)의 명을 받아 오키섬(隱岐島)을 순시하고서 『은주시청합기(隱州視聽合記)』라는 책을 썼는데 그 책에 竹島, 松島라는 말이 나온다.

"은주(隱州)는 북해(北海) 가운데 있어 오키시마(隱岐島)라고 한다…서북쪽으로 이틀 낮 하룻밤을 가면 松島가 있고, 그곳에서 또 하루거리에 竹島가 있다. 이 두 섬은 무인도로 그곳에서 고려를 보는 것은 마치 운주(雲州)에서 은주를 보는 것과 같다. 그러므로 일본의 서북영역[乾]은 이 주[隱州]를 경계로 한다."[180]

〈그림 37〉 울릉도, 독도와 오키(隱岐), 이즈모(出雲)

179) 池內敏, 2012, 『竹島問題とは何か』, 名古屋: 名古屋大學出版會, 38-42쪽, 46쪽

이 글에는 오키섬에서 서북쪽으로 멀리 松島가 있고 그보다 더 멀리 竹島가 있다고 했다.[181] 따라서 竹島가 울릉도이고 松島가 독도임이 명백하게 드러나 있다. 『은주시청합기』는 松島(독도)를 언급한 최초의 일본측 고문헌으로 알려져 있다.

17세기 후반에 일본인들이 울릉도를 왕래하며 출어하는 일이 잦아지면서 조선인 어부들과 일본인 어부들 사이의 충돌도 잦았다. 그로 인해 1693년(숙종 19)에는 안용복의 활동과 연관된 울릉도쟁계(鬱陵島爭界)가 있었고,[182] 그 후 1696년에 도쿠가와막부에서 일본 상인의 竹島(울릉도) 왕래를 금지하여 양국의 충돌은 일단락되었다. 그때까지 그리고 메이지(明治) 초기까지도 일본측 기록에 울릉도는 일관되게 磯竹島 또는 竹島로, 독도는 松島로 나타난다.

그런데 서양의 배들이 울릉도와 독도를 발견하면서 혼선이 생기기 시작했다. 1787년에 프랑스의 라페루즈가 울릉도를 발견하여 다즐레섬(Dagelet Island)이라 명명했다. 이어서 1789년에는 영국의 콜넷트가 울릉도를 발견하여 아르고노트섬(Argonaut Island)이라고 이름 붙였는데 경·위도를 현재의 위치보다 훨씬 북서쪽 지점으로 표시했다. 그래서 서양 지도에 울릉도가 각각 다른 이름으로 두 군데 그려졌다. 그 후 1823년부터 7년간 일본에 거주했었던 독일인 지볼트(Siebold)가 본국에 돌아가 1840년에 일본을 소개하는 책자를 간행하면서, 동해의 두 군데에 표시된 울릉도 가운데 다즐레섬에는

---

180) 『隱州視聽合記』 권1, 國代記 "隱州在北海中 故云隱岐島 戌亥間二日一夜有松島 又一日程有竹島(俗言磯竹島多竹魚海鹿 按神書所謂五十猛獸) 此二島無人之地見高麗 如自雲州望隱州 然則日本之乾以此州爲限矣"

181) 이즈모에서 오키섬까지는 직선거리로 약 103km이다.

182) 『숙종실록』 권27, 숙종 20년 8월 14일 기유; 『邊例集要』 권17, 雜條 附 鬱陵島蔚陵島事蹟

'Matsusima'(松島)라는 이름을, 아르고노트섬에는 'Takasima'(竹島)라는 이름을 써넣었다(<그림 38>).[183] 독도가 서양지도에 아직 표시되지 않았

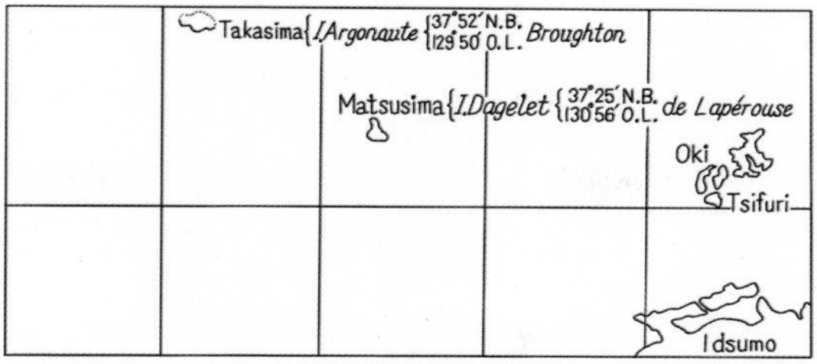

〈그림 38〉 지볼트 지도의 竹島와 松島
■ 川上健三, 1966, 『竹島の歷史地理學的硏究』, 東京: 古今書院, 12쪽

던 시점에 지볼트는 일본과 가까운 섬이 松島(독도)이고 먼 섬이 竹島(울릉도)라는 사실을 알고 있었으므로 일본과 가까운 다즐레섬에는 Matsusima(松島)라는 이름을 함께 쓰고, 실제로 그 경위도 상에는 존재하지 않는 먼 아르고노트섬에는 'Takasima(竹島)'라는 이름을 병기한 것이다. 이로 인해 竹島와 松島 명칭에 혼선이 생기기 시작했다.

1854년에 이르러 러시아 해군의 팔라다(Pallada)함이 아르고노트섬이 동해의 경위도 좌표 상에 존재하지 않는다는 것을 확인함으로써 그 후로 아르고노트섬은 서양지도에서 점선으로 표시되거나 사라졌다. 결국 지볼트 지도의 松島(다즐레섬)는 울릉도 경위도 좌표에 남고 竹島(아르고노트섬)는 사라진 것이다.[184] 이규원(李奎遠)의 「울릉도검찰일기(鬱陵島檢察日記)」(1882)에 따르면 일본인들이 1869년부터 울릉도에 들어와 벌목을 하고 있었는데 통구미 쪽 바닷가에는 '松島'라는 푯말을 세워놓았다 한다.[185]

183) 田保橋潔, 1931, 「鬱陵島 その發見と領有」, 『靑丘學叢』3
184) 川上健三, 1966, 『竹島の歷史地理學的硏究』, 東京: 古今書院, 10-15쪽
185) 이혜은·이형근, 2006, 『만은(晚隱) 이규원(李奎遠)의 울릉도검찰일기(鬱陵島檢察日記)』, 한국해양수산개발원, 72쪽; 『고종실록』 권19, 고종 19년 6월 5일 기미. 통구미쪽 바닷가에 '大日本國松島槻谷 明治二年二月十三日岩崎忠照建之'라고 쓴 標木을 세워놓았다고 한다.

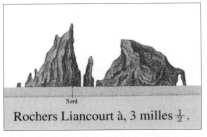

〈그림 39〉 러시아 팔라다함에서 스케치한 독도
■ 이상태, 2007, 『사료가 증명하는 독도는 한국 땅』, 경세원, 120쪽

일본의 관점에서 울릉도는 이름이 竹島에서 松島로 바뀌었고, 松島로 불러왔던 독도는 부를 이름이 없어지고 말았다. 그런데 그 얼마 전 1849년에 프랑스 포경선 리앙쿠르호가 독도를 발견하고 리앙쿠르 바위(Liancourt Rocks)로 이름 붙인 사실을 알게 되었다. 그 이후로 일본에서 울릉도는 松島로 부르고, 독도는 리안코루토岩 또는 랸코島라고 불렀다.

그 후 일본은 1880년에 아마기함(天城艦)을 보내어 해로를 측량한 뒤 울릉도를 松島로, 독도를 竹島로 표기하였다.[186] 1882년 이후의 일본 외무성 문서에서 울릉도의 공식 명칭은 松島가 되었고, 한편으로 竹島라는 이름은 엉뚱한 곳에서 다시 살아났다..

그 후 1904년 러일전쟁 당시의 군사적인 필요로 일본 해군 니이다카호(新高號)와 쓰시마호(對馬號)의 독도에 대한 공식적인 시찰이 이루어졌다. 1905년 2월에는 시마네현(島根縣) 고시로 독도를 '다케시마(竹島)'로 명명하여 오키도사(隱岐島司) 관할의 일본 영토로 편입하면서 일본에서 독도의 호칭은 竹島로 고정되었다. 1890년대 초까지도 일본에서 독도를 松島로 부르는 경우가 적지 않았지만 그러한 상황이 완전히 종결된 것이다.

---

186) 일본의 혼동을 단순한 착오가 아니라, 독도에 서양 명칭을 끌어들여 울릉도와 독도의 상호 연관성을 부정할 근거를 만들기 위한, 의도적인 것으로 보는 견해도 있다(김영수, 2009, 「근대 독도·울릉도 명칭을 둘러싼 한국과 일본의 시각」, 『역사와 현실』 73, 259-162쪽).

2. 가장 흔한 섬 이름, 죽도(竹島)와 송도(松島)

'竹島, 松島'라는 이름이 일본 기록에 최초로 등장하기는 하지만 그 이름을 조선, 일본 가운데 어느 쪽에서 붙인 것인지는 드러나 있지 않다. 울릉도에 대나무가 많아 竹島라 하고, 독도에 소나무가 많아 松島라 했다면, 그 이름은 어느 쪽에서도 붙일 수 있다. 실제로 한, 일 양국의 기록에도 竹島(울릉도)라는 이름을 대나무와 연결 지어 이해한 부분이 적지 않다. 예컨대 울릉도쟁계 사건이 있었을 때에 영의정 남구만(南九萬)은 울릉도를 대나무가 산출되어 죽도(竹島)라고도 칭한다 하였고, 『은주시청합기』에서도 磯竹島에는 대나무, 물고기, 해록(海鹿)이 많다고 하였다.[187]

그러나 竹島, 松島라는 이름은 대나무, 소나무와는 관련이 없는 것으로 보인다. 울릉도에 자생하는 여러 종류의 식물들 가운데 대나무가 울릉도의 대표 식물일 이유가 없다. 실제로 배를 타고 울릉도 주위를 돌아보면 울릉도를 대나무섬으로 부를 이유를 찾지 못할 것이다. 그리고 울릉도 동쪽에, 울릉도 다음으로 큰 竹島가 따로 있는데 그 섬도 현재 대나무가 자생하고 있고, 대나무가 많아서 붙인 이름이라고 소개되고 있다. 그리고 본 이름이 '대섬'인데 언제부터인지 모르겠으나 '댓섬'으로 잘못 부르기도 한다.

울릉도 동북쪽 해안선 가까이에는 '딴바우'라고 부르는 커다란 암봉이 솟아 있는데 그것을 '죽암(竹岩)' 또는 '대바우'라고도 부른다(<그림 40>).[188] 그런데 그 암봉은 대나무가 자랄 수가 없는 바위이고 물론 지금도 대나무

---

187) 『숙종실록』 권27, 숙종 20년 8월 14일 기유 "(南)九萬改前日回書曰…雖然我氓漁採之地 本是鬱陵島 而以其產竹 或稱竹島 此乃一島而二名也";『隱州視聽合記』 권1, 國代記 "隱州在北海中 故云隱岐島…戌亥間行二日一夜有松島 又一日程有竹島(俗言磯竹島 多竹魚海鹿 按神書所謂五十猛嶼)"(川上健三, 1996, 앞의 책, 50쪽)

188) 한글학회, 1979, 『한국지명총람 7(경북편IV)』 95쪽

〈그림 40〉 울릉도 대바우[竹岩]

■ 좌: 2019.6.13 촬영, 우: 국토지리정보원, 2015, 1:50,000지형도 〈울릉군〉. 등고선간격 100m

는 없다. 대섬[竹島]과 대바우[竹岩]는 똑같이 울릉도 동북쪽 가까운 바다에 있는데 대섬은 대나무가 있어서 대섬이고, 대바우는 대나무가 없어도 대바우라는 것은 이상한 말이다.

그리고 독도에는 현재 소나무가 없고 과거에도 없었을 것이다. 1973년에 울릉도애향회에서 곰솔 50그루를 독도의 동도에 심은 이후로 몇 차례 소나무를 심었지만 결국 모두 고사(枯死)하고 말았다. 독도는 화산 바위로 이루어진 섬이라 경사가 급하고 표토 층이 얇은 데다가, 강한 해풍까지 불기 때문에 소나무가 자라기 어렵다.[189] 따라서 예전에 독도에서 소나무가 자생했을 가능성은 희박하다고 보아야 한다.

그렇다면 대섬, 솔섬으로도 부르는 竹島, 松島는 어떤 뜻을 지닌 이름일까?

우리나라의 섬 이름을 살펴보면 아주 큰 섬들은 거제도, 홍도, 거문도, 강화도와 같은 고유의 이름을 지니고 있다. 그런데 자잘한 여러 섬은 대개 다른 여러 섬과 공유하는 흔한 이름을 지니고 있다. 그런 이름들은 들으면 어떤 섬인지 알 수 있는 보통명사와 같은 속성을 지니고 있다. 그리고 의미를 알 수 없는 것들도 처음 이름을 붙였던 아주 오랜 시절에는 의미를 알아

---

189) 공우석, 2009, 「독도의 생태계」, 『독도지리지』, 국토지리정보원, 155쪽, 164쪽

들을 수 있었을 것이다.

그런 이름을 붙이는 이유는 여러 작은 섬에 큰 섬처럼 유일한 이름을 붙이면 특정한 섬을 분명하게 지칭하는 효과는 있겠지만, 그럴 경우 수많은 섬과 그 이름을 일대일로 대응하여 모두 또렷하게 기억하기가 힘들고, 그래서 오히려 착오가 발생할 가능성이 훨씬 높아지기 때문이다.

사람의 호칭도 마찬가지이다. 어느 집에 딸이 둘이 있는 경우, 수시로 왕래하고 기억하는 가까운 인척, 친지들은 그 딸들을 이름으로 부르지만, 인척 관계도 없고 자주 왕래하지도 않는 사람들은 어쩌다 한 번 그 집 딸들을 지칭할 때에는 그저 큰딸, 작은딸로 부른다. 딸들의 이름을 정확하게 기억하지도 못하는, 먼 사람들에게는 이름으로 부르는 것보다 큰딸, 작은딸로 부르는 것이 누구를 지칭하는지 분명하여 혼동이 일어나지 않기 때문이다.

그래서 자잘한 여러 섬에는 그 섬의 특징 하나를 섬 이름에 붙여 이름만 들어도 대강 어떤 섬을 가리키는지 알 수 있게 일반명사와 같은 이름을 붙였다. 이름에 담긴 특징은 대체로 형태, 위치, 크기에 관한 것이었다.

형태를 묘사한 것으로는 기다란 긴

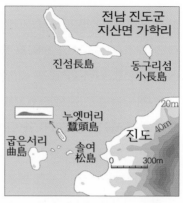

〈그림 41〉 긴섬(長島), 누에머리섬(蠶頭島)
■ 〈가사(加沙)〉(1975)

〈그림 42〉 장구섬[長古島]
■ 〈대야(大也)〉(1977)

섬·장도(長島)가 있고(<그림 41>),[190] 장구처럼 가운데 허리가 잘록한 장구섬·장고도(長鼓島)·부도(缶島)도 있고(<그림 42>),[191] 납작한 납다기섬·납덕도(納德島), 동그란 동글섬·원도(圓島)도 있다. 사물의 모양에 빗댄 것으로는 기다란 뱀섬·사도(蛇島)가 있고, 등 굽은 새우 모양의 새우섬·하도(鰕島), 기다란 앞발 두 개를 지닌 게섬·해도(蟹島)도 있다(<그림 87>). 그리고 누에는 뽕잎을 잔뜩 먹은 뒤에는 고개를 처들고 잠을 자기에, 길쭉하고 한쪽 끝이 약간 높게 솟은 섬은 고개 들고 자는 누에 같다고 하여 누에섬·누에머리섬·잠도(蠶島)·잠두도(蠶頭島)로 부르기도 한다(<그림 41>).[192]

위치를 표시한 것으로는 안섬·내도(內島)와 밭섬·밖섬·외도(外島)가 있고, 기다랗게 늘어선 열도 끝자리의 끝섬·말도(末島)가 있고, 큰 섬 사이에 끼어 있는 새섬·조도(鳥島)·간도(間島)가 있으며(<그림 43>), 큰 섬에 바싹 붙

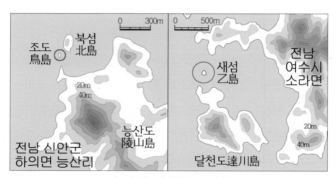

〈그림 43〉 새섬[鳥島·乙島]

■ 좌: 〈도초(都草)〉·〈기좌(箕佐)〉(1975), 우: 〈신풍(新豊)〉(1979)

190) 〈그림 41~45〉는 국립지리원의 1970년대 1:25,000지형도이다.

191) 缶(부)는 주둥이가 배에 붙은, 액체를 담는 용기로 '장군'이라 하는데 장구를 뜻하는 간편한 글자로 사용되었다.

192) 서울 남산과 마포 한강변에 있는, 한쪽이 약간 높은 봉우리를 잠두봉(蠶頭峯)이라 하는데, 한강변 잠두봉 근처의 지명 덜머리[加乙頭]도 머리를 들어올린 누에처럼 생겼다고 해서 붙인 이름이다.

어 있어 물살이 빠른 물목을 형성하는 목섬·항도(項島)도 있다(<그림 60>).[193]

크기 표시 이름으로는 넓은 섬 광도(廣島)와 함께 넙섬·넙도·납도(納島)·잉도(芿島)가 있다. 芿島·仍島는 '넙섬'으로 읽는 것이 옳다(<그림 44>). 넙섬의 대표격이 한강에서 가장 넓은 여의도(汝矣島)의 옛 이름 잉화도(仍火島)이다. '넓다'의 중세국어는 '넙다'이고 예전에 우리 조상들은 '넙'이라는 한자를 표기할 때에 그에 해당하는 한자가 없으므로 '芿' 또는 '仍'을 사용하였다.[194] 그리고 '火(불·블)'는 아주 오래전부터 '벌[原]'을 지칭하는 글자였다. 여의도는 현 국회의사당 자리에 있었던 해발고도 44m의 자그마한 양말산을 제외하고는 섬 전체가 평탄한 넓은 벌로 이루어져 있었다. 그래서 조선시대에는 가축을 기르는 축목장(畜牧場)이 있었고, 일제강점기에는 연병장과 비행장 활주로가 설치되었다. 결국 여의도의 이

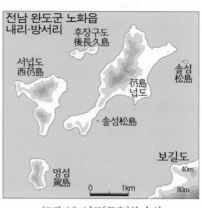

〈그림 44〉 넙도[芿島]와 솔섬
- 〈서넙도[西芿島]〉·〈장사(長蛇)〉(1975)

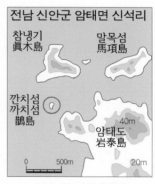

〈그림 45〉 까치섬 鵲島
- 〈자은(慈恩)〉·〈암태(岩泰)〉(1975)

193) 목섬에 대해서는 Ⅵ.6.울릉도 주변의 대섬과 가는섬에서 설명한다.

194) 芿은 而證切로 去聲 日母 證韻이고, 仍은 如乘切로 平聲 日母 蒸韻으로서 모두 日母의 글자이고, 성조는 다르지만 발음은 같다(『廣韻』 권2 下平聲, 蒸韻 仍小韻【芿】; 권4 去聲, 證韻 認小韻【仍】). 日母는 한국한자음에서는 묵음으로 나타나는데, Karlgren이 *ń-)ńź-로, 李方桂가

름 '仍火島'는 '너벌섬(넙벌섬)', 즉 '넓은 벌판 섬'이란 뜻으로 붙여진 이름이다.

작은 섬을 가리키는 말로는 까치섬·작도(鵲島)가 있다(<그림 45>). 까치산, 까치섬의 '까치'는 '까치설날', '까치고개'의 까치처럼 작다는 뜻의 우리말이다. 한편 깐치봉, 깐치섬이라는 이름은 '고치다〉곤치다' '더디다〉던지다'처럼 뒤 음절의 발음을 분명히 하려는 이음화(異音化)에 의해 변한 것이다.

그런데 일반명사처럼 쓰는 섬 이름으로 가장 흔한 이름은 무엇일까? 예상되는 이름은 당연히 큰섬, 작은섬 또는 대도(大島), 소도(小島)일 것이다. 그런데 실제로 찾아보면 그렇지 않다. 대도, 소도는 예상외로 아주 적다. 실제로 어떠한지 과거 자료로 조사해 보기로 한다.

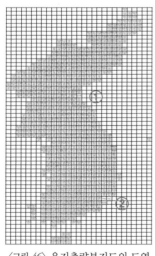

우리나라의 섬의 개수에 대해서는 섬을 규정하는 조건에 따라 약간씩 다르기는 하지만 대체로 3,300여 개가 있다고 한다.[195] 그 이름을 일관된 원칙 하에 모두 찾는 것은 쉽지 않다. 그래서 섬 이름을 찾는 자료로 조선총독부(朝鮮總督府) 육지측량부(陸地測量部)에서 대체로 1910년대에 측도(測圖)하여 한반도를 경도 15분, 위도 10분 단위 728도엽(圖葉)으로 나누어 제작한 5만분의 1 지형도를 활용하기로 한다.[196] 더 정밀한

<그림 46> 육지측량부지도의 도엽

*n-〉ńź-로 재구했듯이 n-으로 발음될 여지가 있었다. 日本을 Nippon으로 읽는 것도 그러한 연유이다. 하지만 우리나라에서 芿을 왜 '넙'으로 읽었는지는 아직 충분히 밝혀져 있지 않다.

195) 2007년 해양수산부 통계에 따르면 남한에 3,215개, 북한에 65개로 모두 3,280개의 섬이 있다고 한다.

현대 지도를 활용하지 않고 100여 년 전의 지도를 자료로 삼은 중요한 이유는 서해와 남해의 해안선, 도서의 상태가 간척사업으로 변형되기 이전의 상태를 보여주고 있으며, 비교적 정밀한 측량기술을 토대로 전국을 측량하여, 활용하기 적절한 축도로 제작한 최초의 것이기 때문이다.

측량부지도는 국토지리정보원 홈페이지에 남쪽 끝의 제주도《모슬포(摹瑟浦)》부터 북쪽끝《유원진(柔遠鎭)》까지 723엽이 올려져 있다(<그림 46>). 나머지 원산 근처의 2엽과 부산 근처의 3엽은 현재 비공개로 미국 의회도서관, 스탠포드도서관, 일본 국립국회도서관에 분산 소장되어 있다.[197] 그리고 723엽 가운데 원산 근처의 6엽과 부산 근처의 6엽은 군사기밀 보호로 인해 부분적으로 지워진 상태로 제작되었다(<그림 47>). 이를 보완하기 위해

① 원산 부근				② 부산 부근				
斷俗山 487	定平 488	西湖津 489		南旨 112	靈山 113	密陽 114	梁山 115	長生浦 116
永興 472	播春場 473	三峰里 474		宜寧 98	馬山 99	金海 100	東萊 101	月內里 102
高原 460	鎭興里 461	芳久美里		鎭東 86	鎭海 87	加德島	釜山	
頭流山 448	元山府外北部449	虎島半島		統營 74	巨濟島 75	東頭末		
馬轉里 437	元山府外南部438	安邊 439	沛川里 440	彌勒島 62	舊助羅 63			
法洞 424	釋王寺 425	道納里 426	通川 427	欲知島東部48	每勿嶋 49			

〈그림 47〉 원산과 부산 부근의 지도

■ 이름 아래 숫자는 국토지리정보원 홈페이지의 도엽번호. 굵고 붉은 테두리 안의 도엽은 미공개 상태이거나(회색 바탕) 부분적으로 지워진 것.

196) 723도엽은 경인문화사에서 2책으로 간행하였다(경인문화사 편, 1998, 「近世韓國五萬分之一 地形圖 上·下」).

197) 박선영, 2018, 「한국 근대지형도의 소장 현황과 활용」, 성신여대 박사학위논문, 35-36쪽, 165쪽. 국토지리정보원의 《所里島》 1엽은 1955년에 제작된 것으로 대체되었으나, 경인문화사 영인본에는 1917년에 제판한 것이 실려 있다.

부분적으로 지워지거나 미공개된 것 가운데 원산 근처 8도엽은 옛 소련군이 1976~1979년의 자료를 바탕으로 1981년에 발행한 5만분의 1 지형도로 대체하고, 부산 근처 9도엽은 1956~1965년에 우리나라에서 발행한 5만분의 1지형도로 대신하였다.[198]

측량부지도는 섬 이름을 한자로 표기하고 가타카나로 우리말 이름도 함께 밝혀놓았다. 728엽 지도에서 이름이 '島·嶋'로 표시된 섬을 추려보면 모두 2,780개인데, 그 가운데 이름이 둘인 섬이 88개가 있어서 이름은 모두 2,868개가 기록되어 있다.[199] 그 이름들 가운데 많은 것부터 순서대로 20위까지 정리한 것이 〈표 12〉이다.[200]

표에 보이듯이 측량부지도의 섬 이름 중에는 대섬[竹島]이 103개, 솔섬[松島]이 80개, 목섬[項島]이 42개로 압도적으로 많으며, 이어서 장구섬[長鼓圖], 새섬[鳥島·間島], 긴섬[長島], 닭섬[溪島]이 뒤를 잇고 있다(<표 12>·<그림 48>).

한편 큰섬 대도(大島)는 온전한 이름 10개에 장대도(長大島), 광대도(廣大島) 등의 합성 이름 5개를 합하여 총 15개로 18위에 올라 있고, 작은섬 소도(小島)는 온전한 이름 14개로 19위에 있다.

대도(大島), 소도(小島)에 넓은 섬 광도(廣島) 4개, 납도(納島) 5개, 넙섬[莇島] 5개를 大島와 합하고, 작다는 뜻의 까치섬 작도(鵲島) 20개를 小島와 합해도 각각 30개, 33개로 1·2위의 竹島, 松島와는 격차가 너무 크다.

---

198) 舊소련군에서 제작한 5만분의 1 지형도 410도엽 가운데 휴전선 이남의 10도엽을 제외한 400도엽은 경인문화사에서 2책으로 간행하였다(경인문화사 편, 1997, 『最近北韓五萬分之一 地形圖 上·下』).

199) 지도에는 지형변화로 인해 육지에도 '島' 이름이 있고, 때로는 그것이 섬 이름인지 모호한 것들도 있다. 그러므로 섬이름 숫자를 완벽하게 파악할 수는 없다. 하지만 오류는 10개 이내일 것으로 생각된다. 필자의 예전 논문에서 잘못 센 숫자를 이 기회에 수정한다.

200) 객관성을 검증할 수 있도록 육지측량부지도의 섬 이름 전체를 책 뒤에 참고표로 수록하였다.

〈표 12〉 측량부지도 섬 이름의 출현 빈도

순위	대표명	한자이름: 함께 적은 한글이름	본명	합성	합계	
1위	대섬	竹島: 죽도 대섬 죽섬 대도	76	27	103	
2위	솔섬	松島: 송도 솔섬 송섬	63	17	80	
3위	목섬	項島: **목섬** 항도 항섬	32	10	42	
4위	장구섬	長鼓(古)島 長久(九·口)島 將求島: 장구도 장고도 장구섬 **장고섬**	19	4	23	31
		缶島: **장구섬** 부도 부섬	8	-	8	
5위	새섬	鳥島·乙島: 새섬 조도	15	10	25	31
		間島: 간도, 샛섬, 가운데섬, 섬리	5	1	6	
6위	긴섬	長島: 장도 장섬 **긴섬** 단도 단섬	24	6	30	
7위	닭섬	鷄島: **닭섬** 계도 계섬 닥섬	21	5	26	
8위	꽃섬	花島: 화도 화섬 **꽃섬**	13	11	24	
9위	돌섬	石島: **돌섬** 석도 석섬	21	-	21	
10위	까치섬	鵲島: **까치섬** 작도 작섬	19	-	19	
11위	밤섬	栗島: 율도 **밤섬** 밤도 율섬	17	2	19	
12위	형제섬	兄弟島: 형제도 **형제섬**	14	5	19	
13위	소섬	牛島: 우도 소섬 쇠섬 소도	17	-	17	
14위	말섬	馬島: 마도 마섬 **말섬**	6	11	17	
15위	노루섬	獐島: **노루섬** 노로섬 노리섬 장도 노루도	12	4	16	
16위	띠섬	茅島: **띠섬** 모도 띠도 새섬	13	2	15	
17위	노랑섬	黃島: 황도 **노랑섬**	12	3	15	
18위	큰섬	大島: **큰섬** 대도 대섬 한도	10	5	15	
19위	작은섬	小島: **작은섬** 소도	14	-	14	
20위	모래섬	沙島: **모래섬** 사도	12	2	14	

＊ '竹島'처럼 본 이름 그대로는 '본명'에, '上竹島'와 같이 수식어가 붙은 것은 '합성'에 넣었다. 한글 이름은 자주 나온 순서로 썼고, 대표적인 한글 이름을 굵은 글씨로 표시했다.

＊ 합계가 같은 경우의 순위는 '본명'의 숫자가 많은 것을 우선으로 했다.

＊ 石島에는 乭島 하나가, 花島에는 華島 하나가 포함되어 있다. 형제도에는 삼형제도와 오형제도가 포함되어 있고, 대·소형제도, 남·북형제도는 하나로 계산했다. 楮島(닥섬)은 鷄島(계도)에 넣지 않았다.

＊ '서(嶼), 여(녀), 암(岩), 초(礁), 탄(灘)'으로 기록된 바위, 암초, 여울 등은 431개로 섬 이름 통계에서는 제외했다.

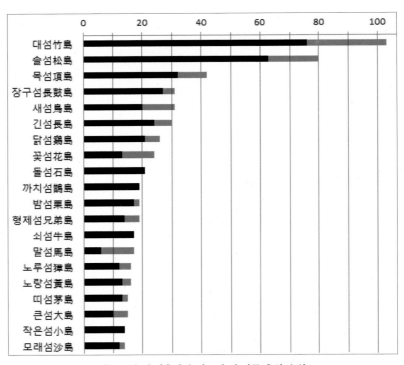

〈그림 48〉 육지측량부 지도의 섬 이름 출현 순위

이유가 무엇일까? 그것은 우리가 모르는, 큰섬, 작은섬을 뜻하는 다른 이름이 숨겨져 있다고 보아야 한다.

대섬, 솔섬이라는 지명에 관해 『한국지명총람』에는 대개 대나무가 많거나 소나무가 많아서 그런 이름이 붙여졌다고 설명하는 경우가 많은데 사실일 가능성은 매우 낮다.[201] 동네 노인들의 진술 중에는 잘못된 것이 상당히 섞여 있기 때문이다. 예컨대 '도둑골'은 도둑이 많아서 붙은 이름이 아니라

---

201) 이 통계는 경향을 살피기 위한 것일 뿐 실상을 그대로 반영한 것은 아니다. 예컨대 솔섬은 대부분 아주 작아서 『한국지명총람』에는 보이지만 지도에는 이름이 표기되지 않은 경우가 적지 않다.

언덕에 있는 동네라는 '두듥골'이 변한 말이고, 앞에서도 말했듯이 까치산, 까치섬은 까치가 많아서 붙은 이름이 아니라 작은 산, 작은 섬이라는 뜻의 이름이다.

그렇다면 가장 많은 대섬, 솔섬이 큰섬, 작은섬이라는 뜻으로 붙여진 이름이 아닐까 추정된다. 그리고 그러한 추정은 음운학적 분석으로 입증된다.

3. 큰 섬, 대섬[竹島]

1) '크다'를 뜻하는 고대국어 *tar

크다는 뜻의 우리말로 '한'이 있음은 잘 알려져 있다. 백제의 대산현(大山縣)을 통일신라 경덕왕 때 한산현(翰山縣)으로 개명했고 고려에 들어와서는 홍산현(鴻山縣)으로 바꾸었다는 것으로도 알 수 있다.[202] 그런데 크다는 뜻의 고대국어로 *tar도 있었다.[203] 그 증거로는 다음과 같은 것들이 있다.[204]

(가) 大丘縣 本達句火縣 景德王改名 今因之
(나) 大山郡 本百濟大尸山郡 景德王改名 今泰山郡

---

202) 『삼국사기』 권36, 지리지3 熊州 嘉林郡 翰山縣. 翰의 상고음은 *gan이다. 삼국시대에 *h, *x, *ɣ가 독립된 음소로 존재했는지에 대해서는 논쟁 중이다. 그러나 중세국어의 '한[han]'은 충분히 인정된다.

203) 굳이 '달'이라 하지 않고 *tar로 쓰는 이유는 혼란이 생기기 때문이다. 현대국어에서는 -r이 -l로 異音化하여 달[tal]로 발음되지만, 절음화 이전의 고대국어에서는 -r이 변이음으로 바뀌지 않고 소릿값을 그대로 드러내었으므로, '달'보다는 오히려 '다리/다르'에 가깝다.

204) 『삼국사기』 권34, 지리지1 良州 壽昌郡; 권36, 지리지3 全州 大山郡; 권37, 지리지4 高句麗 漢山州

(다) 大谷郡 一云多知忽.

757년(경덕왕 16)의 군현 명칭 개정에는 우리말 이름을 한자의 음을 빌려 표기하던 관행을 버리고, 한자의 뜻[訓]을 빌려 표기하는 방식으로 바꾼 것이 많다. 그러므로 군현명칭 표기에 쓰인 한자는 뒤에 제시된 경덕왕 전의 것은 대체로 음으로 읽어야 하고, 앞에 제시된 경덕왕 이후의 바뀐 이름은 뜻으로 읽어야 한다. 즉 한자로는 '大'로 쓰는 '크다'를 뜻하는 우리말을 (가)에서는 達, (나)에서는 大尸, (다)에서는 多知로 썼다는 것이다. '크다'는 우리말이 무엇이었는지 밝히기 위해 우선 達, 大尸, 多知의 한자음을 알아야 한다.

삼국이 군현명칭을 정한 시기는 후한(後漢)을 전후한 시기로 보는 것이 합리적이며 늦어도 위진(魏晉)시기를 넘기 어렵다. 그러므로 '達, 大, 多'는 후기중고음에 해당하는 현재의 한국한자음처럼 '달[taɭ]. 대[tɛ], 다[ta]'로 읽을 것이 아니라 후기상고음으로 읽어야 한다. 그러므로 우선 당시 중국의 후기상고음을 찾아내어 그것을 그와 가장 비슷한 우리말로 재현해야 한다.

음운학자들은 達을 〈표 13〉과 같이 재구했다.[205]

205) B. Karlgren, 1957, *Grammata Serica Recensa*, Stockholm: The Museum of Far Eastern Antiquities, GSR No. 271b · ; 董同龢, 1944, 『上古音韻表稿』, 臺北: 台聯國風出版社, 193쪽; 王力, 1987, 『漢語語音史(王力文集10)』, 濟南: 山東敎育出版社, 610·631쪽; 周法高, 張日昇·林潔明 編, 1973, 『周法高上古音韻表』, 臺北: 三民書局, 150쪽; 李方桂, 1980, 『上古音硏究』, 北京: 商務印書館, 50쪽; S. A. Starostin(斯·阿·斯塔羅斯金), 2010, 林海鷹·王冲 譯, 『古代漢語音系的構擬』, 上海: 上海敎育出版社(S. A. Starostin, 1989, *Reconstruction of Old Phonological System*, Moscow: Nauka), 264쪽; A. Schuessler, 2009, *Minimal Old Chinese and Later Han Chinese: A Companion to Grammata Serica Recensa*, Honolulu: University of Hawai'i Press, p.233; W. H. Baxter, 1992, *A Handbook of Old Chinese Phonology*, Berlin·New York: Mouton de Gruyter, p.752; 鄭張尙芳, 2013, 『上古音系(第2版)』, 上海: 上海敎育出版社, 249·298쪽; 潘悟雲, 2000, 『漢語歷史音韻學』, 上

達의 음으로는 『광운(廣韻)』에 타달절(他達切)과 당할절(唐割切)이 수록되었다. 두 음의 성모(聲母)는 투모(透母) t^h-와 정모(定母) d-로 나뉘고, 운모(韻母)는 갈운(曷韻)으로 같다. 삼국초기 우리말에는 유성음 d가 독립된 음소로 존재하지 않았고, 무성 유기음 t^h도 존재하지 않았다고 본다. 그러므로 透母 t^h-와 定母 d-가 우리말에서는 모두 t-로 실현되므로 어느 것을 채택하든 마찬가지이다. 표에서는 定母 唐割切 음을 재구하였다.

〈표 13〉 達의 재구

唐割切, 定母 曷韻 1等 開口 入聲			
시기구분	上古	韻部	中古
Karlgren	*d^hât		d^hât
董同龢	*d^hât	祭	d^hât
王力	*dât)*dât	月	dât
周法高	*dat	月	dât
李方桂	*dat	祭	dât
Starostin	*dât)*dât	月$_A$	daât
Schuessler	*dât)*dât	月祭$_{(2)}$	dât
Baxter	*lat	月祭	dat
鄭張尙芳	*daad	月$_1$	dɑt
潘悟雲	*dat	月$_1$	dɑt

* 왕리는 주)한~남북조, 스타로스틴은 주)한, 슈에슬러는 주)후한의 음이다.

〈표 13〉에서 칼그렌과 둥퉁허는 達의 성모를 *d^h-로 보았으나 근래에는 유성유기음의 존재에 대해 회의적이므로 *d^h-는 *d-로 수정하는 것이 적절하다. 그러므로 達은 대체로 *dat로 읽었음을 알 수 있다. 그러나 이 경우에는 *dar로 읽어야 한다. 그 이유는 다음과 같다.

루즈웨이(陸志韋), 왕리, 보드만, 백스터(W. H. Baxter)와 같은 음운학자들은 중국어 상고음에 유음 운미 *-r/*-l이 없었다고 보았다. 그러나 칼그렌을 비롯한 도도 아키야스(藤堂明保), 둥퉁허, 야혼토프, 저우파가오, 리팡구

海: 上海教育出版社, 87·262쪽. 상고음 韻部에서 董同龢와 李方桂는 入聲 운부를 별도로 두지 않아 月部를 祭部에 통합했고, Baxter와 Schuessler는 月部와 祭部를 하나로 묶었다.

이는 상고음의 운미로 *-r을 설정했다.[206] 그런데 1974년에 슈에슬러가 이 제까지의 운미 *-r을 *-l로 수정할 것을 제안했고, 곧이어 풀리블랭크, 궁황청(龔煌城)이 이를 지지했으며,[207] 이어서 정장상팡과 판우윈은 6모음체계의 주요모음 모두에 *-l을 붙였다.[208]

그런데 남북조·수·당의 중고음 시기에는 -r 또는 -l로 끝나는 음이 없다. 유음 운미가 사라진 것이다. 언제 사라진 것일까? 리팡구이는 *-r이 절운(切韻) 시대 초기에는 이미 소실되어 흔적을 남기지 남지 않았다고 하였고,[209] 야혼토프는 전한(前漢) 시기에 *-i로 변했거나 사라졌다 했고,[210] 한편 딩방신(丁邦新)은 후한에서 사라졌으며, 남북조시기에 개음 *-r 마저 탈락하였다고 보았다.[211]

그런데 유음 운미의 소멸은 새로운 문제를 야기했다. 외국어의 유음 -r/-l을 한자로 표기하기 어려워진 것이다. 특히 후한 때에 대대적으로 진

206) B. Karlgren(高本漢), 張世祿 譯, 2015,『漢語詞類』, 太原: 山西人民出版社(1933, "Word Families in Chinese", *Bulletin of the Museum of Far Eastern Antiquities*, No.5, Stockholm: Museum of Far Eastern Antiquities), 35쪽; 李方桂, 1980, 앞의 책, 35·53쪽

207) A. Schuessler, 1974, "Final -L Archaic Chinese", *Journal of Chinese Linguistics*, Vol.2 No.1, Berkeley: University of California; E. G. Pulleyblank, 1977-78, "The Final Consonants of Old Chinese", *Monumenta Serica*, Vol.33, Sankt Augustin: Monumenta Serica Institute, p.185; 龔煌城, 2002,「從漢·藏語的比較看漢語上古音流音韻尾的擬測」,『漢藏語研究論文集』, 臺北: 中央研究院 語言學研究所籌備處, 31-65쪽

208) 潘悟雲, 2000, 앞의 책, 262쪽; 鄭張尙芳, 2013, 앞의 책, 72쪽. 鄭張尙芳은 중국어 방언, 藏緬語, 베트남한자음, 한국한자음의 수많은 *-j의 사례로 상고음 운미를 *-j로 보기도 하였으나, 후에는 *-j를 原始的 *-l이 변한 결과로 보았다.

209) 李方桂, 1980, 앞의 책, 53쪽

210) S. E. Yakhontov, J. Norman tr., 1978-1979, "Old Chinese Phonology", *Early China*, Vol.4, Hanover: Dartmouth College(1965, *Old Chinese*, Moscow: Nauka), p.37

211) Ting Pang-hsin, 1975, *Chinese Phonology of the Wei-Chin Period: Reconstruction of the Finals as Reflected in Poetry*, Taipei: Institute of History and Philology Academia Sinica, pp.239-240

행된 산스크리트어 경전의 번역에서 난관에 봉착했다.[212] 그래서 몇 가지 방법이 동원되었다. 우선 운미가 *-t인 글자로 -r/-l을 표현하는 것이다. 涅槃(nirvāna), 薩雲若(sarvajna), 弗沙(puruṣa), 優鉢(utpala) 등이 그 예이다.[213] 다음으로는 *-n을 지닌 글자로 -r/-l을 표현하는 방법이 있다. 그 예로는 鮮卑(Serbi), 安息(Arśak), 罽賓(Kaspir)을 들 수 있다.[214]

우리나라 고대국어에서도 유음 음소의 존재는 확실시된다. 그런데 그것이 *-r이었다는 주장과 *-r과 *-l이 공존했다는 주장이 팽팽하게 대립하고 있는데, 이 글에서는 기본적으로는 *-r 하나라는 것을 전제로 한다.[215] 한국어도 중국어의 외국어였기에 한자를 표기수단으로 쓰고 있던 한반도에서도 한국어의 말음 유음 -r을 표현하기 어려워졌다. 그래서 중국이 썼던 방법을 똑같이 사용하였다. 첫째로 '벌'을 伐[buat]로, '물'을 勿[mut]로 쓰듯이[216] -t로 -r을 표현하는 방법이다. 이 방법은 유음 운미를 표현하는 방

---

212) 정연식, 2017, 「신라 경주의 東川 沙梁과 西川 及梁」, 『한국문화』 58, 123쪽

213) 俞敏, 1999, 『俞敏語言學論文集』, 北京: 商務印書館, 18-19쪽

214) B. Karlgren, 2015, 張世祿(譯), 앞의 책, 48-49쪽; E. G. Pulleyblank, 1962a, "The Consonantal System of Old Chinese", *Asia Major*, Vol.9 No.1, London: Percy Lund, Humphries&Co., p.77; 1962b, "The Consonantal System of Old Chinese II", *Asia Major*, Vol.9 No.2, p.218; W. South Coblin, 1983, *A Handbook of Eastern Han Sound Glosses*, Hong Kong: The Chinese University Press, p.72

215) 유음 음소로 이숭녕, 김완진, 이기문, 유창균, 박창원은 r과 l을, 김동소, 박병채, 조규태, 김무림은 r 하나를 설정하였고, 박병채는 r이 음절말에서 -l로 이음화한다고 보았다(김무림, 2004, 『국어의 역사』, 한국문화사, 67쪽; 김동소, 2011, 『한국어의 역사(수정판)』, 정림사, 77쪽). 유음 음소의 존재 여부를 넘어선 구체적인 실체에 관한 논의는 이 글의 주된 논지와 무관하므로 생략한다.

216) E. G. Pulleyblank, 1991, *Lexicon of Reconstructed Pronunciation in Early Middle Chinese, Late Middle Chinese, and Early Mandarin*, Vancouver: UBC Press, p.89, p.327. 우리나라에서 -t를 지닌 한자로 -l을 표현한 이유에 대해서는 강신항의 연구를 참조(강신항, 2003, 「한국한자음(高麗譯音)의 舌內入聲韻尾 -t〉-l에 대하여」, 『韓漢音韻史研究』, 태학사 (1997, 『梧堂趙恒瑾先生華甲紀念論叢』, 오당조항근선생 화갑기념논문집 간행위원회)).

법 가운데 가장 널리 쓰였다. Vietnam을 越南(월남)으로 쓰는 것은 지금의 한국한자음에서 'ㄹ'로 끝나는 한자음은 본래는 모두 입성운미 -t를 지닌 글자였기 때문이다. 둘째로는 賓汝을 比勿이라고도 하고, 阿乙兮를 安賢이라고도 한 것처럼 -n으로 -r을 표현한 것이다.[217] 셋째로는, 흔치는 않지만, -ŋ로 -r을 표현하는 방법이다. '버들'을 버들 류(柳)에 들[等]을 결합시킨 '柳等'으로 쓰고, 물고기 20마리를 두 줄로 엮은 '두름'을 '冬音'으로 쓰는 것 등이 그 예이다.[218]

그러므로 達句火의 達(*dat)는 첫째 방법을 따른 것으로서 *tar로 읽어야 하며 그 뜻은 '크다[大]'이다.

(나)의 '大尸'도 크다는 뜻의 우리말을 한자로 표기한 것이다.

앞에서 우리말의 유음 음소 -r을 표현하는 방법으로 -t, -n, -ŋ의 운미를 지닌 한자를 활용하였다고 했는데 다른 방법도 있었다. '尸' 또는 '乙'을 사용하는 방법이다. 이에 관해서는 지명표기나 향가에 사례도 많고 이미 널리 알려져 있다. (가), (나)에서 達=大尸가 성립하므로 *dar=大+r이 되고, 大의 소릿값은 *da가 되어야 한다. 그것을 검토해 본다.

大의 음으로는 도개절(徒蓋切)과 당좌절(唐佐切)이 있다. 두 음의 성모는 모두 정모(定母) d-이고, 운모는 태운(泰韻)과 개운(箇韻)으로 나뉘는데,[219] 定母 泰韻의 徒蓋切 음을 정음(正音)으로 간주하므로[220] 그것을 분석했다. 大의 徒蓋切 음은 〈표 14〉와 같이 재구된다.[221]

217) 『三國史記』 권34, 地理志1 尙州 "安賢縣 本阿尸兮縣 一云阿乙兮 景德王改名 今安定縣"; 권 37, 地理志4 都督府一十三縣 "賓汝縣 本比勿"

218) 『默齋日記』 乙巳年(1545) 季冬臘月 初三日 壬辰; 『眉巖日記草』 5冊, 庚午年(1570) 十二月 十二日

219) 『廣韻』 권4, 去聲 14泰 大小韻, 38箇 馱小韻

220) 王力, 1987, 앞의 책, 631쪽 "'大'字 廣韻有唐蓋·唐佐二切, 大概很早就有[a]音, 但明代以前, 仍以唐蓋切爲正讀."

풀리블랭크는 定母 d-가 *ð-에서 왔다고 보았다가 후에 *l-로 수정했고,[222] 백스터도 *l-로 보았다. 상고음 *l-이 1·4등운은 d-, 2등운은 ɖ, 3등운은 j-로 바뀌었다고 보는 것이다.[223] 大의 경우에는 1등자이므로 d-로 바뀌는데 후기상고음에서 이미 *d-로 변해 있었다. 결국 어느 학자의 견해를 따르더라도 삼국시대 초기에는 모두

〈표 14〉大의 재구

徒蓋切. 定母 泰韻 蟹攝 1等 開口 去聲			
시기구분	上古	韻部	中古
Karlgren	*dʰâd	V/3	dʰâi
董同龢	*dʰâd	祭	dʰâi
王力	*daːt〉*daːt〉dɑi	月	dɑi
周法高	*dar	祭	dɑi
李方桂	*dad	祭	dâi
Starostin	*dʰâc〉*dʰâś	祭ₐ	dāi
Schuessler	*dâs〉*dɑs/*dah	月祭₍₂₎	dâi
Baxter	*lats	月祭	daj
鄭張尙芳	*daads	祭₁	dɑi
潘悟雲	*dats	月₁	dɑi

∗ 스타로스틴의 상고음은 주〉한, 슈에슬러는 주〉후한/후한의 음이다.

*d-의 상태에 있었다고 본다. 따라서 성모를 *d-로 하는 데는 문제가 없다.

앞에서 達=大尸가 성립되려면 大의 음이 *da가 되어야 한다고 했다. 그런데 〈표 14〉의 大의 상고음을 보면 슈에슬러의 *das와 그 아래로 모두 꼬리자음 *-s가 붙어 있다. 그것은 大의 성조가 거성이기 때문이다. 오드리쿠르(A. G. Haudricourt)가 1954년에 베트남의 고한월어(古漢越語) 성조 연구를 통해 중고음 성조의 상성은 상고의 꼬리자음 *-ʔ에서, 거성은 *-s에서 기원

221) B. Karlgren, 1957, op. cit., GSR No. 317a; 董同龢, 1944, 앞의 책, 189쪽; 王力, 1987, 앞의 책, 610·631쪽; 周法高, 1973, 앞의 책, 136쪽; 李方桂, 1980, 앞의 책, 52쪽; S. A. Starostin, 林海鷹·王冲 譯, 2010, 앞의 책, 263쪽; A. Schuessler, 2009, op. cit., p.233; W. H. Baxter, 1992, op. cit., p.752; 鄭張尙芳, 2013, 앞의 책, 298쪽; 鄭張尙芳, 2012, 『鄭張尙芳語言學論文集』, 北京: 中華書局, 182쪽; 潘悟雲, 2000, 앞의 책, 86·262쪽

222) E. G. Pulleyblank, 1962a, op. cit., pp.116-117

223) 潘悟雲, 2000, 앞의 책, 271-273쪽

했다는 가설을 제시한 후로 점차 많은 학자들이 이 가설을 받아들이기 시작했고, 이제는 주류를 이루어 그것이 표에도 나타나 있다.[224] 그러나 아직도 일부 학자들은 한장어(漢藏語: Sino-Tibetan language) 비교연구의 조악성을 지적하며 이를 인정하지 않는다.[225] 어느 쪽이 옳은지는 아직도 분명치 않지만, 상성, 거성의 꼬리자음을 고대국어의 한국한자음 표기에 적용할 때에 잘 맞지 않는 경우가 많은 것도 사실이다.[226]

하지만 〈표 14〉에 제시된 것은 수(隋) 통일 이전의 표준음이었던 낙양음(洛陽音)이다. 그리고 지금의 한국한자음은 통일신라와 당의 교류가 빈번해진 뒤 8세기 말 이후에 형성된 중당(中唐) 이후의 장안음(長安音)이다. 그런데 한국한자음이 형성되기 이전의 삼국시대 한자음에는 여러 층위의 음이 혼재했을 것이다. 그리고 앞에서 밝혔듯이 백제, 신라 지역의 한자음은 중국 남부의 강동방음(江東方音)을 취했다. (나)의 大尸山郡은 전라북도 정읍 주변에 있었던 것으로 추정되며 그곳은 백제 지역이었다. 따라서 大도 낙양음이 아니라 강동방음으로 읽는 것이 적절하다. 강동방음과 뿌리가 같은 일본 오음(吳音)에서 '大'가 속해 있는 해섭(蟹攝)의 태운(泰韻)은 [a]로 나타나고 있다.[227] 그러므로 大는 *da로 읽는 것이 적절하다.[228] d는 우리말

224) A. G. Haudricourt(奧德里古爾), 馮蒸 譯, 2006, 「越南語聲調的起源」, 『馮蒸音韻論集』, 北京: 學苑出版社(1954, "De l'Origine des Tons en Vietnamien", *Journal Asiatique*, No.242, Paris: Societe Asiatique), 613-624쪽

225) 丁邦新, 1998, 「漢語聲調源于韻尾說之檢討」, 『丁邦新語言學論文集』, 北京: 商務印書館; 孫玉文, 2015, 「先秦連綿詞的聲調研究」, 『上古音叢論』, 北京: 北京大學出版社

226) 魏國峰, 2013, 「只'와 '支'의 음독에 대하여」, 『국어학』 66, 75쪽

227) 吳音에서 [a]로 나타난다고 한 것은 日本書紀 β群을 말한다. 일본 上代의 만요가나(万葉仮名)는 古層, 中層, 新層으로 나누어 각각 推古遺文, 『古事記』, 『日本書紀』에 보이는 것으로 하였다. 모리 다쓰히로(森達博)는 『日本書紀』에 보이는 歌謠의 만요가나를 다시 α군, β군으로 나누어 漢音(唐代 長安音)을 따른 14-19권, 24-27권의 α군과 吳音系, 漢音系가 혼재된 1-13권, 22-23권의 β군으로 나누었다.

에서 t로 실현되므로 결국 (나)에서도 大尸로 표현된 고대국어는 *tar이고 그것은 크다는 뜻의 오래전 우리말이다.[229]

다음으로 (다)에서 크다는 뜻의 '多知'를 어떻게 읽어야 할지 알아볼 차례이다. 우선 多는 〈표 15〉와 같이 재구된 다.[230] 성모는 대부분 *t로 하였으나 표에서처럼 원시한어 상태의 재구음 성모를 판우원은 장모음 앞의 *k·l-로, 정장상팡은 *ʔl'-로 제시했다. 판우원은 보드만의 "*k·l-〉t, *kʰ·l-〉tʰ-, *g·l-〉d-" 공식을 받아들여 *k·l-로 제시한

〈표 15〉 多의 재구

得何切, 端母 歌韻 1等 開口 平聲			
시기구분	上古	韻部	中古
Karlgren	*tâ	I/35	tâ
董同龢	*tâ	歌	tâ
王力	*tai〉*tɑ〉tɑ	歌	tɑ
周法高	*ta	歌	tɑ
李方桂	*tar	歌	tâ
Starostin	*tāj〉*tāj〉*tä	歌A	tâ
Schuessler	*tlai〉*tâi〉*tɑi〉*tɑ	歌(1)	tâ
Baxter	*taj	歌	tɑ
鄭張尙芳	*ʔl'aal〉*taai	歌l	tɑ
潘悟雲	*k·lal	歌l	tɑ

* 스타로스틴의 상고음은 주〉전한〉후한, 슈에슬러는 주〉주〉후한〉후한의 음이다.

것이다.[231] 정장상팡도 *ʔl'-이 진한음(秦漢音)에서는 *t-로 바뀐다고 보았는데,[232] *k·l-도 후기상고음 단계에서는 이미 *t-가 되었을 것이다. 그러므로

228) 沼本克明, 1986, 『日本漢字音の歷史』, 東京: 東京堂出版, 73쪽; 김정빈, 2007, 『일본 오음 연구』, 책사랑, 266쪽

229) 오세준, 2006, 「중국 상고음 학설로 본 고대국어 표기 "尸"의 音價」, 『새국어교육』 72, 한국국어교육학회. 尸가 어떤 이유로 *-r을 표현하는 글자가 되었는지는 뒤에서 知와 함께 언급하기로 한다.

230) B. Karlgren, 1957, op. cit., GSR No. 3a; 董同龢, 1944, 앞의 책, 184쪽; 王力, 1987, 앞의 책, 610·622쪽; 周法高, 1973, 앞의 책, 127쪽; 李方桂, 1980, 앞의 책, 53쪽; S. A. Starostin, 2010, 林海鷹·王冲 譯, 앞의 책, 250쪽; A. Schuessler, 2009, op. cit., p.214; W. H. Baxter, 1992, op. cit., p.755; 鄭張尙芳, 2013, 앞의 책, 137쪽, 309쪽; 潘悟雲, 2000, 앞의 책, 285쪽

231) 潘悟雲은 *k·l-의 변화 과정을 *k·l-〉*k·r-〉*k·t-〉t-로 설명했다(潘悟雲, 2002, 『著名中年語言學家自選集-潘悟雲卷』, 合肥: 安徽教育出版社, 336-337쪽)

多의 삼국시대 후기상고음 성모를 *t-로 보는 것에 문제가 없다.

한편으로는 리팡구이는 *tar로 재구했으나 풀리블랭크, 슈에슬러가 *r을 *l로 수정하였고 대부분의 학자들이 동조하여 그 체계에 따르면 *tar도 *tal로 수정되어야 한다. 그런데 앞에서 '加'의 재구에서 보았듯이 *-al은 한(漢) 시기에 *-ai로 변했다가 확실치는 않으나 후한 시기, 또는 늦어도 위진시대에는 -α로 바뀐 듯하다. 그리고 多의 음이 *ta이든 *tα이든 고대국어에서는 *ta로 실현된다. 그러므로 多의 후한 말 삼국시대 한자음을 *ta로 한다.

다음으로 (다)의 多知를 (가)의 達, (나)의 大尸처럼 *tar로 읽으려면 '知'가 '尸'와 같이 말음 '-r'을 표현하기 위한 수단이어야 한다. 그 증거자료가 아래에 있다.

(라) 加知奈縣 一云加乙乃[233]

(마) 單密縣 本武冬彌知 一云曷(?)冬彌知 景德王改名 今因之[234]

(라)에서 加知가 加乙[*kar]에 대응하므로 知가 고대국어에서 *-r의 표기수단으로 쓰였던 乙과 동일한 음을 지녔고, (마)에서는 彌知가 密[*mir]에 대응하므로 역시 知가 *-r에 해당됨을 추정할 수 있다. 尸와 知가 어떻게 해서 *-r을 표현하게 되었는지 알아본다.

---

232) 鄭張尙芳, 2013, 앞의 책, 216쪽. 鄭張尙芳의 l'은 l을 강도 높게 발음하는 塞化音(閉鎖音) 流音이며, ll-, ld로 표시해도 가능하다 했다(위의 책, 135쪽).

233) 『삼국사기』 권37, 지리지4 백제 熊川州. 加知奈縣은 景德王 때에 市津縣으로 개명했다(『삼국사기』 권36, 지리지3 全州 德殷郡).

234) 『삼국사기』 권34, 지리지1 尙州 聞韶郡

尸와 知의 상고음을 재구한 결과가 〈표 16〉이다.[235] 尸를 리팡구이는 *hrjid로 재구하였는데, 그 아래 학자들의 재구음을 보면 대부분 상고음에서 운미가 없는 개음절어의 존재를 인정하므로 -d가 사라졌고, 풀리블랭크(1962) 이후로 상고음에

〈표 16〉 尸와 知의 상고음

中古音 音韻	尸 式脂切 書母 脂韻 3等 開口 平聲		知 陟離切 知母 支韻 3等 開口 平聲	
Karlgren	*ŝĭər		*tĭĕg	
李方桂	*hrjid	脂	*trig	佳
Baxter	*hljij	脂	*trje	支
Baxter-Sagart	*lʰəj	脂	*tre	支
鄭張尚芳	*hli	脂₂	*ʔlʼe	支
潘悟雲	*li̠	脂₂	*krle	支

서 3등개음을 인정하지 않아 -j-가 사라졌으며, 슈에슬러(1974) 이후로 -r-이 -l-로 바뀌었다.[236] 그 결과가 정장상팡의 *hli이다. 한편 知를 정장상팡은 *ʔlʼe로, 판우원은 *krle로 재구했다. *hli, *ʔlʼe, *krle에서 유음 l앞에 붙은 h-는 약한 음이며, ʔ-는 중국어는 물론이고, 한국한자음, 일본 오음, 일본 한음, 베트남한자음에서 모두 탈락하여 묵음으로 변한 음소이고, kr-도 복성모의 약한 부음절이다. 그리고 후음 h, 후두 폐쇄음 ʔ, 연구개음 k는 조음부위가 입 안쪽 깊숙한 부분으로 비슷하다. 이들 음소는 모두 자신은 약하면서 뒤의 l의 발음 강도와 긴장도를 높이는 역할을 하는 부차적인 음소

235) B. Karlgren, 1957, op. cit., GSR No. 561a·863a; 김현정, 1995, 「〈李方桂 上古音 體系〉에 근거한 上古音韻表」, 연세대 석사학위논문, 104쪽; 李方桂, 1980, 앞의 책, 68쪽; W. H. Baxter, 1992, op. cit., pp.787·809; W. H. Baxter & L. Sagart, 2014, *Old Chinese: A New Reconstruction*, New York: Oxford University Press, pp.359·376; 鄭張尚芳, 2013, 앞의 책, 463·465쪽; 潘悟雲, 2000, 앞의 책, 283쪽: 潘悟雲, 2001, 「流音考」, 『東方語言與文化』 1, 上海: 上海東方出版中心

236) E. G. Pulleyblank, 1962a, op. cit., pp.98-114; A. Schuessler, 1974, op. cit.; A. Schuessler, 1974, "*R* and *L* in Archaic Chinese", *Journal of Chinese Linguistics*, Vol.2 No.2, Berkeley: University of California

이다. 판우원은 尸를 *lji로 재구했고, 백스터는 *hljij로 하였다가 최근에 사가르(L. Sagart)와 함께 *lʲəj로 수정했는데, 무성 연구개 설측 접근음 *l̥은 앞서 말한 부차적인 음소 h, ʔ, k를 l과 하나로 결합시킨 음이라 할 수 있다. 즉 설측음 l을 목구멍 가까운 연구개 부분을 좁힌 상태에서 기류를 내보내어 발음하는 것으로서 긴장도가 높은 설측음을 만들어내는 점에서는 마찬가지이다.

결국 尸와 知는 모두 글자 모양이 간결하다는 공통점이 있고, 소릿값은 크게 다르지 않으며 발음 강도는 모두 [l]에 주어져서 설측음의 긴장도를 높이는 음이다. 그러므로 고대국어에 설측음 *l이 없었다고 보면, 知도 *l과 같은 유음 *r의 표현수단으로 보아도 무방하리라고 본다.

그런데 尸 *hli와 知 *ʔlʲe가 어떻게 우리말에서 *-ri나 *-re가 아니라 *-r의 표기 수단이 되었을까?

고대국어에서는 지금과 같은 절음화가 일어나지 않았기 때문이다. 지금의 강원도 통천군에 있었던 통일신라 습계현(習谿縣)의 고구려 시절 이름이 습비곡(習比谷縣)이었고,[237] 신라 6부 가운데 하나인 습비부(習比部)를 습비(習部)로도 썼다. 그리고 혁거세의 비(妃) 알영(閼英)은 아리영(娥利英)이라고도 했다. 결국 같은 우리말을 習(습), 閼(알)로 쓰기도 하고, 習比(습비), 娥利(아리)로 쓰기도 한 것이다.

어떤 음절의 말음이 외파할 때에는 소리를 분명하게 표현하기 위해 두 글자로 표현하기도 한다. 영어는 말음이 외파하므로 cake을 한글로는 '케익'이라고도 하고 '케이크'라고도 표현한다. 프랑스어는 외파가 영어보다 강하다. 그래서 대개 프랑스어의 호수 lac[lak]은 '라크'로 읽고 곳

237) 『삼국사기』 권35, 지리지2 溟洲 金壤郡

158 조선시대 울릉도와 독도의 우리말 이름들

cap[kap]은 '카프'로 읽는다. 그런데 우리나라 고대국어는 영어보다는 프랑스어처럼 외파가 아주 강했던 것으로 짐작된다. 그래서 *sup을 犟으로 표현하기도 하고 말음에 모음 하나를 덧붙여 두 음절 犟比로 표현하기도 한 것이다.

이러한 현상은 파열음만이 아니라 비음, 유음에서도 일어나서 말음이 온전히 소리값을 표현할 수 있게 한자로 표기하는 일이 있었다. 마치 프랑스어의 여성을 가리키는 femme[fam]이 통상 '팜'보다도 '팜므'로 들리듯이 *tar도 tari, tare처럼 들렸으므로 한자 尸 또는 知로 표현한 것이다. 그것이 大尸, 多知였다.[238]

결국 크다는 뜻의 고대국어를 표기한 達, 大尸, 多知는 모두 *tar의 표현수단으로 추정할 수 있다. 이 고대국어 *tar은 아마도 삼국시대 내내 유지되다가 언제부터인지는 알 수 없으나 tai를 거쳐 대[tɛ]로 변했을 것이다. 우선 -ar은 -ai로 변하기 쉽다. 중국어에서 예를 들자면 상고음 *r이 r〉ɣ〉ɯ〉ɨ〉i 의 과정을 거쳐 중고음에서 -i로 변했다.[239] 그것은 유음의 특성 때문이다. 유음 r/l은 발음강도는 약하고 공명도는 커서[240] 탈락되거나 모음과 어울려 변질되기 쉽다. 그래서 종종 r은 전설고모음 i로, l은 반모음 j로 변한다. 칼그렌은 상고의 *-d와 *-r이 중고에서 -i로 변했다고 했고,[241] 야혼토프도 운미 *-r은 그냥 소멸되거나 -i로 변했다고 했다.

---

238) 도수희는 加知奈=加乙乃=市津의 加知와, 仇知=金의 仇知를 *kati, *kuti로 읽고, 그것이 후에 '거리[市], 구리[金]'로 변했다고 하였다(도수희, 1977, 『백제어연구』, 아세아문화사, 90-92쪽, 135쪽). 그러나 처음부터 *kar, *kur였을 것으로 추정된다.

239) 潘悟雲, 2000, 앞의 책, 27-28쪽; 鄭張尚芳, 2012, 앞의 책, 364·443쪽

240) 潘悟雲, 2002, 앞의 책, 317쪽

241) B. Karlgren, 최영애 譯, 1985, 『古代漢語音韻學綱要』, 민음사, 142쪽(1954, "Compendium of Phonetics in Ancient Chinese", *Bulletin of the Museum of Far Eastern Antiquities*, No.26, Stockholm: Museum of Far Eastern Antiquities)

그리고 이중모음 ai는 다시 단모음으로 간략화하면서, 저모음 a와 고모음 i 사이의 반저모음 ε나 반고모음 e로 변하기 쉽다.[242] 프랑스어의 faible[fɛbl], 영어의 said[sed]가 그러한 사례이다.

이러한 음운 변화는 고대국어에서도 발생했다. 대표적인 예로 '새롭다' 또는 '동쪽'을 뜻하는 새[sɛ]도 마찬가지이다. 백제의 沙尸良縣이 경덕왕 때에 新良縣이 된 것으로 보건대 '새[新]'의 고대국어는 *sar[沙尸]였다.[243] 또한 지금 '샛바람, 샛별'에 보이는 동쪽을 뜻하는 '새'도 본래 *sar였을 것이다. 신라 경주의 남천을 초기에는 연천(年川) 또는 사천(沙川)이라고 했는데 年川의 '年'은 지금의 '살[齡], 설[歲, 元旦]'로도 알 수 있듯이 /*sar/를 표기한 글자였을 것이다.[244] 또한 沙川의 '沙'의 후기상고음 *sra는 r-음운도치 (r-metathesis)에 따라 *sar로 들리기 쉬우므로 우리말 *sar를 표현하기에 적절했다. 그런데 초기에 신라의 중심세력인 양부(梁部)의 근거지가 경주 남산 북서쪽 기슭의 탑동 일대였으므로 그곳을 기준으로 지금의 서천(西川)을 급량(及梁), 동천(東川)을 사량(沙梁, 沙川)이라 부른 것이다. 결국 '東' 또는 '新'을 뜻하는 *sar가 sai로 변하고 결국은 지금처럼 새[sɛ]가 되었다.[245] 하천을 뜻하는 내[nɛ]도 고대국어에서는 *nar였을 것이다. 고려가요 「동동」에 등장하는 '正月 나릿믈'의 '나리'는 *nar의 말음 -r이 절음화가 되기 전이어서 -ri처럼 들린 현상을 그대로 표기한 것으로 생각된다.

따라서 *sar가 sɛ가 되고 *nar가 nɛ가 되었듯이 크다는 뜻의 우리말 *tar

242) E. G. Pulleyblank, 1977-78, op. cit., p.191

243) 『삼국사기』 권36, 지리지3 熊州 潔城郡 "新良縣 本百濟沙尸良縣 景德王改名 今黎陽縣"

244) 도수희, 1992, 「설(元旦)과 살(齡)의 어원」, 『어문연구』 23; 정연식, 2017, 앞의 논문, 127쪽

245) 沙를 고대어 *sal을 표기하기 위한 글자라 해도 *sal〉saj〉sɛ의 과정을 거칠 수 있으므로 결과는 마찬가지이다.

도 *tar〉tai〉tɛ의 과정을 거쳐 '대[tɛ]'가 되었을 것을 충분히 짐작할 수 있다.

2) *tar에서 tai를 거쳐 '대[tɛ]'로

이제 마지막으로 크다는 뜻의 '대'가 우리말에 존재했다는 것을 입증해야 한다. 그것은 『용비어천가(龍飛御天歌)』(1445) 제87장에 보인다.

몰 우·횟 대:버·믈 호·소ᄂ·로 ·티시·며[馬上大虎 一手格之]
싸·호·ᄂ ·한·쇼·롤 :두소·내 자ᄇ·시·며[方鬪巨牛 兩手執之]

앞 구절의 '대:범'이나 뒷 구절의 '·한·쇼'는 모두 우리말인데 '한소'는 지금 '황소'로 남아 있지만 '대범'은 사어(死語)가 되고 말았다. 그런데 '대:범'은 지금까지 대체로 큰 호랑이라는 뜻의 '大범'으로 이해해 왔다. '대:범'을 한자로 '大虎'라 썼으므로 '대'가 '大'의 한자음을 표기한 것으로 오해한 것이다. 그러나 이때의 '대범'은 '큰범'을 뜻하는 순수한 우리말이다.

그것은 성조 표시로 확인할 수 있다. 중세국어의 성조는 대체로 저조(低調)와 고조(高調) 두 가지로 이루어진 단순한 성조로서, 저조 평성(平聲: L)과 고조 거성(去聲: H), 그리고 저조와 고조가 결합된 상승조(上昇調) 상성(上聲: R)이 있었던 것으로 알려져 있다.[246] 성조는 15세기 문헌에서 글자 왼편에

---

246) 김완진, 1977, 『중세국어성조의 연구』, 탑출판사, 9-27쪽. 중세국어의 성조가 音高 악센트인지 아니면 순수한 聲調인지에 대해서 의견이 일치된 것은 아니다. 그것은 上聲의 성격에 대해서도 마찬가지이다. 전후 논의에 대해서는 김성규의 글에 정리되어 있다(김성규, 2009, 「15세기 한국어 성조의 성격에 대하여」, 『국어학』 56).

방점으로 표시하였는데, 평성은 아무것도 붙이지 않고, 거성은 '·'로 표시하고 상성은 ':'로 표시했다. 15세기 중엽의 「용비어천가」는 성조 표시가 정확히 이루어졌던 시기의 문헌이다. 그런데 '대:범'에서 ':범'에는 상성 표시를 왼쪽에 했는데 '대'에는 글자 왼쪽에 아무 표시를 하지 않았다. 평성으로 발음했다는 뜻이다. 일반적으로 한자의 중국어 성조 평성은 한국한자음 성조의 평성(L)으로, 입성은 거성(H)으로 상성과 거성은 상성(R)으로 나타난다. '대(大)'는 상성이므로, 만약 그것이 '大범'이었다면 ':대:범'으로 표기해야 하는데 그러지 않았다. 결국 대:범의 '대'와 大의 한자음 '대'는 뿌리가 다른 소리이다.

그런데 15세기 말부터 성조 체계에 혼란이 시작되어 16세기 말에는 완전히 해체됨으로써 방점 표기도 폐기되었다.[247] 그런데 공교롭게도 크다는 뜻을 지닌 '大'의 한국한자음도 '대[tɛ]'이다. 훗날 우리말의 성조가 사라져서 우리말 '대'와 한자음 '대(大)'가 뒤섞이면서, 우리말 '대'는 점차 한자음 '대'에 밀려 자취를 감추었을 것이다. 그리고 오래전부터 써 왔던 크다는 뜻의 '대'가 순수한 우리말임을 점차 잊고, 오히려 '大'의 한자음으로 착각하게 되었다. '대범'은 그 한 예이다.

성조가 사라지면서 크다는 뜻의 우리말 '대' 평성과, 大의 한자음 '대' 상성과, 대나무의 '대' 거성의 구분도 어려워졌다. 따라서 혼동은 '대'와 '대[竹]'에서도 일어났다. 큰 섬이라는 뜻의 대섬[竹島]이 대나무섬으로 오해된 것과는 반대로, 오늘날에 와서는 게의 다리가 길어서 마디가 있는 대나무처럼 보여서 붙여진 '대게'라는 이름을 '큰 게'로 착각하는 경우가 많다.

지명은 보수성이 매우 강해서 원형을 오래 간직하고 있다. 그래서 큰 섬

247) 이기문, 1972, 『국어사개설(新訂版)』, 태학사, 154-155쪽; 김동소, 2011, 앞의 책, 187-188쪽

을 예전처럼 여전히 순 우리말로 '대섬'이라 불렀다. 그런데 '대섬'의 '대'가 크다는 뜻의 우리말임을 잊어 대나무섬으로 착각했다. 한자어 '대도(大島)'나 우리말 '큰섬'은 자연스럽지만 한자음과 우리말이 뒤섞인 '大섬'은 어색하기 때문이다. 그래서 '대섬'을 대나무가 많은 섬이라는 뜻으로 유추하여 한자로 竹島로 표기하기 시작한 것이다. 한편으로는 멋스러운 표현을 위해 竹島로 썼을 수도 있다. 그렇지만 '대섬'은 근원으로 돌아가면 큰 섬이라는 뜻을 지닌 우리말이다.

4. 작은 섬, 솔섬[松島]

대섬이 竹島로 잘못 전해졌듯이, 솔섬도 松島로 잘못 전해졌다. '저고리 품이 솔다', '바지통이 솔다'에 보이듯이 '솔다'는 좁다는 뜻이다. 소반(小盤)이란 작은 밥상을 말하지만 그중에서도 특별히 작은(좁은) 소반은 '솔소반'이라고 한다.[248] 강화도의 물살이 거친 손돌목에는 뱃사공 손돌(孫乭)에 얽힌 전설이 전해오지만, 실은 '손돌'이 좁은 물길[窄梁]이라는 것이 『용비어천가』에 전해오고 있다.[249] '솔다'의 어간 '솔'에 -ㄹ 대신 -ㄴ이 붙은 관형형 '손'에 鳴梁項(울돌목), 露梁津(노들나루)처럼 물길을 가리키는 돌[梁]이 합쳐져 '손돌'이 된 것이다. '오솔길'도 외줄기 좁은 길을 뜻하는 '외솔길[單細道]'이 변한 말로 추정된다.[250]

---

248) 유창돈, 1973, 『어휘사연구』, 선명문화사, 36쪽; 김무림, 2010, 『한국어 어원사전』, 지식과 교양, 492-493쪽; 백문식, 2014, 『우리말어원사전』, 박이정, 386쪽
249) 『龍飛御天歌』 권6 59葉(49章) "又入窄梁(:손돌) 焚戰艦五十餘艘…京城大震(窄 側伯切 狹也 窄梁 在今江華府南三十里許)"

'솔다'는 좁다와 비슷한 뜻의 가늘다는 뜻도 지니고 있다. 송곳의 고어는 '솔옺'이다.[251] 가늘다는 '솔[細]'에 동곳의 '곳'과 같은 의미의 꼬챙이 곳[串]이 결합하여 '솔곳'이 되고, 중간의 'ㄱ'이 유음 뒤에서 탈락하여 '솔옺'이 되었다. 한편 지금의 송곳은 '솔'의 관형형 '손'에 '곳'이 붙어 만들어진 '손곳'이 자음동화를 일으켜 '송곳'이 된 것이다. 결국 송곳은 가느다란 꼬챙이, 뾰족한 꼬챙이라는 뜻이다.

　가늘다, 좁다는 뜻의 '솔'은 넓은 의미에서 작다는 뜻으로도 쓰였다. 그리고 '솔옺/송곳'에서도 알 수 있듯이 뾰족하다는 뜻으로도 쓰였다.

　가늘다, 좁다, 작다는 뜻의 '솔'의 기원은 우리말과 가까운 알타이어의 튀르키에어, 몽고어에서 찾을 수 있다. 스타로스틴은 작다(small), 좁다(narrow)는 뜻의 원시 알타이어를 *šĭábu로 제시했다. 그리고 알타이어에서 양순음(兩脣音) *b가 어중(語中)에 있을 때, 튀르크어의 *-b-는 몽골어에서는 *-ɣ-로, 한국어에서는 -p- 또는 -w-~-ø-로 나타나는 규칙적인 현상을 보인다고 했다.[252] 알타이어계의 만주어, 몽골어, 한국어에서 어중의 b가 쉽게 w, u로 바뀌는 현상에 대해서는 이미 오래전에 람스테트(G. J. Ramstedt)와 포페(N. Poppe)가 지적한 바 있다.[253] 그 원칙에 따라

〈표 17〉 알타이어에서 어중의 b의 음운 변화

원시 알타이어	튀르크어	몽골어	퉁구스- 만주어	한국어
*b	*b	*ɣ *w	*b	p w~ø
*šĭábu	*sEbre	*saɣa	*šoba	(*sor)

＊ E는 e와 ɛ사이의 모음이다.

250)　조항범, 2017, 「'뒤안길', '오솔길'의 어원」, 『지명학』 27, 180-185쪽

251)　『杜詩諺解』 3:5 "집마다 솔옺 글 니르리 두토미 샏ᄅ로도다(家家急競錐)"

252)　에스 아 스타로스틴, 김영일 옮김, 1996, 『알타이어 비교 연구』, 대일(S. A. Starostin, 1991, *The Altaic Problem and the Origin of the Japanese Language,* Moscow: Nauka), 30-31쪽

253)　배윤덕, 1989, 「순경음 「ㅸ」에 대하여―알타이제어의 중간자음 b와 관련하여―」, 『인문과학연구』 8, 성신여대 인문과학연구소, 15-27쪽

*šǐábu는 퉁구스어에서 좁다는 뜻의 *šoba가 되었고, 몽골어와 튀르크어에서는 줄다(diminish)는 뜻의 *saɣa와 *sEbre로 변했다.[254] 이를 표로 나타내면 〈표 17〉과 같다. 표에서 *šǐábu의 변화는 포페가 제시한 음운변화의 규칙에 대체로 맞는다.

'날카로운, 뾰족한'의 뜻을 지닌 튀르크어 sivrüg, 오스만어 sivri, sifri, 카잔어 süjrü, 추바시어 šəvər, šürɛɢɛ에서 몽골어의 '송곳' sibüge가 나왔고, 젓가락을 뜻하는 현대 몽골어의 sabχa, 만주어의 sapka도 뿌리가 같다.[255] 뾰족하다, 날카롭다는 뜻의 sivri는 현대 튀르키에어에 그대로 남아 있다.[256] 한국어에도 몇 가지 흔적이 보인다. 강원, 충남, 전북 지방의 젓가락을 지칭하는 방언 '저분'이 sabχa, sapka와 비슷한 것은 우연한 일치로 보이지 않는다.

알타이어의 b는 모음과 모음 사이에서, 또는 r과 모음 사이에서 유성 순치(labio-dental) 마찰음 [v]가 되거나 유성 양순(bilabial) 마찰음 [β]로 변하기도 하고, 유성 연구개(velar) 마찰음 [ɣ]가 되기도 하며, 마지막으로 반모음 [w]를 거쳐 소실되기도 했다. [ɣ]로의 변화는 몽골어에서 나타났고, [v]로 변한 사례는 앞에서 sivri, šəvər로 제시되었다. [β]로의 변화는 몽골어에서도 진행되었지만,[257] 한국어에서도 진행되었다. 그리고 한국어의 b, β가 어중에서 사라지는 변화는 이미 오래전부터 널리 알려진 사실이다.[258]

254) Sergei Starostin · Anna Dybo · Oleg Mudrak, 2003, *Etymological Dictionary of the Altaic Languages*, Leiden · Boston: Brill, pp.1330-1331

255) G. J. 람스테드 著, P. 아알토 編, 김동소 譯, 1985, 『알타이어 형태론 개설』, 민음사(G. J. Ramstedt, P. Aalto ed., 1952, "Einfurung in die Altaische Sprachwissenschaft", *Memoires de la Societe Finno-Ougrienne*, Vol.104, Helsinki: Suomalais-Ugrilainen Seura), 223쪽

256) 서재만 편, 1992, 『터키어-한국어 사전』, 한국외국어대학교출판부, 307쪽

257) 배윤덕, 1988, 앞의 논문, 16쪽

중세국어의 순경음 'ㅸ'도 [β] 음가를 지닌 것으로 알려져 있다. 그리고 순경음 'ㅸ'[β]은 상당수가 w로 변하거나, 뒤의 모음에 원순성을 부여하면서 탈락했다. 중세국어 '스ㄱ볼'이 현재 '시골'로 변한 것이 대표적인 사례이다.

*seβre의 경우 β가 모음 사이에 있는 것은 아니지만 유음 [r]이나 연구개음 [γ]는 매우 공명도가 높은 자음이라서 부분적으로 모음으로서의 특성도 지니고 있다. 그러므로 eβ-의 β가 탈락할 경우 e가 후설 고모음 u 또는 o의 쪽으로 끌려갈 가능성을 생각해 볼 수 있다. 그래서 원시 튀르크어의 *sEbre는 한국어에서 *seβre를 거쳐 *sure/*sore로 변한 뒤 마지막 단계에서 어미음소실(apocope)에 의해 우리말에서 솔로 구현되는 *sur/*sor로 변했을 것으로 추정된다.

5. 대섬 울릉도와 솔섬 독도

대섬은 큰 섬이고 솔섬은 작은 섬이라 했지만 그렇지 않은 경우도 있다. 조선시대 「동여도」에서는 강릉 경포호의 해안선이 완전히 닫히지 않아서 대섬 죽도(竹島)가 섬으로 있었는데 지금 육지 해안선의 일부로 남은 죽도는 아주 작다. 전남 완도군의 신도 북쪽에 있는 금당면 육산리의 솔섬은 길이 100m 정도이지만, 남쪽에 있는 금일읍 충동리의 솔섬은 길이가 600m나 될 정도로 상당히 크다. 이런 경우의 대섬, 솔섬은 대나무, 소나무가 많아서 붙인 이름인지는 알 수 없으나 크다, 작다를 뜻하는 이름이 아닌 것만

258) G. J. 람스테드, 도재학 옮김, 2016, 「한국어에 대한 관견」, 『알타이 가설과 한국어』, 역락(G. J. Ramstedt, 1928, "Remarks on the Korean language", *Memoires de la Societe Finno-Ougrienne*, Vol.58, Helsinki: Suomalais-ugrilainen Seura), 39~40쪽

은 분명하다. 그렇다면 소나무섬은 예전에 무엇이라 불렀을까?

태조 왕건의 본거지였던 송악군(松岳郡)은 본래 고구려의 부소갑(扶蘇岬)이었다고 『삼국사기』 지리지에 전하며,[259] 『고려사』 고려세계(高麗世系)에 남겨진 『편년통록(編年通錄)』에는 송악군이 부소군(扶蘇郡)으로 기록되어 있었다.[260] 그리고 부여의 부소산성(扶蘇山城)에는 지금도 소나무가 많다. 따라서 扶蘇가 松, 즉 소나무를 가리키는 말이었음을 알 수 있다.

그렇다면 우리말의 어떤 음을 '扶蘇'로 표기했을까? 결론부터 말하자면 '부사(*pusa)'였을 것이다.

扶와 夫는 음이 완전히 같고, 반절은 방무절(防無切)과 보무절(甫無切)이 있다.[261] 우리말에서는 b-와 p-의 대립이 없어서 防無切의 병모(並母) b-와 甫無切의 비모(非母) p-는 모두 p-로 실현되므로 甫無切의 扶 음을 찾고, 한편으로 소고절(素姑切)의 蘇 음을 찾기로 한다.

근래에 음운학자들이 재구한 음은 〈표 18〉과 같다.[262] '扶'와 '蘇'는 상고음 운부(韻部)에서 어부(魚部)에 속하므로 주요모

〈표 18〉 扶와 蘇의 전기상고음, 후기상고음, 중고음 재구

	扶	蘇
中古音 音韻	甫無切, 非母 虞韻 3等 合口 平聲	素姑切, 心母 模韻 1等 合口 平聲
Starostin	*pa)*pwa〉pwo〉pü	*sā)*sā〉sō〉so
Schuessler	*pa)*pua〉pju	*snâ)*sɑ〉suo
鄭張尙芳	*pa)*pɯa〉piu	*snā)*sō〉su

* 스타로스틴은 주〉후한〉위진〉남북조, 슈에슬러는 주〉후한〉중고음, 정장상팡은 주〉진·한·위〉남북조·초당의 음이다.

259) 『삼국사기』 권35, 지리지2 漢州 松岳郡 "松岳郡 本高句麗扶蘇岬 孝昭王三年築城 景德王因之 我太祖開國爲王畿"

260) 고려세계의 『編年通錄』에 전하는 바로는 왕건의 5대조 康忠 시절에 扶蘇郡을 扶蘇山 북쪽에서 남쪽으로 옮겼다고 한다. 松岳郡이라는 이름 이전에 扶蘇郡이라는 이름이 있었음을 알 수 있다.

261) 『廣韻』 上平聲 10虞 夫小韻, 跗小韻

음은 *a이다. 한어에서 중설 저모음 a는 후설화, 고모음화하여 a〉ɒ〉ɑ〉ɔ〉
o〉ʊ〉u로 변한 것으로 알려져 있다.[263] 그래서 표에서도 주요모음이 *a에
서 u로 변했다. 삼국 지명의 한자표기는 남북조시대나, 수·당의 중고음
시기보다는 후기상고음 시기에 이루어졌다고 보는 것이 합리적이다. 〈표
18〉에서 후한의 扶 음은 /*pu(a)/, 蘇 음은 /*sa/였으므로 扶蘇는 대체로
*pusa 또는 그와 가까운 음으로 읽었다고 보는 것이 옳다.

  그렇다면 부소도, 부사도라는 이름으로 남은 섬들이 소나무섬일 것이다.
그런 섬으로는 셋이 있다.

  첫번째 부소도(扶蘇島)는 지금의 해남군 해남읍 부호리(夫湖里)에 있었던
섬 이름이다(〈그림 49〉). 扶蘇島는 『동국여지승람』의 해남현 기록에 있으며,
「동여도」에서는 썰물 때에는 근처의 징이도(澄伊島, 澄衣島)와 함께 육지와
이어진다고 설명을 덧붙

〈그림 49〉 해남 扶蘇島

＊ 회청색 바다는 뻘
■《海南》·《右水營》(1918). 등고선간격 60m

였다. 그런데 언제부터인
지 이름이 부호도(夫湖島)
로 변해서 1918년의 육지
측량부지도《해남(海南)》에
도 그렇게 표시되었고, 현
재는 간척사업으로 육지에
연결되어 부호리라는 마을
이름으로만 남았다. 그런

262) S. A. Starostin(斯·阿·斯塔羅斯金), 林海鷹·王冲 譯, 2010, 앞의 책, 241쪽, 243쪽, 323쪽;
     Schuessler, Axel, 2009, op. cit., p.52, p.60; 鄭張尚芳, 2003, 앞의 책, 320쪽, 544쪽; 鄭張尚芳,
     2012, 앞의 책, 181-182쪽, 320쪽, 544쪽
263) 潘悟雲, 2000, 앞의 책, 202쪽

데 1980년대에도 현지에서는 '부시섬'이라는 이름으로 불러 부사섬, 부소도(扶蘇島)라는 이름의 흔적을 남기고 있다.[264]

둘째로는 신안군 안좌면 존포리 갯벌의 부소도(扶所島)가 있다 (<그림 46>). 이 섬에는 해송(海松), 흑송(黑松)이라고도 부르는, 바닷가에서 자라는 곰솔이 매우 많다. 扶所島의 '所'도 '蘇'와 같이 어부(魚部)에 속한 글자라서 상고음의 주요모음은 *a였다. 그러므로 '부사섬'이라 불렀을 것이다. 그리고

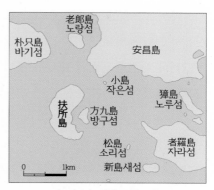

〈그림 50〉 신안군 扶所島
■《箕佐島》(1926). 등고선 없음

〈그림 50〉에 보이듯이 부소도 남동쪽에는 길이가 230m쯤 되는, 아주 작은 소리섬, 송도(松島)가 있다.[265] '소리'는 절음화가 이루어지기 전에는 '솔'의 말음이 소릿값을 제대로 냈기에 그것이 방언으로 남아 '소리'가 되었을 것이다.

셋째로는 육지측량부지도《망운(望雲)》에 보이는, 신안군 지도읍 태천리에 있는 부사섬[浮沙島]이다. 한자 이름에 모래 사(沙)가 있지만, 갯벌 가운데 퇴적암으로 이루어진 아주 작은 섬으로서 모래와는 관련이 없다. 그리고 곰솔이 작은 섬 전체를 덮고 있어서 부사도도 소나무와 연관된 이름으로 짐작된다.

한편 부사섬[扶蘇島]처럼 복잡한 음운학적 논의를 거치지 않더라도 아무

264) 한글학회, 1984, 『한국지명총람 16(전남편IV·제주편)』, 216쪽
265) 한글학회, 1982, 『한국지명총람 14(전남편II)』, 483쪽

런 의심 없이 소나무섬으로 생각되는 이름은 솔섬·송도(松島)이다. 소나무를 뜻하는 한국어 *sor와 원시퉁구스어 *sol은 침엽수, 소나무를 뜻하는 원시알타이어 *sĩulu에 기원을 두고 있다고 하며,[266] 우리나라에서 지금도 사용하고 있는 말이다.

그러나 대섬과 솔섬이 대나무, 소나무가 많아서 이름을 붙인 경우는 드물고 대부분의 대섬과 솔섬은 큰 섬과 작은 섬을 말한다.

전남 신안군 하의도 서쪽에는 육지에서도, 다른 큰 섬에서도 멀리 떨어져 작은 섬들 몇몇이 모여 있다(<그림 51>). 그중에 가장 큰 섬이 대섬[竹島]이다. 그 섬은 직선거리로 조선시대의 읍치 나주목에서 90km, 압해도의 신안군청에서 52km 떨어져 있으며, 부근의 가까운 우이도항에서도 6.5km 떨어진 바다에 놓여 있다. 대섬은 길이가 800m쯤 되고 면적은 30만m²가 채 안되어 한 변의 길이가 540m인 정사각형 크기와 비슷하며, 높이는 60m를 넘는다. 1970년대 지도에는 죽도등대와 죽도분교가 있어서 주민들이 거주하고 있었음을 알 수 있다.

이 섬은 작은 섬인데도 <그림 51>의 항공사진과 <그림 52>의 지도로 알 수 있듯이 주변 섬들에 비해서는 압도적으로 큰 섬이었다. 이 섬에 처음으로 이름을 붙인 사람들은 이 섬에 아무리 대나무가 많이 자라고 있었다고 해도 대나무섬이 아니라 큰섬이라고 불렀을 것이다. 왜냐하면 이름은 알아보기 편하게 붙여야 하는데 대나무섬은 그렇지 못하기 때문이다. 대나무섬을 찾으려면 이곳에 모여 있는 10개쯤 되는 섬들 가운데 대나무가 어느 곳에 있는지 하나하나 가까이 다가가서 확인해야 한다. 그러나 큰섬이라고 이름을 붙인다면 그 주변을 멀리서 지나가면서 보아도 그 섬이 압도적으로

266) Sergei Starostin · Anna Dybo · Oleg Mudrak, 2003, op. cit., p.1290

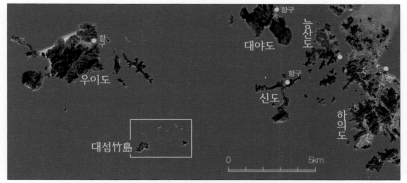

〈그림 51〉 전남 신안군 하의도 서쪽 바다

■ 카카오맵 스카이뷰(2008)

넓고 높기 때문에 단번에 알아볼 수 있을 것이다. 대섬보다 더 작은 주변의 자잘한 섬들이야 소의 코뚜레처럼 생겼든, 고깔처럼 생겼든, 솥의 세 발처럼 생겼든 적당히 붙이면 되지만[267] 가장 큰 섬만은 큰섬이라고

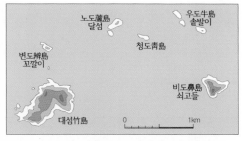

〈그림 52〉 신안군 도초면 우이도리 죽도

■ 국립지리원, 1975, 1:25,000지형도 〈新島〉. 등고선간격 20m; 『지명총람』 14-454~456쪽

부르는 것이 누구나 알 수 있고, 멀리서 보아도 알 수 있는 이름이기 때문이다. 그래서 큰섬이라는 뜻으로 대섬이라고 이름을 붙였는데 후대의 사람들이 대섬이 큰섬이라는 뜻의 이름인 줄을 잘 모르고 한자로 죽도(竹島)라고 쓴 것이다.

〈그림 53〉의 충남 태안군 이원면의 바다로 뻗은 육지 좌우에 있는 대섬

267) 한글학회, 1982, 『한국지명총람 14(전남편Ⅱ)』, 454-456쪽

〈그림 53〉 충남 태안군 이원면의 섬들

■ 《防築里》·《山前里》(1919). 등고선간격 40m

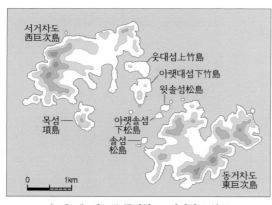

〈그림 54〉 진도군 동거차도·서거차도 부근

■ 《巨次群島》(1918). 등고선간격 40m

과 솔섬을 보아도 같은 결론에 이르게 된다. 서쪽의 섬들 가운데 대섬은 큰 섬에 속하고, 동쪽의 섬들 가운데 솔섬은 작은 섬에 속한다. 양쪽의 섬을 모두 볼 수 있는 관리(官里) 주민들에게도 대섬, 솔섬은 큰섬과 작은섬이다. 〈그림 54〉에서 전남 진도군 조도면의 동거차도와 서거차도 사이의 섬들에 붙인 이름을 보면 큰 섬에 대섬, 작은 섬에 솔섬이라는 이름을 붙였음을 짐작할 수 있다. 그렇다면 왜 울릉도가 竹島가 되고 독도가 松島가 되었는지 이해된다.

일반적으로 대섬이나 죽섬이라는 이름은 자잘한 작은 섬들 가운데 비교적 큰 섬과 작은 섬에 붙인 이름이다. 그러나 울릉도는 단순히 큰 섬이 아니라 면적이 73km²나 되는, 우리나라 섬 가운데 열 손가락 안에 꼽을 정도로 아주 큰 섬이다. 그런데 왜 대섬이라 불렀을까?

삼국시대에도 동해안의 사람들은 먼바다에 나가는 일이 드물었고, 울릉도를 보거나 방문하는 일은 더욱 드물었을 것이다. 그리고 울릉도에 가개섬[可支島]이라는 이름이 있었으나 늘 보는 섬이 아니라 아주 드물게 보게 되는 섬이라서 모르는 사람들에게는 그저 울릉도나 가개섬이라 일러주어도 어느 섬을 가리키는 것인지 분명하게 전달되기 어려웠을 것이다. 조선시대에도 공도(空島)정책에 의해 오랫 동안 사람이 살지 않게 되면서 대부분의 사람들에게 이름이 잊힌 채 어쩌다가 먼 바다에 나가게 되면 간혹 보게 되는 낯선 섬인 상태가 오래 지속되다 보니 나중에는 울릉도, 가개섬이 어느 섬인지 불분명해지고 말았다. 옛 기록에 于山島, 三峯島, 可支島가 어느 섬인지 혼동이 생긴 흔적이 역력한 것도 그 때문이다.

그런데 강릉, 삼척, 울진 쪽에서 먼바다를 나가서 만나게 되는 섬은 울릉도, 독도 두 섬 외에는 없었다. 그러므로 그런 경우에는 마치 잘 모르는 집의 딸들을 이름으로 부르지 않고 그저 큰딸, 작은딸이라 부르는 것이 낫듯이, 고유 이름 대신에 차라리 '큰섬', '작은섬'으로 부르는 편이 어느 섬을 가리키는지 더 분명했을 것이다. 그래서 울릉도에는 큰섬이라는 뜻의 대섬을 붙이고, 독도에는 작은섬이라는 뜻의 솔섬을 붙여서 구분했을 것으로 짐작된다(<그림 55>).

그리고 평범한 일반명사와 같은 이름을 붙일 때에도 그리 낯설지 않은 이름을 붙였을 가능성이 높다. 동해안의 주민들에게 竹島, 松島, 石島, 芋島와 같은 이름은 익숙한 이름이었다. 그것은 북한의 강원도 통천군 시중호 해수욕장 북쪽에 있는 여러 섬의 이름이 입증한다(<그림 56>).

<그림 55> 동해의 큰섬 대섬[竹島]과 작은섬 솔섬[松島]

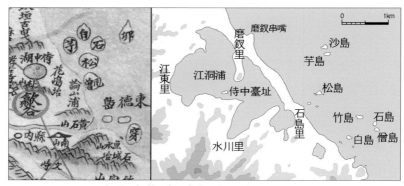

<그림 56> 歙谷(通川)의 竹島, 松島, 石島, 芋島

• 左는 1860년경의 「東輿圖」, 右는 《沛川里》·《通川》, 등고선간격 40m

6. 울릉도 주변의 대섬[竹島]과 가는섬[觀音島]

울릉도의 옛 이름이 竹島라 했는데 특이하게도 울릉도 동쪽 가까이에도
竹島가 있다(<그림 56>). 이 둘의 혼동을 피하기 위해 작은 죽도는 죽서(竹嶼)
로 표기하기도 한다. 그 섬에 왜 울릉도와 혼동하기 쉬운 竹島라는 이름을
붙였는지 얼핏 보아서는 이해하기 어렵겠지만, 대섬·竹島가 큰 섬이라는

뜻의 이름이라는 관점에서
보면 전혀 어색하지 않다.

강원도와 경상도의 육지
주민들에게는 독도가 작은
섬 솔섬[松島]이고 울릉도가
큰 섬 대섬[竹島]이었지만, 울
릉도 주민들에게는 죽도가
큰 섬 대섬이었다. 울릉도 주
변에 큰 섬 대섬이 있다면 작

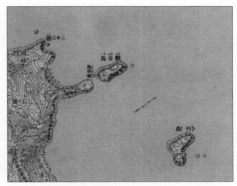

〈그림 57〉《鬱陵島》(1918)의 섬목부리[島項嘴],
가는섬[觀音島]과 대섬[竹島]

은 섬 솔섬도 있을 터인데 솔섬은 없다. 그런데 솔섬과 뜻은 같고 이름은
다른 섬이 있다. 그것이 관음도(觀音島)이다(<그림 57·58>).

앞에서 밝혔듯이 '솔'의 원래 의미는 '가늘다, 좁다'이다. 그런데 뜻이 작
다로 확대된 것이다. 그래서 작은 마을에 붙이는 흔한 이름에 솔골·송곡
(松谷)도 있고, 가는골·세곡(細谷)·세동(細洞)도 있으며, 좁은골·좁골도 있
다. 전국에 무수히 산재해 있는 이런 곳들은 작고 좁은 골짜기를 가리킨
다. 예컨대 서울 중랑구 망우동의 송곡여고(松谷女高)는 봉화산 동쪽 기슭
의 외딴 좁은 골짜기에 있고, 서울 구로구 고척동의 세곡(細谷)초등학교도
마찬가지이다. 서울 강남구의 대모산 기슭에는 세곡동(細谷洞)이 있고, 섬
이나 포구의 '가는개[細浦]'도 곳곳에서 찾아볼 수 있다. 그러므로 '가는골'
의 반대말은 '굵은골'이 아니라 '큰골'이다. 경기도 부천시 소사동의 댓골
[竹谷], 경북 경주 건천읍 대곡리의 한실[大谷]이 바로 큰골의 의미로 붙여진
이름들이다.[268]

268) 김재식 · 김기문, 1991, 『경주풍물지리지』, 보우문화재단, 341쪽

〈그림 58〉 울릉도와 부속 도서

• 국토지리정보원, 2015, 1:50,000지형도 〈울릉군〉. 등고선간격 100m

댓골[大谷·竹谷]에 대응하는 가는골[細谷]이 있듯이 대섬[竹島]에 대응하는 가는섬·세도(細島)도 있다. 측량부지도에서 '솔섬'이라는 이름을 붙이지 않고 '가는섬'이라는 의미의 이름을 붙인 섬으로는 평안북도 압록강 하구에 세도(細島) 둘이 있다(〈그림 59〉④⑤).[269]

그리고 강화도 동남쪽에 있는, 인천시 서구 원창동의 세어도(細於島)가 있다(〈그림 59〉⑥). 앞서 밝혔듯이 '於' 또는 '於乙'은 우리말의 '늘/널/눌'을 표기할 때 사용되던 한자이고,[270] 향가에서 한자의 뜻과 음을 뒤섞어 쓰는

---

269) 지도에는 압록강구의 細島 둘은 'カヌソム(가는섬)'이 병기되어 있다.

표기법에 따르면 '가늘섬(ㄱ눌섬)'을 '細於島'로 표기한 것으로 보인다. 그것을 가늘섬으로 보는 또 다른 이유가 있다. 1970년대 이후 지도에서는 세어도 서쪽에 있는 작은 섬에 '지내섬(지네섬)'이라는 이름을 붙였는데, 1960년대의 지도에는 세어도에만 본이름과 함께 지내섬이라는 이름도 있었다. 서쪽의 작은 섬은, 물론 조석간만의 차이에 따라 달라지겠지만, 지도나 위성사진으로 길이가 80m도 안 되어 섬이라고 이름 붙이기도 어려워서 원래 지내섬이라는 이름을 갖고 있었는지 의심스럽다. 그것은 '가늘섬'이 비슷한 발음의 '지내섬'으로 잘못 전해져서 섬의 이름이 세어도와 지내섬으로 둘이 되자, 잘못된 것으로 판단해서 지내섬이라는 이름을 옆의 작은 섬에 붙인 것으로 보인다.

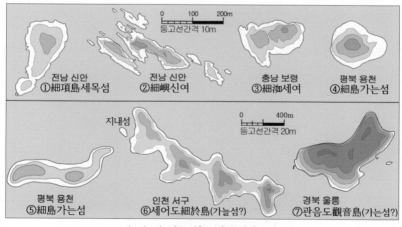

〈그림 59〉 가는섬[細島]의 여러 모습

* 평북 용천의 가는섬 ④는 소련군 참모본부의 1981년 1:50,000지형도를 참고하였고, ⑤는 1924년 당시 간척으로 육지화한 것을 뽑아내었음
■ ①〈자은(005)〉(2014): 『지명총람』 13–543, ②〈대흑산(008)〉(2014): 『지명총람』 14–562, ③〈어청 (020)〉(2014): 『지명총람』 4하–408, ④《水運島》(1918), ⑤《龍岩浦》(1924), ⑥《金浦》(1919), ⑦〈울 릉〉(2015). ①②③은 1:5,000지형도, ⑦은 1:25,000지형도

VI. 큰섬[竹島] 울릉도와 작은섬[松島] 독도 **177**

섬이라기보다는 암초 형태에 붙인 이름으로는 전남 신안군 흑산면 다물도리의 세서(細嶼)(《大黑山島》)와 충남 보령시 오천면 외연도리의 세여(細洳)(《黃島》)가 있다(<그림 59>②③).

그런데 관음도의 모양은 가느다란 모양이라고는 보기 어렵다. 하지만 과거에는 '가늘다'가 대개 폭에 비해 길이가 길다는 뜻으로 쓰이고 '솔다'는 좁다는 뜻으로 쓰였지만 둘 다 작다는 뜻으로도 쓰였다. <그림 59>에서도 ③ 보령의 가는여(세여細洳)와, ④ 용천의 가는섬은 가느다란 모양이 아니며 특히 ④는 '동글섬'이라 불러도 무방할 정도이다. 그러므로 관음도도 기다랗고 가늘지 않다고 해서 가는섬이 될 수 없는 것은 아니다. '가는섬'은 '작은 섬'이라는 뜻으로도 쓰이기 때문이다.

울릉도에서는 주변 섬 가운데 큰 섬에는 대섬이라는 이름을 붙이고 작은 섬에는 '솔섬'이 아니라 '가는섬'이라는 이름을 붙였다. 측량부지도에서 처음 보이는 '관음도'라는 이름은 '가는섬[細島]'이라는 뜻의 이름이 와전되었거나, 아니면 '가는섬'을 고아(高雅)해 보이는 '관음도(觀音島)'로 바꿔 붙였을 수도 있다.

관음도에는 목섬·항도(項島)라는 다른 이름도 있었다. 우리나라에 대섬, 솔섬 다음으로 많은 것이 목섬인데, 그것은 섬의 위치와 관련된 이름이다.[271] 육지의 강이나 하천에서 물길의 폭이 넓고 수심도 깊으면 물이 잔잔히 흘러서 호수처럼 보인다고 하여 이름에 '호(湖)'를 붙인다. 한강의 동호(東湖), 남양주 미사리의 미호(渼湖), 여주 신륵사 앞의 이호(梨湖)가 그 예이다. 반대로 폭이 좁아 물살이 빠른 곳을 목·항(項)이라 한다. 손돌목[孫乭項], 울돌목[鳴梁項]이 그런 경우이다. 바다에서 큰 섬에 작은 섬이 아주 가까이

---

271) 木島로 표기된 목섬은 이 경우에 해당되지 않는다.

붙어 있어서 그 사이의 물길이 좁아진 곳을 목이라 하고, 목을 형성하는 작은 섬을 목섬·항도(項島)라 불렀다. 전남 진도군 조도면의 상조도(上鳥島) 주변에 있는 목섬들은 그 좋은 예이다(<그림 60>).

〈그림 60〉 진도군 조도면의 목섬과 솔섬

■ 국립지리원, 1975, 1:25,000지형도 〈訥玉〉·〈鳥島〉. 등고선간격 40m

수심이 얕아 물살이 빠른 곳을 여울·탄(灘)이라 한다. 그리고 하천이 수심도 얕고 폭도 좁으면 여울목이 된다. 바다에도 좁은 목과 얕은 여울이 결합된 곳이 있다. 〈그림 61〉의 전남 진도군 조도면의 독거도와 탄항도 사이의 '열목'이라는 이름은 '여울목'이 변형된 것이며, 탄항도(灘項島) 즉 여울목섬도 그런 연유로 생긴 이름이다.

그리고 육지나 큰 섬의 해안선이 밋밋하지 않고 돌출해 있는 경우에는 그 돌출부를 곶[串], 끝·단[島端], 부리·취[嘴]라 부른다. 그래서 측량부지도에서 통천 마채리 해안의 돌출부를 마채곶부리[磨釵串嘴]라 했다(<그림 56>).

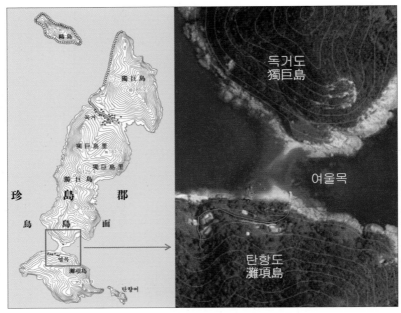

〈그림 61〉 탄항도(灘項島)와 여울목[灘項]

■ 左는 국토지리정보원, 2013, 1:25,000지형도 〈독거〉·〈슬도〉, 右는 Naver지도 위성사진(2018)

그런데 울릉도에서도 관음도 쪽으로 뻗은 돌출부가 목을 형성하여 섬목부리[島項嘴]라고 했다(〈그림 57·58〉).[272] 1882년에 울릉도검찰사 이규원(李圭遠)이 작성한 〈울릉도외도(鬱陵島外圖)〉에서 관음도를 '島項'으로 표시한 이유는 둘 중의 하나일 것이다. 하나는 '項島[목섬]'를 잘못 표기한 것일 수도 있고, 다른 하나는 '島項[섬목]' 글자를 울릉도의 관음도 쪽으로 돌출된 부분에 표시해야 하는데 위치를 잘못 잡았을 수도 있다.

관음도가 '가는섬'이었다는 증거는 또 있다. 1909년의 『한국수산지(韓國水産誌)』에서는 관음도를 '鼠項島(서항도)'로 표기하였다. 그것은 비슷한 음

::

272) 측량부지도의 '島項嘴'는 1960년대 이후 지도에서 일관되게 '섬목'으로 표기하고 있다.

의 細項島(세항도)가 와전된 것으로 짐작된다. 관음도는 앞서 말했듯이 작은 가는섬[細島]'이고 울릉도에 바짝 붙어 있는 목섬[項島]이므로 '가는목섬[細項島]'으로도 불렀을 것이다.[273]

가는 목섬(細項島)은 전남 신안군 증도면에도 있다(<그림 62>).[274] 후증도 주변에서 가장 큰 섬은 대섬[竹島]이다. 평면상으로는 근처의 부남섬, 도덕섬과 크기가 비슷해 보이지만, 두 섬의 높이가 40m, 42m인데 비해 대섬은 62m로서 훨씬 크다. 그리고 돈대봉 남쪽 바닷가 가까이 길쭉한 모양의 세항도(細項島)가 있다(<그림 59>의 ①). 세항도는 앞에서 제시되었던 '가는 목섬'이다. 그것은 주변의 가장 큰 섬을 대섬[竹島]이라 하고 또 하나의 작은

<그림 62> 전남 신안군의 후증도와 주변 섬들
■ 〈荏子〉·〈慈恩〉 1:50,000지형도. 1970년대 종이지도 통판서비스. 등고선간격 40m

---

273) 후나스기 리키노부(舩杉力修)는 鼠項島를 일본어로 읽으면 소코토(そこうとう)가 되므로 그 것이 대한제국 칙령의 石島라고 주장하였다. 태정관지령에서는 竹島와 松島가 일본령이 아니라고 하였을 뿐 조선령이라고 한 것도 아니므로 독도가 조선령이라는 것을 증명하려면 일본측 자료가 아니라 한국측 자료를 가지고 조선이 섬을 실효지배한 근거를 제시해야 한다고 주장해 왔다. 그래서 한국측 자료에 등장하는 대한제국 칙령 제41호의 石島가 독도라는 것을 부정한다(김영수, 2009,「근대 독도·울릉도 명칭을 둘러싼 한국과 일본의 시각」,『역사와 현실』 73, 244쪽, 250-251쪽).

274) 현재는 前曾島와 後曾島가 연결되어 曾島로 부른다.

목섬을 가는 목섬[細項島]이라고 불렀던 울릉도의 상황과 일치한다.

7. 경주의 너릅다리[楡橋]와 솔다리[松橋]

독도에 '솔섬'이라는 이름은 언제 붙여졌을까?

『삼국유사』에서는 원효가 요석공주를 만나기 위해 일부러 남천에 빠질 때에 건넜던 다리를 문천교(蚊川橋)라 했다. 일연(一然)이 단순히 '남천의 다리'라는 뜻으로 문천교라 썼는지 아니면 고유명사를 쓴 것인지는 불분명한데,[275] 여하튼 그 다리를 사람들이 유교(楡橋)라고 불렀다 한다.[276] 그리고 서천(西川)에 놓인 금교(金橋)를 항간에 송교(松橋)라 불렀다고 한다.[277] 그래서 유교는 느릅나무로 만들었고, 송교는 소나무로 만들었을 것으로 추정하기 쉽다. 그러나 '느릅다리/느릅나무다리'나 '솔다리/소나무다리'라는 말은 아주 어색한 말이다. 외나무다리, 돌다리라는 말은 있지만 다리 이름에 재료의 수종(樹種)까지 구체적으로 지칭한 경우는 찾아볼 수 없기 때문이다. 누구나 쉽게 인지할 수 있는 위치나 형태를 지칭하는 말을 제쳐놓고 다리를 직접 놓은 사람이나 관심을 가질 법한 자재 이름을 붙이는 것은 기이한 일이다. 왜 이렇게 특이한 이름을 붙였을까?

||||||||||||||||||||||||||||||||||

275) 蚊(모기 문)은 남쪽이라는 뜻의 '모긔'를 한자로 표기한 것이므로 蚊川은 남천이다.

276) 『三國遺事』 권4, 義解 元曉不羈 "已自南山來過蚊川橋(沙川 俗云年川 又蚊川 又橋名楡橋也)"

277) 『三國遺事』 권3, 興法 阿道基羅 "一日 金橋東天境林(今興輪寺 金橋謂西川之橋 俗訛呼云松橋也)" 集慶殿舊基圖에서 서천의 다리가 徵禮門에서 鳳凰臺 사이에 동서로 뻗은 길과 연결된 것으로 보아 남쪽 서천교와 북쪽 동대교 사이에, 현재의 원효로 서쪽 끝 지점에 있었던 것이 아닌가 한다(정연식, 2016, 「모량(牟梁), 잠훼(岑喙)의 뜻과 귀교(鬼橋)의 위치」, 『인문논총』 30, 서울여자대학교 인문과학연구소, 227쪽).

그 이유를 밝히기 위해서는 다리의 위치부터 확인해야 한다. 먼저 송교부터 확인해 본다. 현재 서천 동서를 잇는 중심 도로와 다리는 태종로와 서천교이지만 그것은 일제강점기에 조성된 것이다. 1916년의 경주 지도에는 서천 동쪽의 원효로와 서쪽의 충효천길을 잇는 도로가 서천교 북쪽 400m 지점을 지나고 있었다. 그런데 그 부분의 하상이 높아져서 그랬는지 모르겠으나 당시 지도에는 교량표시가 없고 지금도 다리는 없다. 하지만 18세

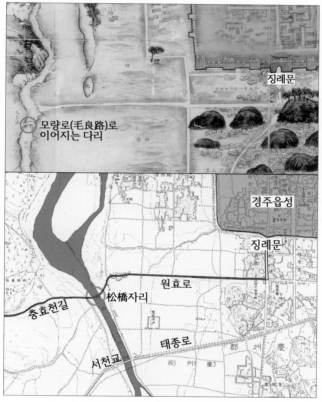

〈그림 63〉 경주 서천(西川)의 옛 다리

■ 上: 집경전구기도(集慶殿舊基圖) 부분, 下: 조선총독부 육지측량부, 1:10,000지형도 〈慶州〉(1916년 測圖)

기 말의 집경전구기도(集慶殿舊基圖)에는 그 자리에 토교(土橋) 형태의 작은 다리가 그려져 있다(<그림 63>). 그곳에 다리를 놓은 것은 아마도 그곳이 하천 폭이 좁아서 다리를 놓기가 수월했기 때문일 것이다.[278] 지금으로서는 그것이 송교였는지 확언할 수는 없지만 예전 구도로의 상태로 보아 송교가 그 자리에 있었을 것으로 추정된다.

한편 유교는 월성 서쪽의 월정교 바로 옆에 있었던 것으로 추정된다. 1986년에 월정교(月淨橋) 자리를 조사하던 중 월정교에서 서쪽으로 19m 떨어진 지점 하상에서 나무다리의 교각 유구 8개가 발견되었다(<그림 64>). 그 다리는 교각 근처에서 출토된 유물들로 보아 통일신라 이전에 놓은 것으로 추정되었다. 더 따져보자면 760년(경덕왕 19)에 월정교와 춘양교를 놓은 후에 월정교 바로 옆에 큰 공력을 들여 이런 다리를 또 놓을 필요는 없으므로 760년 이전의 다리로 보는 것이 옳을 것이다. 760년 이전에 원효(617~686)가 건넜던 유교(楡橋)는 요석궁이 있었던 월성 근처에 있었을 것이다. 이 다리가 월성 바로 옆을 지나고 있으므로 이를 유교로 추정하는 것도 무리가 아니라고 본다. 조사보고서에서도 이 다리를 유교로 추정했다.[279]

그 다리는 일반적인 나무다리가 아니라 폭 2m, 길이 7.5m의 나무틀에 기둥 7개를 꽂아 만든 교각 가구(架構) 12개를 4.9m간격으로 놓은, 길이 63m의 다리였다.[280] 옆의 월정교 교각 흔적과 비교해 보아도 당시로서는 상당히 넓은 다리였음을 알 수 있다(<그림 64>). 월정교와 춘양교가 놓이기

278) 이근직, 2013, 「신라 왕경의 교량지 위치 재고」, 『신라에서 경주까지』, 학연문화사, 233쪽

279) 조유전, 1986, 「경주 월정교지 하류 목재유구조사보고」, 『영남고고학』 2, 136쪽

280) 경주고적조사발굴단 편, 1988, 『월정교발굴조사보고서』, 문화재연구소, 177쪽. 교각틀은 8개가 발견되었지만, 양끝의 4개가 유실된 것으로 보인다. 교각틀 안에는 냇돌을 채워 튼튼하게 힘을 받게 하였다(<그림 64>).

전에는 이 다리가 궁성인 월성과 남천 건너편을 연결하는 가장 큰 다리였을 것이다.

이곳에 넓은 다리를 독특한 구조로 얽어 튼튼하게 놓은 것에는 충분한 이유가 있다. 건너편에 초기의 왕성(王城)이었던 금성(金城)이 있었기 때문이다. 신라는 기원전 37년에 남천 남쪽에 경성(京城) 금성을 쌓았다.[281] 낮은 평지에 있는 금성을 보호하기 위한 성으로는, 금성과의 선후관계는 알 수 없으나, 남쪽으로는 도당산토성과 남산토성이 있고 북쪽으로는 101년에 쌓은 월성(月城)이 있다(<그림 65>). 그 후로 신라가 점차 강성해져서 남천 북쪽의 넓은 개활지로 진출한 후로는 왕이 종종 월성에 있게 되었으며 5세기 중엽 자비마립간 시기부터는 월성이 금성을 대신하여 궁성의 역할을 한 것으로 보인다. 따라서 2세기 초부터 5세기 중엽까지, 그리고 그 후로도 꽤 오랫동안 금성과 월성을 잇는 유교는 왕과 고위관료들이 건너는 가장 중요한

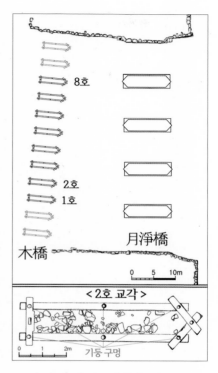

〈그림 64〉 유교와 월정교 유구

■ 상: 『월정교 발굴조사보고서』 〈그림 23〉과 조유전, 「경주 월정교지 하류 목재유구조사보고」 〈도면 8〉을 합성
■ 하: 조유전, 위 논문 〈도면 4〉

281) 정연식, 2016, 「신라 금성(金城)의 위치 고증」, 『한국사연구』 173

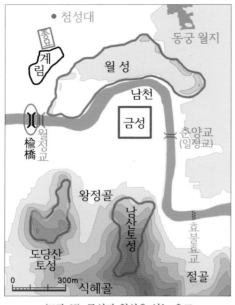

첨성대

종묘
계림

동궁 월지

월 성

남천

금성

춘양교
(일정교)

유
교
橋

월정교

효불효교

왕정골

남산토성

도당산토성

절골

0   300m

식혜골

〈그림 65〉 금성과 월성을 잇는 유교

■ 정연식, 2016, 「신라 금성의 위치 고증」 54쪽. 등고선은
  50m부터 10m 간격

다리였을 것이고, 그것을 넓고 튼튼하게 만든 것은 당연한 일이다. 그런데 발굴조사 보고서에서 '유교(楡橋)'로 추정한 나무다리의 교각 재료를 조사해 본 결과 느릅나무가 아니라 잣나무였다.[282]

유교(楡橋)만 느릅나무다리가 아닌 것이 아니라, 송교(松橋)도 소나무다리가 아니다. 『삼국유사』에서 일연은 서천에 놓인 금교(金橋)에 대해 "항간에 송교(松橋)로 잘못 부르고 있다[俗訛呼云松橋

也]"고 했다. 이 말의 행간에 담긴 의미를 잘 살펴볼 필요가 있다. 그저 "松橋라고 부른다'로 써도 그만인데 굳이 '잘못[訛]' 부르고 있다고 밝힌 것은 그것이 소나무다리가 아니었다는 뜻으로 해석된다.

일연(1206~1289)은 속성(俗姓)이 김씨로서 본관은 경주로 추정되고, 경주의 속현이었던 장산군(章山郡: 현 경산)에서 태어났으며, 경주 주변의 경상북도 경산, 청도, 군위, 대구, 포항 등지에서 오랜 기간 활동했다. 그리고 경주에는 절이 많았으므로 승려의 몸으로 경주에 자주 왕래했을 것이다. 실

282) 이창근·김익주·김신국, 1992, 「월정교지 출토 목재유물의 보존처리」, 『보존과학연구』 13, 국립문화재연구소

제로 1281년에는 일본원정군 격려차 경주에 들른 충렬왕을 경주 행재소에서 만나기도 했다.[283] 그러므로 그가 경주의 사정에 밝았을 것은 의심의 여지가 없다. 그리고 松橋도 직접 보았을 것이다. 그런데 원효가 松橋로 잘못 불렀다고 한 것은 소나무로 만든 다리가 아니라는 것을 말하고 있다.

楡橋나 松橋라는 이름도 특이하지만, 더 이상한 것은 楡橋는 느릅나무 다리가 아니고 松橋는 소나무다리가 아니라는 점이다. 그런데 그런 이름을 붙인 데에는 이유가 있을 것이다.

넓다는 뜻의 중세국어로는 '너릅다, 너르다, 너르다, 넙다'가 있다.[284] 고대국어로는 정확하게 무엇이 있었는지는 알 수 없으나 비슷했을 것이다. 따라서 楡橋는 '너릅다리' 또는 그와 비슷한 음의 우리말을 한자로 표기한 것으로 짐작된다. 월정교 옆 나무다리 교각들의 폭이 7.5m이니 추측컨대 상판 폭은 적어도 6m는 되지 않았을까 생각되므로 당시로서는 상당히 넓은 다리였을 것이다. 그러므로 楡橋로 추정하기에 무리가 없다.

그리고 큰 다리라는 뜻의 '대다리'가 아니라 '너릅다리'로 부른 것도 이해된다. 발굴조사결과 楡橋의 높이는 높지 않았던 것으로 추정되었다.[285] 전체적으로 높고 넓은 다리였다면 '대다리'라 했겠지만, 높이가 낮았기에 '너릅다리'로 불렀을 것이다.[286]

---

283) 채상식, 1988, 「一然」『한국사시민강좌』 2, 일조각; 김두진, 2002, 「일연의 생애와 저술」『전남사학』 19

284) 『女四書諺解』 4:2 "냥의의 빗침이 너릅고(日月普兩儀之照)"; 『小學諺解(宣祖版)』 5:23 "汪汪 깊고 너른 양이라"; 『石峰千字文』 27 "曠 너를 광"; 『楞嚴經諺解』 1:9 "如來ㅅ 藏心이 넙고 크고"

285) 경주고적발굴조사단, 1988, 앞의 책, 177쪽

286) 『東國輿地勝覽』(1481)에 처음 소개된 후 『東京雜記』(1669)에서는 없어졌다고 한 남천의 大橋가 훗날 楡橋를 지칭한 것일 수도 있지만 지금으로서는 확인할 길이 없다(『東京雜記』 권1, 橋梁).

1933년에 북천교(현 경주교)가 놓이기 전까지 북천에는 원래 다리가 없었고,[287] 원효가 살았던 시절에는 남천과 서천에 각각 문천교와 금교가 있었다. 두 다리 가운데 문천교는 앞에서도 보았듯이 당시로서는 상당히 넓은 다리였다. 그래서 경주 사람들은 그 다리를 넓은다리라는 뜻의 '너룹다리[楡橋]'로 불렀고, 남은 서천의 금교(金橋)를 좁다, 작다는 뜻의 '솔'을 붙여 '솔다리[松橋]'로 불렀을 것이다. 두 다리에 서로 대비되는 이름을 붙인 것이다. 그렇게 보면 楡橋가 느릅나무다리가 아니고 松橋가 소나무다리가 아닌 것이 자연스럽게 해명된다. 너룹다리, 솔다리는 당시 경주 사람들이 특징을 잘 알 수 있고, 인지하기 쉽고, 기억하기 쉬운 이름이었을 것이다.

충북 청주시 청원구 내수읍 세교리에 작은 다리가 있었는데 그 다리를 잔다리 또는 가는다리라고 부르고 한자로는 세교(細橋)로 썼다.[288] 경주의 서천교도 잔다리 또는 가는다리라 불렀으면 오해가 없었을 것이다. 그런데 먼 훗날 뜻 모를 말이 된 '솔'을 붙여 '솔다리'라고 불러서 일연이 살았던 13세기에는 '솔'이 '작다'는 뜻을 지닌 말이라는 것을 이미 잊은 지 오래였다. 그래서 좁다, 작다는 뜻의 '솔다리[松橋]'를 소나무다리로 착각하여, 소나무다리도 아닌데 "항간에 솔다리로 잘못 부르고 있다"고 주석을 달았던 것이다.

경주 松橋의 사례로 보건대 『삼국유사』가 쓰인 고려 후기 13세기에는,

---

287) 북천은 평상시에는 물이 지하로 伏流하여 마른 바닥을 드러내는 乾川이었으므로 다리가 필요 없었다. 북천의 다리는 1933년의 북천교(현 경주교)가 처음이었다. 빙하기에 토함산 등에서 쏟아져 내려온 巖屑로 인해 경주시내에는 선상지가 형성되었고, 북천 바닥에는 굵은 자갈과 모래가 심지어 30m 깊이까지 깔려있어서 좀처럼 범람하지 않았다. 따라서 고대 경주시내의 수재는 드물었으며 수재가 있더라도 북천이 아니라 서천의 범람에 의한 것이었다(정연식, 2018, 「신라 초기 습비부(習比部) 고라촌[高耶村]의 위치」, 『한국사연구』 183).

288) 한글학회, 1970, 『한국지명총람 3(충북편)』, 한글학회, 589쪽

이미 '솔'이 좁다, 작다는 의미로 붙여진 말이라는 것을 당시 최고 지식인이 었던 일연도 모르고 있었다. 따라서 '솔'이 좁다, 작다를 뜻하는 것을 모든 사람들이 알고 있어서 다리에 솔다리라는 이름을 붙였던 때는 13세기보다 훨씬 전이었을 것이다. 동해의 독도에 '솔섬[松島]'이라는 이름을 붙였던 시 기도 마찬가지이다. 그 시기는 일본 문헌에 독도가 松島로 기록되었던 때 보다 비교가 되지 않을 만큼 앞서 있었다.

Ⅶ. '독섬[獨島]'이라 불렀던 돌섬

1. '독섬, 石島' 논쟁

독도의 가장 오래된 이름은 '작은섬'이라는 뜻의 솔섬[松島]이었다.[289] 조선에서는 15세기를 즈음하여 울릉도의 별명이었던 우산도(于山島)라는 이름이 착오에 의해 독도의 이름으로 바뀌어 그대로 정착되었다. 일본에서는 독도를 마쓰시마(松島)로 부르다가 19세기 중엽에는 서양인들이 붙인 랴코도(島)로 부르기 시작했고, 19세기 말에는 지도 상의 오류로 인해 울릉도의 별칭이었던 다케시마(竹島)로 부르게 되었다. 그런데 19세기 말쯤에 울릉도 주민들은 우산도로 부르던 섬을 '독섬[獨島]'으로 부르기 시작했다. 그래서 현재 한국에서는 독도, 일본에서는 다케시마(竹島)로 부르고 있다.

독도의 명칭은 단순한 문제가 아니다. 한국과 일본 두 나라의 독도 영유권 논쟁에서 '독섬, 獨島'의 의미가 중요한 논점으로 대두된 지 오래이다. 獨島의 이름과 관련된 일련의 사건들에 관해서는 여러 글에서 여러 차례 소개된 바 있지만 이 글의 논지와 관련되므로 간단하게 정리해 둔다.

- 1849년(헌종 15)에 프랑스의 포경선 리앙쿠르(Liancourt)호가 독도를 발견하고 리앙쿠르바위(Liancourt Rocks)라고 이름을 붙였다.

---

289) 정연식, 2019, 「울릉도, 독도의 옛 이름 대섬[竹島], 솔섬[松島]의 뜻」, 『역사학보』 241

- 1877년(고종 14) 3월에 일본 태정관지령(太政官指令)에서 竹島(울릉도)와 松島(독도)는 일본과 관계없다고 하였다. 문서에는 울릉도를 磯竹島(이소다케시마)로 독도를 松島(마쓰시마)로 표시한 지도가 첨부되었다.
- 1900년 10월에 대한제국 칙령 제41호로 울릉도를 울도(鬱島)로 개칭하여 강원도에 부속시키고, 울도군(鬱島郡)의 관할 범위를 울릉전도(鬱陵全島)와 죽도(竹島), 석도(石島)로 하였다.
- 1904년 9월에 일본 군함 니타카호(新高號)의 보고서에 "리안코루도岩을 한인(韓人)들은 獨島라고 쓰고, 일본 어부들은 줄여서 리얀코도(リヤンコ島)라고 칭한다."고 기록되었다.
- 1905년 2월 시마네현(島根縣) 고시(告示) 제40호로 오키도(隱岐島) 서북 85해리의 섬을 다케시마(竹島)라고 칭하고 시마네현 오키도사(隱岐島司)의 소관으로 하였다.
- 1906년 3월에 울도군수 심흥택(沈興澤)이 강원도 관찰사에게 올린 보고서에서 울도군(鬱島郡) 소속 독도(獨島)가 외양(外洋) 100여 리에 있다고 하였다.

한일 양국 사이에 독도 영유권을 둘러싸고 오랜 논쟁이 진행되는 가운데 새로운 문서들이 발견되었다. 1947년에 울릉군청에서 독도가 울도군 소속이라는 심흥택보고서가 발견되었고, 1966년에는 칙령 제41호가 세상에 공개되었으며, 1987년에는 울릉도와 독도는 일본과 무관하다는 태정관지령의 존재가 알려졌다. 그러자 일부 일본학자들은 태정관지령이 독도에 대한 조선의 확실하고 영구적인 영유권을 기술한 것은 아니라고 반박했다.[290] 그리고 1900년의 칙령에 등장하는 울도군 관할의 석도(石島)를 우리나라 학자들은 독도라고 주장하고, 일부 일본 학자들은 울릉도 옆의 관음도(觀音島)라고 주장하고 있다.[291] 어느 주장이 더 합리적인가?

우선 우리나라의 섬 가운데 '獨島'라는 이름을 지닌 섬으로는 어떤 것들이 있었고, 그 다음으로 그 이름이 어떤 의미를 지녔으며, 동해의 독도는 그 가운데 어느 사례에 해당되는지 알아보고, 마지막으로 칙령의 石島가 獨島인지 검토해 본다.

그러기 위해서는 섬의 이름을 전국을 대상으로 이른 시기에 상세하게 조사한 자료가 필요하다. 지도로는 19세기 말에 김정호가 제작한 것으로 알려진 「동여도(東輿圖)」와, 1910년대의 조선총독부 육지측량부(陸地測量部) 지도를 기본 자료로 하고, 지명과 관계된 자료로는 한글학회에서 1966년부터 1986년까지 남한 지역의 지명을 조사하여 20책으로 간행한 『한국지명총람』을 활용하였다. 「동여도」는 이른 시기의 섬 이름을 간직하고 있고, 육지측량부지도는 간척사업으로 서해와 남해의 도서와 해안선의 상태가 변형되기 이전의 남북한 전역의 상태를 보여주며, 『한국지명총람』은 지도에 표시되지 않은 작은 섬들의 이름을 찾아내는 데 유용하기 때문이다.

2. 19세기 동여도의 독도(獨島) 셋

지금은 獨島를 대개 '독도'라고 부르지만 예전에는 '독섬'이라고 불렀다.

---

290) 堀和生, 1987, 「一九〇五年日本の竹島領土編入」, 『朝鮮史研究會論文集』 24; 유미림, 2015, 「태정관 지령과 일본의 '독도'영유권 부인」, 『일본 사료 속의 독도와 울릉도』, 지식산업사.

291) 시모조 마사오(下條正男), 후나스기 리키노부(舩杉力修) 등은 칙령의 石島가 울릉도 북동쪽의 觀音島라 하고, 쓰카모토 다카시(塚本孝)는 石島가 독도라고 해도 국제법상으로는 효력이 없다고 주장하고 있다.

이에 관한 자료들은 여럿이 발견되었다. 울릉도에서 생활했던 일본인 어부 오쿠무라 료(奧村亮)는 한국인들이 독도를 '도쿠손(トクソン)', 즉 독섬으로 불렀다고 진술했다. 그리고 1948년에 우국노인회에서 연합국 최고사령관에게 보내는 청원서에도 독도를 'Doksum'으로 썼으며, 최남선은 1954년 12월 서울신문에서 사람들이 독도를 '독섬'이라고 부른다고 명백히 밝히고 있다.[292] 1904년의 니타카호 보고서에서 "韓人들이 獨島라고 쓴다"고 했던 것은 말로는 '독섬'이라고 부르고 문자로 기록할 때에는 '獨島'라고 썼다는 뜻으로 해석된다.

'독섬'이라는 호칭과 '獨島'라는 표기는 예전의 관례에 따랐을 것이다. 따라서 '독섬'의 의미를 찾기 위해서는 예전에 어떤 섬들을 '獨島'라 표기했는지 먼저 알아보는 것이 순서이다.

김정호의 목판본 「대동여지도」(1861)는 니타카호 보고서보다 43년 전에 제작되었는데, 「동여도」도 「대동여지도」와 거의 같은 내용으로 비슷한 시기에 제작되었다.[293] 「동여도」에서 섬들은 바다에서의 거리 측정이 부정확하여 형태나 크기가 실제와 다르기도 하고, 주위 섬들과의 상대적인 위치가 실제와 차이가 나는 경우가 적지 않아서 어느 섬인지 곧바로 알아보기는 어렵다. 그래도 이름이 크게 바뀌지 않고 남아 있는 경우에는 찾는 것이 어렵지만은 않다.

「동여도」에 '獨'으로 표기된 獨島는 셋이 있는데 그 셋은 현재 충남 태안,

---

292) 최남선, 1954, 「獨島問題와 나」, 서울신문 1954년 12월 送年爐邊餘談(2005, 『六堂崔南善全集』 14, 역락)

293) 「東輿圖」(奎10340)의 제작 시기에 대해 이상태(1999)와 이기봉(2003)은 「동여도」를 밑그림으로 하여 「대동여지도」가 제작되었을 것으로 보아 각각 1856~1861년과 1856~1859년을 제시했고, 양보경(1995)은 1872년경으로 추정했으며, 오상학(2001)도 「대동여지도」 이후로 보았다(이기봉, 2003, 「《동여도》 해설」, 「동여도—해설·색인—」, 서울대학교 규장각).

전남 신안, 전북 군산에서 확인할 수 있다(<표 19>).[294]

〈표 19〉〈東輿圖〉와 육지측량부지도의 '獨島'

	東輿圖 섬이름	陸地測量部 지도		『한국지명총람』		소재지
		섬이름	圖葉명칭	섬이름	권-쪽	
A	獨島①	獨島①독도	《居兒島》	독섬.瓮島	4하-15	충남 태안군 근흥면 가의도리
B	獨島②	洞島 동도	《望雲》	동섬.洞島	14-541	전남 신안군 지도읍 태천리
	-	(獨島)③독도	〈鎭海〉	딴섬	8-61	경남 거제시 장목면 구영리
C	-	獨島④독섬	《木浦》	돌섬.독섬	16-168	#전남 해남군 산이면 상공리
	-	獨島⑤독도	《居金島》	독섬.獨島	13-116	전남 고흥군 금산면 오천리
	獨島⑥	鷄島닭섬	《壯子島》	닭섬.鷄島	12-31	전북 군산시 옥도면 선유도리

* ①에는 '瓮島'가, ⑥에는 '蘇島'가 並記되었다.
* ③의 《鎭海》는 부분 삭제되어 1957년판 〈鎭海〉(6919Ⅲ)로 대체했다.
* 소재지의 #는 현재 육지로 변했다는 표시이며 이후의 표에도 적용한다.

우선 안흥진(安興鎭) 근처의 獨島(<표 19>의 ①)는 지금의 충남 태안군 근흥면 가의도리에 있는 옹도(甕島)이다(<그림 66>). 육지측량부지도와 비교해 보면 섬의 위치, 형태, 크기가 실제와 많이 차이가 나는 것을 알 수 있다. 그렇지만 바도기섬[波濤只島] 서남쪽의 獨島가 옹도임은 분명하다. 그 섬은 『한국지명총람』에는 독섬 또는 옹도(瓮島)로 기록되어 있어 '독섬'의 '독'이 독, 항아리와 관련되어 있다는 것을 알 수 있다. 실제로 섬은 자빠진 독처럼 생겼다(<그림 67>). 『동국여지승람(東國輿地勝覽)』에는 '옹부도(瓮浮島)'로 수록되었는데 바다에 떠 있는 독 모양이라는 뜻으로 붙인 이름일 것이

---

294) 「大東輿地圖」에서 태안의 독도는 '獨'으로, 군산의 독도는 獨의 속자 '狐'으로 표기되었고, 신안의 독도는 지도 경계선 근처에 있어서 누락되었다.

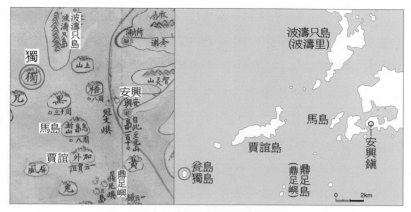

<그림 66> 태안의 독섬[瓮島], 獨島①

* 육지측량부지도(右) 지명은 「동여도」(左)에 제시된 것만 표시했다.

■ 《安興》·《居兒島》(1919), 『지명총람』 4하－15. 獨島 번호는 <표 19>의 번호

다.[295] 지금도 옹도의 정상부에는 등대
옆에 커다란 독 조형물을 세워놓아 섬이
름이 옹기와 관련되어 있다는 것을 알려
주고 있다.

1940년대에 최남선은 동해의 섬을 '독
섬'이라고 부른 것은 섬의 모양이 독[瓮]

<그림 67> 태안의 옹도(瓮島)

■ 태안군청 홈페이지(https://www.taean.
go.kr) 태안소개

과 같았기 때문이라고 하였다. 그러나 독도는 어느 방향에서 보아도 독이
나 항아리처럼 보인다고 말하기는 어렵다.[296] 최남선의 주장은 공감을 얻지
못해 사람들의 기억에서 지워졌다.

295) 『東國輿地勝覽』 권19, 忠淸道 泰安郡 山川

296) 고려대학 아세아문제연구소 육당전집편찬위원회 편, 1973, 『육당최남선전집』 2, 현암사, 697
쪽(최남선, 「울릉도와 독도」, 서울신문, 1953년 8월). 다만 東島 복판에 움푹 파인 부분이 물
이 담긴 독과 비슷하다고 생각했는지 모르겠으나 확인하기 어렵다.

다음으로 「동여도」에 獨島로 기록된 지도(智島) 남쪽의 獨島(<표 19>의 ②)는 전남 신안군 지도읍 태천리의 동섬[洞島]을 가리키는 것이 분명하다 (<그림 68>). 『한국지명총람』에는 동섬, 동도(洞島) 두 가지로 표기되어 있고, 현재는 동섬으로 부르고 있다.

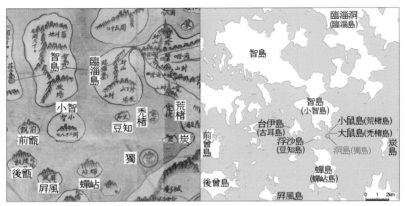

〈그림 68〉 신안의 동섬[洞島], 獨島②

■ 《慈恩島》·《務安》·《智島》·《望雲》, 『지명총람』 14-541

〈그림 69〉 군산의 닭섬[鷄島], 獨島⑥

■ 《壯子島》·《末島》, 『지명총람』 12-31

마지막으로 선유도(仙遊島) 동남쪽의 獨島(<표 19>의 ⑥)는 전북 군산시 옥도면 선유도리의 닭섬[鷄島]을 가리킨다(<그림 69>). 닭의 중세국어는 '돍'인데 그것을 '獨'으로 표기한 것으로 보인다.

결국 「동여도」의 獨島는 독섬[瓮島], 동섬[洞島], 닭섬[鷄島]을 달리 표기한 것이다. 그런데 동해의 독섬이 독 모양이라서 독섬이라고 불렀다고 말하기는 어렵다. 남은 동섬과 닭섬 가운데 어느 것이 동해의 독섬과 같은 성격의 섬인지 검토해 보기로 한다.

3. 동섬·똥섬·딴섬의 獨島

1) 동섬, 똥섬, 딴섬

조선총독부 육지측량부지도는 1904년에 처음으로 '獨島'라는 이름을 남긴 니타카호 보고서나, 1906년의 심흥택 보고서보다 10여 년 후에 제작되었다. 그러므로 두 보고서와 거의 같은 시기의 자료라 할 수 있다. 그러므로 육지측량부지도에 '獨島'로 표기된 섬들을 찾아보는 것도 獨島의 의미를 알아내는 데 도움이 될 것이다. 육지측량부지도에서 독도를 찾아내어 「동여도」의 독도와 함께 보인 것이 앞의 〈표 19〉이다.

육지측량부지도에는 충남 태안(①), 전남 해남(④), 전남 고흥(⑤) 등 세 군데에 獨島가 있다. 그리고 《鎭海》를 대신한 〈鎭海〉(1957)에 한글로 표시된 '독도'가 '獨島'로 추정되기에 경남 거제(③)의 독도를 추가할 수 있다.[297] 그

<hr>

297) 1957년에 삼능공업사에서 발행한 지도가 여럿이 남아 전하는데 지명이 추가되거나 누락되

결과 「동여도」와 육지측량부지도에 독도로 표기된 섬은 〈표 19〉에 보이듯이 태안(①)이 중복되어 모두 6개이다. 이 섬들의 우리말 이름은 모두 『한국지명총람』에서 확인되는데 독섬, 동섬, 딴섬, 돌섬, 독섬, 닭섬 등 여섯 가지로 나타난다. 이를 A류 ①의 독섬과, B류 ②·③의 동섬, 딴섬과, C류 ④·⑤·⑥의 돌섬, 독섬, 닭섬 세 부류로 나눌 수 있다.

그중에 A류는 동해의 독도와 무관하다 하였으므로 B류부터 검토해 본다. B류의 '동섬'과 '딴섬'은 그리 희귀한 이름이 아니다. 「동여도」의 독도는 측량부지도에는 '洞島'로 씌어 있고, 『한국지명총람』에서는 '동도(洞島)' 또는 '동섬'이라 했으며 현재도 동섬으로 부르는데, 그것을 '獨島'로 표기한 것이다. '동' 음을 지닌 한자가 많은데 굳이 '獨'으로 표기한 이유가 무엇일까?

우리말의 '동'은 끄트머리의 작은 부분을 말한다. 옷의 끝부분을 '끝동'이라고 하고, 소맷부리 따위를 다양한 색깔의 천으로 화려하게 장식한 옷을 '색동옷'이라 하며, 기다란 담뱃대의 입을 대고 빠는 끝 부분에 끼우는 놋쇠를 '동거리'라 한다. 그리고 끄트머리에서 떨어져 나간 부분도 '동'이라 부른다. '동떨어지다'의 '동'도 그런 뜻으로 추정된다.

'동'은 산 이름에도 붙었다. 우리나라에는 전국에 걸쳐 '동산'이라는 이름의 산이 매우 많다. 조선시대 문헌에서도, 그리고 국어사전에서도 동산을 '東山'으로 표기한 경우가 많지만 동산은 동쪽과 아무런 관련이 없다. 마을 동쪽에 있는 경우보다 오히려 그렇지 않은 경우가 더 많다. 동산은 큰 산에서 떨어져 나간 작은 산을 가리키는 말이다.

'동'과 관련되어 육지의 산에 붙인 여러 가지 이름은 바다의 섬에도 똑같이 적용된다. 육지나 큰 섬에서 떨어져 나와 넓은 바다에 불룩 솟은 섬의

는 일이 거의 없어 육지측량부지도를 거의 그대로 모사한 것으로 추정된다.

모습은 큰 산에서 떨어져 나와 넓은 평지에 홀로 불룩 솟은 작은 산의 모습과 너무도 흡사하다. 그런 섬을 '동섬'이라 불렀다. 신안의 동섬도 이 경우에 해당된다. 결국 동섬은 큰 섬에서 또는 육지에서 떨어져 나간 것처럼 보이는 작은 섬을 가리키는 말이다.

큰 산이나 섬과 떨어져 있는 자그마한 동산, 동섬을 얕잡아 부를 때에는 똥메, 똥섬이라고도 불렀다. 그리고 산의 경우에는 '동, 똥'에 '메, 매, 뫼'가 조합된 '동메, 동매, 동뫼, 똥메, 똥매, 똥뫼' 등 다양한 이름이 있고, 뒤에 산이 중복되어 '동매산, 똥메산'으로 부르기도 한다.

이런 산들은 산이라고 부르기에도 멋쩍을 정도로 작고 낮아서 일반 지도에는 대개 등고선도 표시되어 있지 않고, 대축척지도에서는 산 모양의 등고선이 있더라도 이름이 기록되지 않은 경우가 많다.

그 한 예로 경남 함안군 칠북면 덕남리의 남양 마을 서쪽 남양들 논 한가운데에 있는 똥매산(똥메산)을 들 수 있다. 성주봉 기슭에서 600m쯤 떨어져 있는 똥매산은 해발고도 14m로 지표면에서의 높이는 8m밖에 되지 않는 산이다(<그림 70>). 그래서 상세한 지명을 망라한 『한국지명총람』에도 산 이름은 없다. 1910년대 측량부지도에서 황무지 들판이었던 똥매산 주변은 1960년대 지도에서 논으로 변했는데 1970년대

〈그림 70〉 함안 칠북면 덕남리의 똥매산

■ 국토지리정보원, 1994, 1:25,000지형도 〈昌原〉. 등고선간격 20m. 똥매산 주변 지형과 해발고도 표시는 국토지리정보원, 1995, 1:5,000지형도 〈昌原051〉로 보완함.

1:5,000 지형도에서 처음으로 산 이름이 등장한다.

똥산, 똥섬은 종종 딴산, 딴메, 딴섬으로 부르기도 한다. 연구개 비음(velar nasal) [ŋ]과 치경 비음(alveolar nasal) [n]은 같은 비음으로서 조음 부위도 멀지 않아서 서로 비슷하게 들린다. 그리고 소리만이 아니라 뜻도 비슷해

〈그림 71〉 충남 당진의 딴섬과 딴산

■《唐津》(1919). 등고선간격 20m

서 딴의 중세국어 '뽄'은 떨어져 남은 부스러기나 나머지 조각을 뜻하는 말이다.[298] 그러므로 똥섬·똥섬·딴섬은 육지나 큰 섬에서 떨어져 나간 작은 부스러기 같은 섬으로 정의할 수 있다. 충남 당진시 대호지면 도이리의 딴섬과 고대면 옥현리의 딴산이 그러한 예이다(〈그림 71〉).

이러한 섬들을 한자로 표기할 때에 여러 가지 글자가 사용되었다. 동산, 동섬, 똥매의 동, 똥에는 東, 洞, 同이 쓰였다. 그러나 이는 우리말을 한자의 음을 빌려 옮긴 것일 뿐 한자의 뜻과는 아무런 관련이 없다. 동산, 동섬은 동리에 있는 '洞山, 洞島'도 아니고 동쪽에 있는 '東山, 東島'도 아니다(〈그림 70〉).

똥섬은 아예 분도(糞島)로 표기하기도 하였다. 인천시 중구 항동의 인천항 내항(內港) 안에 있다가 간척사업으로 사라져 버린 糞島(《仁川》)와 전남

---

[298] 『翻譯老乞大』下63 "또 이 흔 가짓 뵈 뽄니 얻노라 ᄒ면(又要這一等的布零截)";『翻譯朴通事』上13 "일쳔 뽄 거시 흔 무저비만 ᄀᄐ니 업스니라(千零不如一頓)";『朴通事諺解』中2 "내게 뽄돈이 이시니(我有零錢)" '뽄돈'이란 우수리, 잔돈을 지칭한다.

〈그림 72〉 고금도의 똥섬[糞島], 동매산, 동백리(冬栢里)

- 《梨津》·《馬良里》(1918), 등고선간격 40m
- 지명은 국토지리정보원, 2003, 1:25,000지형도 〈古今〉과 『지명총람』 15-301~303

완도군 고금면 가교리의 糞島(《馬良里》)가 그것이다(<그림 72>).

민간에서 화투의 봉황이 그려진 오동[梧, 梧桐]을 대개 '똥'이라 부르듯이 오동의 속어가 똥이다. 그리고 똥을 은어(隱語)로 '먹'이라 하고, 오동의 옛말이 '머귀, 머괴'이다.[299] 그러므로 '梧, 梧桐, 먹, 머구(머귀)'가 서로 넘나들고 먹의 변이음 '멍'도 어우러져, '오도, 오동도, 똥섬, 먹섬, 멍섬, 머구섬'이 두루 쓰였다(<표 20>).

오동도의 경우에는 단순한 똥섬이 아니라 대체로 홀로 떨어져 있는 '외

---

299) 『月印釋譜』 7:54 "梧옹桐똥온 머귀니 合합歡환樹쑹ㅣ梧옹桐똥곤ᄒᆞ니라"; 『訓蒙字會』 상5b "梧 머귀 오, 桐 머귀 동"; 『新增類合』 상9 "梧 머귀 오, 桐 머귀 동"; 『石峯千字文』 33a "梧 머귀 오, 桐 머귀 동"

〈표 20〉 梧島, 梧桐島와 먹섬, 똥섬

陸地測量部 지도		『한국지명총람』		소재지
도엽이름	섬이름	섬이름	권-쪽	
外烟島	梧島오도	오도	4상-408	충남 보령시 오천면 외연도리
大飛雉嶋	梧島오도	멍섬, 목도, 오도	15-98	전남 영광군 낙월면 오도리
箕佐島	梧島오도	똥섬, 멍섬, 오도	14-495	#전남 신안군 암태면 수곡리
木浦	梧島오도	머개섬, 오도	14-510	전남 신안군 압해읍 장감리
居金島	梧桐島오동도	먹섬, 오동도	13-113	전남 고흥군 금산면 신전리
外羅老島	梧桐島오동도	머구섬, 오동도	13-135	전남 고흥군 도화면 발포리
鹿頭	梧桐島오동섬	오동도	13-132	#전남 고흥군 도덕면 오마리
高興	梧島오도	오도, 까막섬	13-166	전남 고흥군 포두면 오취리
突山	梧島오동섬	머구섬, 오도	15-66	전남 여수시 화정면 적금리
竹圃里	梧桐島오동섬	오도, 오동도	15-25	전남 여수시 남면 우학리
尙州里	梧桐島오동도	오동도	15-13	전남 여수시 수정동
南海	梧桐島오동섬	멍섬, 오동도	10-209	경남 하동군 금성면 갈사리

딴섬'을 지칭하는 말로 쓰였다. 외딴 작은 길을 '오솔길'이라 하듯이 '외'를 '오'로 쓰기도 했기 때문이다. 전남 여수시 수정동의 오동도가 그러한 경우이다.

여수 오동도는 모양이 오동잎을 닮았다고도 하고, 과거에 오동나무가 많았는데 고려 말에 신돈이 오동나무가 왕조에 불길하다고 모두 베어버렸다는 전설이 있다고도 하지만 믿기 어려운 말들이다. 〈그림 73〉을 보면 여수항 근처의 여러 섬이 육지와 가깝게 있거나 아니면 다른 섬들과 가깝게 모여 있는데 오동도만 홀로 뚝 떨어져 있다. 그래서 홀로 떨어져 나간 외딴섬이라는 뜻에서 오동도라 했던 것이다. 그림에서 돌산도(突山島)와 대경도(大鯨島) 사이에 아주 작은 솔섬[松島]이 보이는데 솔섬은 단지 크기만을 가리키는 이름이지만 오동섬은 크기도 크지 않으면서 주변 섬이나 육지와 어느

정도 떨어져 있는, 그리고
홀로 떨어져 있는 섬에 붙이
는 이름이다. '오동도'는 '외
딴섬'과 똑같은 말이다.

그리고 딴산, 딴섬의 '딴'
의 표기에는 '段, 端'이 쓰였
다. 단(段)은 부스러기를 뜻
하고, 단(端)은 끝을 뜻하기
에, 끄트머리에서 떨어져 나
간 부스러기 섬을 표현하기
에 적절했기 때문이다.

〈그림 73〉 여수 오동도
■《麗水》·《尙州里》(1918). 등고선간격 100m

이처럼 동섬, 똥섬, 딴섬, 먹섬을 동도(東島, 同島, 洞島, 桐島), 분도(糞島),
오도(梧島), 단도(段島, 端島, 單島) 등으로 표기했는데,[300] 이 모두에 통용될
수 있는 표기가 독도(獨島)이다.

강원도 원주시 부론면 흥호리의 섬강이 남한강에 합류하는 지점에는 여
러 산으로 에워싸인 강가의 좁은 평지에 높이 20m가 채 안 되어 보이는 작
은 산이 솟아 있는데 이를 동매 또는 동매산이라고 부른다. 그리고 경주
시 황성동의 황성공원에는 5천분의 1 대축척 지도에도 이름이 없는, 높이
20m의 작은 산이 있는데, 꼭대기에 김유신기마상이 있는 그 산도 '동매'라
고 부른다(〈그림 74〉).[301] 황성동 동매는 소금강산 기슭에서 약 1km 떨어져

300) 《南海》의 東島,《荷衣島》의 同島,《望雲》의 洞島,《末島》의 段島,《突山》·《慈恩島》·《智島》·
      《居兒島》의 端島

301) 국토지리정보원, 2006, 1:5,000〈경주059〉. 여기서 높이(height)란 평균해수면으로부터의
      높이를 말하는 해발고도(altitude), 또는 標高(elevation)가 아니라 지표면에서의 높이를 말

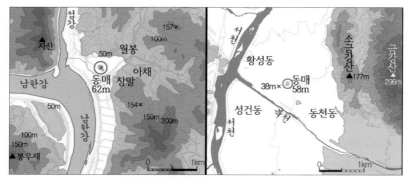

〈그림 74〉 원주와 경주의 동매, 동매산

■ 국토지리정보원 1:25,000지형도 〈占東〉·〈富論〉(2008), 〈慶州〉(2013). 등고선 칠 간격 50m

나간 작은 산이기에 그렇게 불렀을 것이다. 그 동매를 한자로는 '독산(獨山)'으로 쓴다.[302] 한편 경기도 의정부 북쪽의 동두천시 이름은 중량천(中梁川)의 상류였던 동두천에서 온 지명이다. 동두천은 하천의 맨 끄트머리 상류의 하천이라는 뜻에서 붙인 이름일 것이다. 동두천을 지금은 '東豆川'으로 표기하지만 19세기 후반의 「대동여지도」, 「동여도」, 『동국여지비고(東國興地備考)』에서는 독두천(獨豆川)으로 표기하였다.[303] 이처럼 끄트머리의 작은 것을 뜻하는 우리말 '동'을 이따금 한자 '獨'으로 표기하였다.

'동'의 음을 지닌 한자가 많은데 왜 굳이 '獨'이라 썼을까? 독[tok]의 [k]는 연구개 폐쇄음(velar stop)이고 동[toŋ]의 [ŋ]은 연구개 비음(velar nasal)으로 서로 비슷해서 'ㄱ'과 'ㆁ'은 『훈민정음』에서 모두 아음(牙音)에 속해 있

한다.

302) 한글학회, 1978, 『한국지명총람 5(경북편 I)』, 200쪽; 김재식·김기문, 1991, 『경주풍물지리지』, 보우문화재단, 225쪽

303) 『東國興地備考』漢城府 山川 "中梁川 在都城東十三里 楊州獨豆川下流". 「동여도」와 「대동여지도」에는 '猳豆川'으로 표기되어 있는데 '猳'은 獨의 俗字이다.

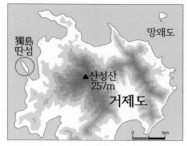

〈그림 75〉 거제의 딴섬 獨島

■ 국립건설연구소, 1964, 1:50,000지형도 〈鎭
海〉. 등고선간격 40m

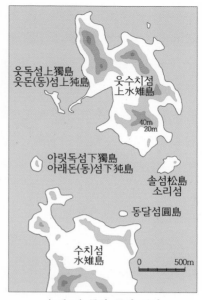

〈그림 76〉 독섬, 돈섬, 동섬

* 신안군 獨島 ■ 국립지리원, 1975, 1:25,000
지형도 〈岩泰〉〈箕佐〉; 《箕佐島》(1926); 『지명
총람』 14-467

다. 그래서 [k]와 [ŋ]은 종종 변이
음(allophone)으로 서로 넘나들기도
한다. 그리고 '獨'은 '홀로'라는 뜻을
지니고 있다. 그래서 '홀로 떨어져
나간 작은 부분'을 지칭할 한자로
소리와 뜻을 동시에 충족할 수 있는
'獨'을 선택한 것이다.

고금도 일대는 동섬, 동매의 좋은 사례를 보여준다. 고금도 남서부 끝
에는 봉황산 남서쪽에 작은 '동매산'이 있고, 덕암산 동쪽에 작은 '독매'가
있으며, 주위에 작은 섬으로는 똥섬[糞島]과 작은섬[小島], 솔섬[松島]이 있다
(〈그림 72〉).

그런데 지금까지 말한 동섬[同島·洞島·桐島·東島], 똥섬[糞島], 먹섬[梧島·梧
桐島], 딴섬[端島·段島] 모두에 통용되는 표기가 독도(獨島)이다. 거제도 북쪽
끝의 딴섬 독도도 그러한 예이며(〈그림 75〉). 전남 신안군 증도면 병풍리의
병풍도 막개 남쪽의 동도도 딴섬으로도 불렀다.[304]

그리고 독섬, 돈섬, 동섬, 똥섬이 모두 獨島로 표기될 수 있다는 것은 전
남 신안군 비금면 수치리의 작은 섬들 이름으로도 입증된다. 두 섬은 1975
년 지도에는 '上獨島' '下獨島'로 표기되었고, 1982년의 『한국지명총람』에는
상독도·웃독섬, 하독도·아릿독섬으로 표기되었다. 그리고 1926년의 조선
총독부 육지측량부지도《기좌도(箕佐島)》에서는 가타카나를 병기하여 '웃
돈섬[上㹬島]', '아래돈섬[下㹬島]'으로 표기하였는데 '동섬'의 [ŋ]음을 표시
할 수 없는 일본어의 특성 때문에 '돈섬'으로 표기한 것인지는 확인되지 않
는다.

2) 동막골과 동백섬

섬 이름 가운데 오동도가 오동나무와 무관하듯이 동백섬도 동백나무와
관련이 없다. 동백섬이라는 이름은 동막골이라는 이름과 연관된다. 전국
에 널려 있는 '동막골'이라는 지명은 '동'과 '막'이 합성된 말로, 중심지에서
떨어진 끄트머리 막다른 골[洞·谷]을 말한다. 서울 마포구의 동막리도 옹기
점 독막[甕幕]에서 유래된 것이 아니라 도성 남서쪽으로 더 이상 뻗어 나갈
수 없는 막다른 한강변에 떨어져 있는 동네라는 뜻의 이름이다. '독막로(獨
幕路)'라는 길 이름은 동막을 독막(獨幕)으로 표기한 흔적으로 남아 있다. 그
리고 경기도 용인시 처인구 이동읍 시미리의 삼봉산 기슭의 막다른 고개는
독막재[獨幕峴]라 했다.

'동'은 종성이 같은 비음을 지닌 '돈'과 혼용되고, '막'은 초성이 같은 순음
을 지닌 '박, 북'과 뒤섞였다. 그래서 뭍의 동막골은 '돈박골, 돈북골'이 되기

---

304) 한글학회, 1982, 『한국지명총람 14(전남편Ⅱ)』, 544쪽

도 했고, 바다의 동막섬은 '동복섬, 돈북섬, 돈백섬'이 되었다.[305] 나아가서
그런 이름들이 그럴싸하게 '동백(冬栢·桐栢)'으로 변하여 여러 곳에 동백리
(冬栢里), 동백섬[冬栢島]이라는 지
명이 생겼다.

「동여도」에서 부산에서 울산에
이르는 곳에는 동백섬이 셋이 있
다(<그림 77>). 동백나무가 많아서
동백섬이라 했다는 해석도 있지만
그랬을 가능성이 전혀 없지는 않
으나 그 해석을 그대로 받아들이
기 어렵다. 기장현(機張縣)의 경우
『동국여지승람』에서 동백포(冬栢
浦)가 읍치 동쪽 9리에 있다고 했
고,[306] 「동여도」에도 동백포와 동
백도가 표시되어 있다. 그런데 동
백나무 때문에 동백포, 동백도라

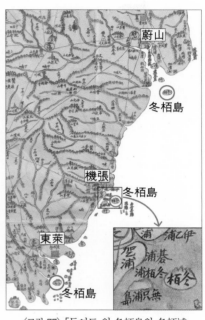

〈그림 77〉 「동여도」의 冬栢島와 冬栢浦

고 했을 가능성은 별로 없다. 바닷물이 드나드는 갯벌에서는 동백나무가
자랄 수 없기 때문이다. 동백섬은 기장 남쪽의 동래에도 있고 북쪽의 울산
에도 있는데, 『동국여지승람』에서는 울산의 동백섬에는 동백나무가 가득

---

305) 예를 하나씩만 들자면 경남 남해군 남면 평산리의 돈백섬, 전남 고흥군 포두면 길두리의 돈
북섬, 전남 해남군 북일면 방산리의 동복섬[同卜島]을 들 수 있다(『한국지명총람』8-298, 13-
162, 16-159, 《梨津》). 돈북섬과 동복섬은 현재 뭍으로 변했다.

306) 『東國輿地勝覽』권22, 蔚山郡 山川 "冬栢島 在郡南三十里 冬栢滿島故名": 권23, 機張縣 山川
"冬栢浦 在縣東九里"

해서 그렇게 이름지었다고 했지만 사실인지 매우 의심스럽다.

육지의 막다른 곳 바닷가 가까이에 있는 섬을 동백섬으로 불렀지만, 섬 가운데 가장 끝에 있는 섬도 그렇게 불렀다. 인천 옹진군 자월면 이작리의 동백섬[冬栢島]도 그러한 경우에 해당된다 (<그림 78>).

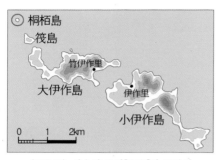

〈그림 78〉 여수의 동섬[東島]과 돈북섬
■ 국토지리정보원, 2014, 1:25,000지형도 〈원창〉·〈신풍〉·〈백일〉·〈화양〉, 등고선간격 10m, 『지명총람』 15-65

그래서 동섬과 동백섬은 약간 다르다. 동섬 가운데 가장 끝에 있는 섬을 동백섬이라 불렀던 것이다. 그것은 전남 여수시 화정면 여자리의 소여자도 근처에 있는 동도와 돈북섬으로 알 수 있다(<그림 79>).

그렇다면 지금의 동해의 獨島도 동섬·똥섬·딴섬을 한자로 표기한 것일까? 그렇게 해석하기 어렵다. 그 이유로는 크게 세 가지를 들 수 있다.

첫째로 독도는 육지나 울릉도에서 너무 멀어서 '동섬, 똥섬, 딴섬'이라는 이름과 어울리지 않는다. 그런 이름의 섬들은 대개 육지나 큰 섬에서 그리 멀리 떨

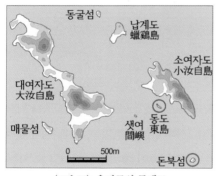

〈그림 79〉 옹진군의 동백도
■《仙甲島》·《豊島》·《德積島》·《靈興島》 등고선간격 40m. 현재는 대이작도와 소이작도 이름이 바뀌어 있다.

어져 있지 않고 육지나 큰 섬의 부속물처럼 가까이 붙어 있다. 그래야 끄트머리에서 떨어져 나간 섬이라는 뜻에 어울리기 때문이다. 그런 이름의 섬

들은 거의 다 큰 섬이나 육지에서 200m 이내의 거리에 있고 가장 멀리 있는 신안군 지도읍 태천리의 동섬도 기껏해야 지도(智島) 해안에서 430m 밖에 있다. 그런데 독도는 죽변항에서는 130km나 떨어져 있고, 울릉도에서도 87.4km나 떨어져 있다. 동백섬이라 해도 이렇게 멀리 떨어져 있지는 않다. 따라서 독도는 울릉도나 육지에서 떨어져 나간 '동섬'으로 볼 수가 없다.

둘째로 독도는 동섬, 똥섬, 딴섬이라 부르기에는 너무 크다. 독도의 동도(東島)와 서도(西島)는 길이가 대략 400m 내외이고, 해발고도도 99m와 169m에 이르며, 부속도서를 합한 총면적은 19만㎡에 이른다. 포털사이트에서 동섬·똥섬·딴섬을 검색해보면 약 40개를 찾을 수 있는데 여수의 오동도를 제외하면 기껏해야 길이가 200m 정도이고 높이도 모두 100m 이내로 독도와는 비교가 되지 않는다.[307] 독도는 떨어져 나간 부스러기섬이 아니다.

셋째로, 독도를 '동섬, 똥섬, 딴섬'으로 불렀다는 기록이 전혀 없다. 지금은 모두 '독도'라고 부르지만 그것은 한자표기 '獨島'를 한자음으로 읽는 것이 관행이 되어 그럴 뿐이고 본래 예전 호칭은 앞에서도 말했듯이 '독섬'이었고, '독섬'으로 불렀다는 구술과 기록도 여럿이 남아 있다.

산의 경우에 '동떨어진 작은 산'을 '동매(동메)'가 아니라 '독매'로 표기한 사례도 있으므로, '동떨어진 작은 섬'을 '동섬'이 아니라 '독섬'으로 부를 수도 있지 않느냐고 반문할지 모른다. 실제로 산의 경우에는 〈그림 72〉의 《고금도(古今島)》에서도 '독매'로 표기되어 있다.

그러나 '독매'로 표기된 이름은 민간에서 부르는 '동매[toŋmɛ]'를 한글로

---

307) 여수의 오동도는 육지에서 750m 떨어져 있고, 동섬으로서는 매우 커서 면적이 13만㎡로 독도의 2/3 수준이지만, 높이는 42m에 불과하다. 거제도 북쪽 끝의 딴섬(《鎭海》)은 길이가 약 400m에 이르지만 폭이 매우 좁다(<그림 75>).

적은 것일 뿐이다. [toŋmɛ]로 들리는 산 이름을 한글로 표기할 때에는 '동매'와 '독매'가 모두 가능한데 그 가운데 독매를 택한 것이다. 왜냐하면 우리말 현대어는 말음이 절음화가 이루어져 내파(內破: 不破)하므로 -k 뒤에 n, m이 오면 앞의 -k가 뒤에 오는 비음 n, m에 동화되어 비음 -ŋ으로 변하기 때문이다. 즉 흔히 자음접변이라고 하는 자음동화(consonant assimilation)가 일어나는 것이다. 그러므로 '동매[toŋ-mɛ]'를 '독매[tok-mɛ]'로 오인하여 독매로 표기했을 따름이다.

그러나 '독섬'은 그것과 경우가 다르다. '동매'와 '독매'는 모두 동매로 발음되지만, 독섬은 독섬으로만, 동섬은 동섬으로만 발음된다. 독섬[tok-səm]은 -k 뒤에 s가 이어지므로 자음동화가 일어날 일이 없는 것이다.

'동산, 똥산'을 東山, 洞山으로 표기하는 것은 음을 충실히 표현한 것이지만 뜻을 충실히 표현하기 위해서는 獨山이라는 표기가 더 어울린다. 동산, 똥산은 동쪽이나 동네와는 아무런 관련이 없는 홀로 떨어져 있는 산이기 때문이다. 현재 '독산'이라는 이름이 남아 있다면 그것은 獨山이라는 한자 표기가 익숙해진 뒤에 생긴 이름일 것이다. 독두천(獨豆川)도 마찬가지이다. '동두천'을 한자로 표기할 때에 '동'의 뜻을 살려서 獨豆川이라 표기하기는 하지만 '독두천'이라 부르는 사람은 현재도 없고 과거에도 없었다.

독도는 울릉도에서 떨어져나간 부스러기 동섬, 똥섬, 딴섬이 아니다. 獨島는 동섬을 獨島로 표기한 것이 아니라 독섬을 獨島로 표기한 것이다. 그리고 한자표기가 오래 익숙해져서 이제는 동해의 '독섬'을 독도(獨島)로 부를 뿐이다.

4. 돍섬[石島], 돍섬[鷄島]과 독섬

1) 돌섬[石島]과 독섬

처음에 보았던 「동여도」의 닭섬을 왜 獨島, 즉 독섬이라 했을까? 그 이유를 밝히기 전에 우선 독도와 돌섬[石島]의 관계에 대해 알아볼 필요가 있다.

1947년에 방종현은 독도의 '독'이 '돌'의 방언일 가능성을 제기하였다.[308] 이후로 칙령 제41호의 石島에 관한 해석이 논쟁점으로 부각되면서 여러 학자가 전라도 방언에서 '돌'을 '독'이라 하므로 칙령의 돌섬 石島는 독섬 獨島를 뜻한다는 견해를 꾸준히 제시했고, '독'이 '돌'의 방언임을 여러 지명에서 확인하기도 했다.[309]

일제강점기에 오구라 신페이(小倉進平)가 조사한 바에 따르면 전라도, 충청도, 경상도, 제주도의 여러 지역에서 돌을 '독'으로 발음하였다.[310] 〈그림 80〉의 지도를 보면 주로 전라도를 중심으로 하여 충청도, 경상도 일부 지역에서 '독'이라는 방언을 사용했던 것을 확인할 수 있다. 그런데 1882년에

||||||||||||||||||||||||||||||||||||

308) 방종현, 1947, 「독도의 하루」, 경성대학 예과신문 13호

309) 신석호, 1960, 「독도의 내력」, 『사상계』 85호, 128쪽; 신용하, 1996, 『독도의 민족영토사 연구』, 지식산업사, 197-200쪽

310) 〈그림 80〉에 표시된, 小倉進平이 방언 '독'을 쓰는 지역으로 지목한 곳은 忠淸道의 강경, 공주, 남포, 보은, 서산, 서천, 예산, 오천, 조치원, 청양, 청주, 해미, 홍산, 홍성, 全羅道의 강진, 고흥, 곡성, 구례, 군산, 금산, 김제, 나주, 남원, 담양, 목포, 무주, 벌교, 보성, 순창, 순천, 여수, 영광, 영암, 옥과, 운봉, 임실, 장성, 장수, 장흥, 전주, 정읍, 진안, 함평, 해남, 慶尙道의 거창, 김천, 문경, 밀양, 상주, 양산, 창녕, 하동, 함창, 합천, 濟州島의 대정군, 서귀포이다(小倉進平 著, 이상규 · 이순형 교열, 2009, 『조선어방언사전』, 한국문화사, 288쪽(1944, 『朝鮮語方言の硏究』, 東京: 岩波書店)).

울릉도 검찰사 이규원(李奎遠)이 울릉도에서 만난 주민들의 출신지는 대부분 전라도 흥양(興陽: 현 고흥), 낙안(樂安: 현 순천)이었고, 그곳은 사투리 '독'을 쓰는 곳이었다.

'돌'의 사투리 '독'이 전라도에만 있었던 것은 아니다. 한 예로 충남 서천군 비인면 장포리에는 '독살'이라는 고기 잡는 시설이 있다.[311] 조수간만의 차이가 심한 서해안과 남해안 일대에서 해안선에서 약간 떨어진 바다쪽에 돌담을 빙 둘러 쌓아놓고 밀물 때 몰려 들어온 물고기들이 썰물 때에 돌담에 갇혀 빠져나가지 못나가게 하여 물고기를 잡는 시설물을 '독살'이라 부르고 한자로는 석전(石箭)이라 쓴다.[312] '石箭'을 '독살'이라 하므로 '石島'도 '독섬'이라 할 수 있을 것이다.

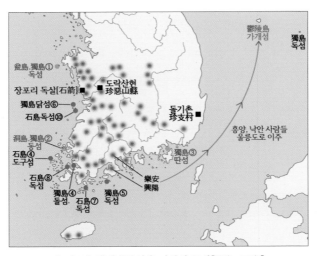

〈그림 80〉 방언 '독' 사용 지역의 독섬[獨島 · 石島]

■ 녹색 반점으로 표시된 곳은 '돌'을 '독'으로 발음하는 곳. 이름이 흐릿한 獨島는 돌섬과 무관한 獨島. 섬 번호는 〈표 19·21〉의 번호

311) 이용한, 2001, 『사라져가는 토종문화를 찾아서, 꾼』, 실천문학사, 133쪽

〈그림 80〉의 지도를 보면 경상도 바닷가나 바다에 가까운 내륙 쪽에는 '독'이란 방언이 없지 않나 할 수 있지만 그렇지 않다. 포항의 도기벌이나 경주의 도기실은 모두 돌을 뜻하는 '독'에서 파생된 지명인데, 현재 그 유래를 잊어서 그것이 돌을 가리키는 말인줄 모르고 있을 뿐이다.

포항시 남구 동해면 도구리(都邱里)는 예전에 도기부곡[都只部曲]이 있던 곳으로 『삼국유사』의 연오랑세오녀(延烏郎細烏女) 설화에 제천소(祭天所)로 등장하는 영일현(迎日縣) 도기야(都祈野)가 이곳이다.[313] 그곳에 도구리, 도기부곡, 도기벌 등의 이름이 있는 것은 바닷가 넓은 벌에 서 있던 선돌 때

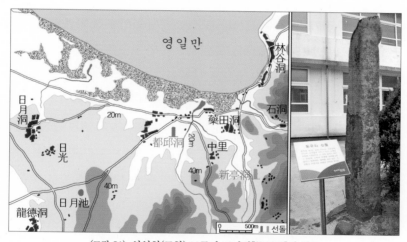

〈그림 81〉 영일현(포항) 도구리 도기벌[都祈野]의 선돌

* 좌: 《延日》(1918). 등고선 간격 20m. 동쪽의 신정리 선돌은 땅속에 쓰러져 있던 것을 1992년에 발견했다.
* 우: 동해초등학교 교정에 옮겨진 도구리 선돌. 높이 2.35m
■ 정연식, 2020, 「경주 부엉산 기슭의 돌마을, 자산(觜山) 돌기촌[珍支村]」, 『한국사연구』 190, 56쪽

312) 돌로 만든 어살[漁箭]은 석전(石箭) 또는 석방렴(石防簾)이라 하고, 나무나 대나무 울타리를 이용하여 물고기를 잡는 어살은 죽방렴(竹防簾)이라 한다.
313) 『三國遺事』 권1, 紀異2 延烏郎細烏女

문인데, 그 선돌은 현재 도구리 동해초등학교 교정으로 옮겨져 있다(<그림 81>). 과거에는 우리말에서 끝의 말음이 절음화하지 않고 제 소릿값을 발휘하여 마치 모음이 붙은 것처럼 발음되었으므로 돌을 뜻하는 '돍'의 방언 '독'의 소리가 '도기', '도구'로 남은 것이다.[314]

한편 경주 남산과 토함산 사이 남천이 흐르는 계곡의 도지동(道只洞)에는 커다란 바위와 고인돌들이 많았다. 『한국지명총람』에도 거북방우[龜巖], 굴 밧골방우, 고깔방우, 복두방우, 팔방우 등의 커다란 바위들 이름이 여럿이 수록되어 있다. 그래서 이곳을 본래 도기실마을이라 했고,[315] 『경상도속찬지리지』에도 도기곡촌[道只谷村]으로 기록되어 있다.[316]

그렇다면 동해의 獨島를 石島라 볼 수 있을지 확인해 볼 차례이다. 그것을 확인하는 방법 가운데 하나는 '獨島'로 기록된 섬을 '돌섬'으로 부르거나, '石島'로 기록된 섬을 '독섬'으로 부른 사례를 찾는 것이다.

우선 獨島부터 살펴보자면 앞의 〈표 19〉에서 「동여도」와 육지측량부 지도에 獨島로 표기된 섬을 셋으로 분류하여, A류 독섬[瓮島], B류 동섬·딴섬, C류 돌섬·독섬·닭섬으로 분류하였다. A류와 B류는 이제까지 살펴보았으므로 남은 C류를 검토할 차례이다. 〈표 19〉의 육지측량부지도에서 獨島로 표기된 것은 《목포(木浦)》의 獨島④와 《거금도(居金島)》의 獨島⑤이다. 이 둘은 『한국지명총람』에서는 '독섬' 또는 '돌섬'으로 명시된 섬들이다. 먼저 《목포》의 獨島④는 전남 해남군 산이면 상공리에 섬으로 있다가 지금은 육지로 변했는데, 『한국지명총람』에 돌섬으로 기록되었다(<그림 82>). 따라서

---

314) 정연식, 2020, 「경주 부엉산 기슭의 돌마을, 자산(觜山) 돌기촌[珍支村]」, 『한국사연구』 190, 55쪽
315) 한글학회, 1978, 『한국지명총람 5(경북편 I)』, 168쪽
316) 『慶尙道續撰地理誌』 慶尙道 慶州府 堤堰

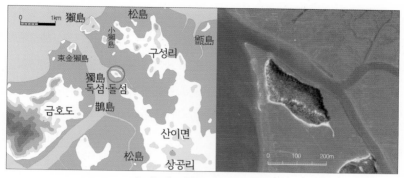

〈그림 82〉 해남군 산이면의 독도

■ 《木浦》(1922). 등고선간격 20m, 右: 1967년 항공사진(국토지리정보원).

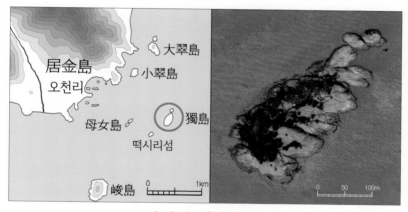

〈그림 83〉 고흥의 獨島⑤

■ 《居金島》(1918). 등고선간격 40m, Daum지도 스카이뷰(2009)

돌섬을 '獨島'로 표기한 사례에 해당된다.

　다음으로 〈그림 83〉의 전남 고흥군 금산면 오천리에 있는 《거금도》의 獨島⑤는 『한국지명총람』에 '독섬'이라 하였는데 독섬이 동섬을 뜻하는지, 돌섬을 뜻하는지 불분명하다. 그런데 주변 섬의 배치를 보면 獨島⑤는 거금도 해변에서 가장 멀지도, 가장 가깝지도 않은 거리에 있고, 거금도와의 사이에 모녀도와 떡시리섬이 중간중간 배치되어 있어 홀로 동떨어진 섬이라 볼 수도 없다. 그러므로 동섬이나 딴섬일 가능성이 낮다. 그리고 사진에서 명백히 돌섬으로 보이므로 돌섬을 獨島로 표기했을 가능성이 매우 높다.

그리고 육지측량부지도에서 獨島, 石島로 표기된 섬들을 찾아서 〈표 21〉에 제시했다.[317] 표에서 육지측량부지도에 石島로 표시된 섬 19개에서[318]

〈표 21〉陸地測量部 지도의 獨島와 石島

육지측량부지도		『한국지명총람』		소재지
圖葉名	섬이름	섬이름	권–쪽	
木浦	*獨島④독섬	돌섬·독섬	16-168	#전남 해남군 산이면 상공리
居金島	獨島⑤독도	獨島·독섬	13-116	전남 고흥군 금산면 오천리
蠶島	石島①돌섬	돌섬·石島	17-229	#경기 구리시 토평동
大阜嶋	石島②돌섬	석도·모도·털미섬	18-121	#경기 안산시 단원구 대부동동
江華	石島③석도	돌섬	17-108	인천 강화군 삼산면 석모리
飛禽島	*石島④석도	도구섬,道口島	14-462	전남 신안군 비금면 광대리
木浦	石島⑤돌섬	–		#전남 영암군 삼호읍 난전리
蘆花島	石島⑥석도	–		전남 완도군 노화읍 충도리
蘆花島	*石島⑦석도	독섬·石島	15-321	전남 완도군 노화읍 충도리
右水營	*石島⑧석도	독섬	16-248	#전남 해남군 화원면 산호리
右水營	石島⑨돌섬	석도	16-258	전남 해남군 황산면 옥동리
壯子島	*石島⑩돌섬	독섬	12-30	전북 군산시 옥도면 비안도리
狐島	石島⑪석도	石島	4상-405	충남 보령시 오천면 녹도리
外烟島	石島⑫석도	石島	4상-408	충남 보령시 오천면 외연도리
於青島	石島⑬ -	돌섬·석섬·石島	4하-15	충남 태안군 근흥면 가의도리

* 獨島의 번호는 〈표 19〉와 같게 하였다.
* 육지측량부지도 한글표기 섬이름은 가타카나 표기를 옮겨 쓴 것.
* '*'는 돌섬을 獨島로, 또는 독섬을 石島로 표기한 사례.

---

317) 19개 가운데 북한의 강원도, 황해도, 평안도에 있는 《沛川里》, 《雲霧島》, 《天台洞》, 《津江浦》, 《青丹》, 《椒島》의 石島는 분석이 불가능하여 표에 제시하지 않았다.

남한에 있는 13개 가운데 완도, 해남, 군산의 石島⑦, ⑧, ⑩에는 '독섬'이라는 별칭이 있어서 명백히 돌섬[石島]을 '독섬'으로 부른 사례에 해당된다. 그리고 신안의 石島④를 '도구섬'이라 하였으므로 그것도 '독섬'과 같은 부류로 간주해도 무방할 것이다.[319]

그리고 〈표 21〉에 제시된 石島 외에도 육지측량부지도에 솔섬[松島]으로 표기된, 전남 완도군 노화읍 고막리 노화도 북서쪽의 섬에 대해서는『한국지명총람』에 '石島'와 '독섬' 두 이름이 등재되었으며,[320] 지도에서 줄곧 '독

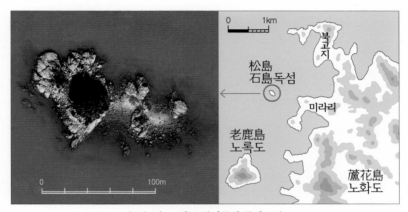

〈그림 84〉 노화도 북서쪽의 독섬 石島

- Daum지도 스카이뷰(2009);《居金島》(1918). 등고선간격 40m.

||||||||||||||||||||||||||||||||||||||||||||||||||

318) 《釜山》의 黑石島,《廣梁灣西部》의 結石島,《身彌島》의 腐石島는 제외한다.《安邊》에도 '돌섬'이 있으나 한자표기가 石島인지는 불확실하여 제외한다.

319) 돌의 방언으로 '독' 외에 '도구'도 있다.

320) 한글학회, 1983,『한국지명총람 15(전남편Ⅲ)』, 315쪽. 신용하는 돌섬을 獨島로 독섬을 石島로 표기한 사례 다섯을 들었다(신용하, 1996, 앞의 책, 197쪽). 그 가운데 고흥군 오천리의 獨島⑤(〈그림 83〉), 완도군 충도리의 石島⑦, 완도군 고막리의 石島(〈그림 84〉) 셋은 분명히 돌섬이다. 다만 신안군 비금면 수치리의 上獨島, 下獨島(〈그림 76〉)는《箕佐島》에 上犾島(ウットンソム), 下犾島(アレトンソム)로 기록된 것으로 보아 '돌섬'이 아니라 '돈섬', 즉 '동섬·딴섬'을 獨島로 쓴 것으로 추정된다.

섬'으로 표기되어 왔다. 그 섬은 위성사진으로도 돌투성이 돌섬임을 한눈
에 알 수 있다(<그림 84>).

그리고 앞에서도 밝힌 바와 같이 〈표 19〉의 군산시 옥도면의 獨島⑥은
명백히 닭섬을 獨島로 표기한 경우이다.

2) '돌·독'의 어원 *turk

돌섬을 어떤 이유로 독섬으로도 부를 수 있었을까? 돌[石]은 '돍'에서
유래되었기 때문이다. '돌' 음을 표현한 옛 자료로는 아래의 것들을 들 수
있다.[321]

(가) 돌: 石 돌 셕 -『훈몽자회』
(나) 돍: 石은 돌히오 壁은 브르미니 -『석보상절』

조선전기 중세국어에서 돌[石]은 (가)에 보이듯이 지금처럼 '돌'로 나타난
다. 『훈몽자회(訓蒙字會)』, 『석봉천자문(石峯千字文)』, 『신증유합(新增類合)』 등
에서도 '石'을 모두 '돌 셕'으로 풀이하였다. 그런데 (나)에서는 '돌' 뒤에 조
사가 붙어 곡용(曲用)하면 '돌히, 돌홀, 돌콰' 등으로 '돌ㅎ' 형태로 나타난다.

그런데 '돌' 또는 '돌ㅎ'보다 더 오랜 형태가 지금의 충남 부여군 석성면
(石城面)에 관한 『삼국사기』 지리지의 글에 남아 있다.

(다) 石山縣 本百濟珍惡山縣 景德王改名 今石城縣[322]

||||||||||||||||||||||||||||||||||

321) 『訓蒙字會』상2b; 『釋譜詳節』9:24; 『삼국사기』권36, 지리지3 熊州 扶餘郡

이 글에서 石이 珍惡에 대응하고 있음을 알 수 있다.[323] 결론부터 말하자면 돌의 오랜 고어는 '도락[*turak]'이었고,[324] '도락'이 '돍'이 되고, 다시 '돓'을 거쳐 '돌'로 정착되었을 것이다. 그 과정을 차례차례 제시하려 한다.

珍惡을 당시의 중국어로는 어떻게 읽었는가를 〈표 22〉에 제시했다.[325]

〈표 22〉 珍과 惡의 재구

	珍 陟鄰切, 知母 眞韻 3等 開口 平聲			惡 烏各切, 影母 鐸韻 1等 開口 平聲		
	上古		中古	上古		中古
Karlgren	*tĭən	IX/4	tĭĕn	*ʔâk	II/33	ʔâk
董同龢	*tĭən	文	tĭĕn	*ʔâk	魚	ʔâk
王力	*tĭən〉tĭen	文	tin	*ak〉ak	鐸	ak
周法高	*tjiən	文	tśiin	*ʔak	鐸	ʔak
李方桂	*trjiən	文	tjĕn	*ʔak	魚	ʔâk
Starostin	*tər〉*tən	文ᴀ	ṭin	*ʔāk〉*ʔāk	鐸	ʔâk
Schuessler	*trən〉*ṭin	文₍₁₎	ṭjen	*ʔâk〉*ʔɑk	鐸	ʔâk
Baxter	*trjin/*tər	文	trin	*ʔak	鐸	ʔak
鄭張尚芳	*ʔl'un〉*tun	文₁	ṭɣin	*qaag〉*ʔak	鐸	ʔɑk
潘悟雲	*k·lun〉*tun	文₁	ṭuin	*qak	鐸	ʔɑk

* 칼그렌과 동퉁허의 t̂는 t̆로 대체했다. IPA로 tś-는 tɕ-에, ṭ-는 ʈ에 해당한다. 백스터의 珍[*tər]은 근래에 수정한 재구음이다.

||||||||||||||||||||||||||||||||||||||||||||||

322) 『삼국사기』 권36, 지리지3 熊州 扶餘郡

323) 돌을 '珍惡'으로 표기한 사실에 관해서는 오래전에 알려져 있었고, 독도와 관련해서도 언급된 바 있다(서종학, 2008, 「'獨島'·'石島'의 지명 표기에 관한 연구」, 『어문연구』 36-3, 47쪽).

324) 고대국어의 후설 고모음 *u는 지금의 '우' 또는 '오'에 해당된다.

325) B. Karlgren, 1957, Grammata Serica Recensa, Stockholm: The Museum of Far Eastern Antiquities, GSR No. 453i·805h; 董同龢, 1944, 『上古音韻表稿』, 臺北: 台聯國風出版社, 217·163쪽; 王力, 1987, 『漢語語音史: 王力文集10』, 濟南: 山東敎育出版社, 610·638·614·625쪽; 周法高, 張日昇·林潔明 編, 1973, 『周法高上古音韻表』, 臺北: 三民書局, 208·38쪽; 李方桂, 1980, 『上古音研究』, 北京: 商務印書館, 49·58쪽; S. A. Starostin(斯·

우선 惡부터 보자면, 惡에는 '나쁘다'는 뜻의 입성 오각절(烏各切), '미워하다'는 뜻의 거성 오로절(烏路切), '어떻게'라는 뜻의 평성 애도절(哀都切), 세 가지 음이 있는데[326] 여기서는 가장 일반적인 나쁘다는 뜻의 烏各切 음을 취했다. 惡의 성모 영모(影母)는 예전에는 주(周) 시기 상고음을 *ʔ-로 상정했으나 판우원은 한장어(漢藏語)의 비교, 해성(諧聲) 체계의 분석을 통해 *q-로 재구했고 정장상팡도 그에 따랐다.[327] 그런데 구개수 폐쇄음 *q-는 한(漢) 시기 후기상고음에서 성문 폐쇄음 *ʔ-로 변했다. 그러므로 당시 음으로 재구하자면 *ʔak이 된다. 그리고 영모(影母) ʔ는 한국한자음에서 거의 묵음(默音)으로 실현되었고, 이는 일본의 오음(吳音), 한음(漢音)에서도 마찬가지이다. 그러므로 惡은 삼국시대 초기에 백제에서 *ak으로 실현되었을 것이다.

문제는 한국한자음으로 '진[ʨin]'으로 읽는 珍이다. 珍(珎)이 고대 우리말 '돌'의 표기수단이라는 사실은 이미 오래전부터 알고 있었지만 이유가 불분명했다. 경구개음 성모를 지닌 ʨin은 초기에는 아마도 치경음 성모를 지닌 ʦin이었을 가능성이 높은데 ʦ-나 ʨ-나 모두 '돌'의 성모 t-와는 거리가 있어 보인다.

阿·斯塔羅斯金(金), 林海鷹·王沖 譯, 2010, 『古代漢語音系的構擬』, 上海: 上海敎育出版社(1989, *Reconstruction of Old Phonological System*, Moscow: Nauka), 279·273·311·243·245쪽; A. Schuessler, 2009, *Minimal Old Chinese and Later Han Chinese: A Companion to Grammata Serica Recensa*, Honolulu: University of Hawai'i Press, pp.328·68; W. H. Baxter, 1992, *A Handbook of Old Chinese Phonology*, Berlin·New York: Mouton de Gruyter, pp.427·488; 鄭張向芳, 2013, 『上古音系(第2版)』, 上海: 上海敎育出版社, 565·514·250·257·261·247·173쪽; 潘悟雲, 2000, 『漢語歷史音韻學』, 上海: 上海敎育出版社, 87·262·283·336·88쪽

326) 『廣韻』上平聲 模11 烏小韻, 去聲 暮11 烏小韻, 入聲 鐸 19 惡小韻
327) 潘悟雲, 2002, 『著名中年語言學家自選集-潘悟雲卷』, 合肥: 安徽敎育出版社(1997, 「喉音考」, 『民族語文』1997年 第5期)

그런데 꼼꼼히 살펴보면 珍을 돌[*tur]로 읽은 이유를 짐작할 수 있다. 珍의 음은 우리말에서 구개음화가 진행되기 전인 16세기까지만 해도 『신증유합』, 『석봉천자문』 등에 '딘[tin]'으로 표기되어 있다.[328] 그리고 珍은 중고음에서 진운(眞韻)으로 진섭(臻攝)에 속하지만 상고음 운부는 진부(眞部)가 아니라 문부(文部)에 속해 있다. 그렇다면 상고음에서 珍은 '딘'보다는 '둔'에 가깝게 읽었을 가능성을 어렴풋이 짐작할 수 있다. 그리고 앞에서 언급했듯이 중국어에서 유음운미가 사라지자 고대국어 한자표기에서 *-r의 표기를 대개 *-t로 대신했고 일부는 *-n으로 대신했음을 기억할 필요가 있다.

이제 〈표 22〉에 제시된 珍의 재구음 음소들을 성모부터 차례대로 분석해 본다. 대부분의 학자들이 성모를 *t-로 제시했다. 다만 정장상팡과 판우윈은 *ʔl-과 *k·l-로 제시했으나 두 사람도 이것들이 일찌감치 *t-로 변했다고 보았다. 따라서 성모를 *t-로 이해함에 아무런 문제가 없다.

다음은 개음이다. 초기에 칼그렌은 *t에 3등개음 j(ǐ)를 결합시킨 *tj-가 구개음화에 의해 t-로 변한 것으로 추정했다.[329] 1971년에 리팡구이는 권설음화(捲舌音化) 작용을 하는 개음 성격의 r을 상정하여 3등개음 j와 함께 결합한 *trj-로 재구했다.[330] 그런데 그 전에 풀리블랭크는 3등개음이 상고음에는 없던 것으로 당 후반기의 후기중고음에 가서야 나타났다고 주장했고, 그것이 수용되어 점차 정설로 자리 잡으면서 3등개음 j(ǐ)가 삭제되기 시작

328) 『新增類合』(1576) 상권 26葉 "珍 珎 보븨 딘"; 『石峰千字文』(1583) 3葉 "珎 보븨 딘". 이토 지유키(伊藤智ゆき)가 조사한 바에 따르면 『六祖法寶壇經諺解』(1496), 『訓蒙字會』(1527), 『小學諺解』(1586)를 비롯하여 16세기까지의 모든 문헌에서 예외 없이 '딘[tin]'으로 나타나 있다(伊藤智ゆき, 2007, 『朝鮮漢字音研究(資料篇)』, 東京: 汲古書院, 161쪽).

329) B. Karlgren, 최영애 역, 1985, 『고대한어음운학개요』 민음사(B. Karlgren 1954, "Compendium of Phonetics in Ancient Chinese", *Bulletin of the Museum of Far Eastern Antiquities*, No. 26, Stockholm: Museum of Far Eastern Antiquities), 32-33쪽

330) 李方桂, 1980, 앞의 책, 15쪽

했다.[331] 따라서 리팡구이의 *trjən은 *trən으로 수정되어야 한다. 그리고 마침내 개음 *-j-는 정장상팡과 판우원의 재구음에서 사라졌다.

다음은 주요모음이다. 20세기 말에 대세를 이룬 상고 6모음 체계에서 *i, *e, *a, *o, *u의 5모음 외에 또 하나의 모음을 스타로스틴은 *ə로 보았고 보드만과 백스터는 *ɨ로 보았다가 백스터는 후에 *ə로 수정했으며, 정장상팡과 판우원은 *ɯ로 보았다. 그래서 〈표 22〉에서 정장상팡과 판우원은 *-ɯn을 제시했다.

후설 원순 고모음 [u]와 짝을 이루는 후설 비원순 고모음 [ɯ]는 일본어에서는 대표적으로 す[sɯ]에 나타나는 음인데, す는 영어로는 'su'로 표기하고 우리말로는 '스'로 표기한다. 결국 *tɯn은 *tun에 가까운 음이다(<그림 85>).

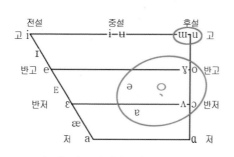

〈그림 85〉 모음사각도의 ɯ·u와 ㅇ
* 나란히 짝을 이룬 발음기호는 왼쪽이 비원순모음,
오른쪽이 원순모음

마지막으로 운미 *-n이다. 중국어에서는 유음 운미 *-l이 대체로 후한 시기를 전후해서 사라진 것으로 추정된다. 중국어에서 유음 운미가 소멸되자 외국어의 유음 -r/-l을 한자로 표기하기 위해 몇 가지 방법이 동원되었다. 그 가운데 흔히 사용된 것이 *-n, *-t로 유음을 표현하는 것이다.[332]

珍도 마찬가지이다. 삼국 초기에 이미 중국어의 유음 운미가 사라져서

331) E. G. Pulleyblank, 1962a, "The Consonantal System of Old Chinese", *Asia Major*, Vol.9 No.1, London: Percy Lund, Humphries & Co., pp.98-114
332) 정연식, 2017, 「신라 경주의 東川 沙梁과 西川 及梁」, 『한국문화』 58, 123쪽

고대국어의 유음 말음을 지닌 *tur를 표현하기 위해 珍[*tɯn]을 사용하였고, *turak을 珍惡[*tɯnak]으로 표기한 것이다. 그리고 고대국어의 *u는 우리말에서 '우' 또는 '오'로 정착되었다. 따라서 *tur을 가장 가깝게 표현할 한글표기로 '돌'을 선택한 것이다. 따라서 돌을 뜻하는 珍惡은 *turak으로 읽는다.

돌을 뜻하는 *turak은 알타이어에서 갈라져 나온 말로 추정된다. 스타로스틴은 돌을 뜻하는 원시알타이어 *tiŏĺa를 제시하고 이것이 오래전 뛰르크어의 *daĺ, 퉁구스-만주어의 *ǯola, 일본어의 *(d)ísì가 되었고 원시 몽골어에서 *tilaɣun으로 나타났다고 하였다(<표 23>).[333] 중세한국어로 제시한 *tōr(h)는 조사가 붙어 곡용(曲用)을 하면 '돌히, 돌콰' 등으로 'h'가 나타나는 현상을 표시한 것이다.

〈표 23〉 알타이 여러 언어의 '돌'

	뛰르크어	퉁구스어	몽골어	한국어	일본어
원시어	*daĺ	*ǯola	*tilaɣun	-	*(d)ísì
고대어	*taš	-	-	*tōr	*isi
중세어	taš	-	*čilaʔun	tōr(h)	ísì
현대어	taš	ǯolo	šulū(n)	tol	ishí

* 현대어의 경우에는 뛰르크어는 뛰르키에어, 퉁구스만주어는 에벤키어, 몽골어는 부리야트어, 일본어는 도쿄어로 하였다.
■ S. A. Starostin著, 김영일譯, 1996, 『알타이어 비교연구』, 대일, 76-77쪽, 576쪽

원시몽골어 *tilaɣun의 유성 연구개 마찰음(voiced velar fricative) [ɣ]는 유성 연구개 폐쇄음(stop) [g]와 아주 유사하여 [ɣu]는 [gu]와 [øu]의 중간쯤

---

333) 에스·아·스타로스틴, 김영일 譯, 1996, 『알타이어 비교연구』, 대일(S. A. Starostin, 1991, *The Altaic Problem and the Origin of the Japanese Language*, Moscow: Nauka), 76-77쪽, 576쪽

에 해당하는 소릿값을 갖는다. 그런데 우리말에는 유성음 /g/가 다른 음소와 대립된 독립 음소로 존재하지 않았으므로 /g/는 [k]로 실현된다. 그리고 -n은 〈표 23〉에도 보이듯이 종종 탈락하기도 한다. 그렇다면 원시몽골어의 *tilaγun과 고대국어의 *turak(珍惡)은 아주 가까운 음이다. 우리말의 '돌'이 원시몽골어 *tilaγu와 같은 조어(祖語)에서 갈라져 나왔다는 것을 의심할 필요는 없다.

그런데 *turak은 어중음탈락(syncope)에 따라 *turk가 되었던 것으로 보인다. 그 증거는 신라 초기 6촌 가운데 하나였던 자산(觜山) 돌기촌[珍支村]에 있다. 정조 때 간행된 『호구총수(戶口總數)』(1789)에는 경주부 외방면(外方面)의 리(里) 이름으로 '상돌기리[上乭只里], 하돌기리[下乭只里]'가 있다. 한국한자 '乭(돌)'은 예전에 '돌'이 石을 가리키는 것을 분명히 할 때에 쓰던 글자이다. 그리고 백제, 신라 지역에서 '只'는 우리말 속음(俗音)으로 읽을 때에는 지[ʨi]로 읽지 않고 '한기부[漢只部], 두드러기[豆等良只], 마지기[斗落只]'처럼 기[*ki]로 읽는다. 따라서 '乭只'는 '돌기'로 읽는다. 그런데 돌기리[乭只里]는 지금의 경주시 외동읍 석계리(石溪里)에 해당된다. 珍支村의 '珍'은 앞서 보았듯이 *tur로 읽었다. 그리고 고대어 한자표기에서 支도 *ki로 읽었음은 이미 오래전부터 널리 알려져 있었다.[334] 따라서 珍支도 *turki로 읽어야 한다. 따라서 석계리(石溪里)의 石溪라는 지명이 '돌기[乭只]' 또는 '돌기[珍支]'에서 왔음을 알 수 있다(〈그림 86〉).

그런데 왜 *turk을 *turki('珍支, 乭只')로 표기했을까? 앞에서 밝혔듯이 절음화가 진행되기 이전의 우리나라 고대국어는 외파가 아주 강했던 것으로

---

334) 鮎貝房之進, 1972, 『雜攷(俗字攷·俗文攷·借字攷)』, 豊島區: 國書刊行會, 808쪽; 송기중, 2004, 『고대국어 어휘 표기 한자의 자별 용례 연구』, 서울대학교출판부, 164-166쪽; 김무림, 2015, 『고대국어 한자음』, 한국문화사, 203-205쪽

〈그림 86〉 경주 외동읍 석계리의 선돌과 주변 지형

* 선돌은 현재는 표시된 지점보다 14번 국도에 더 바싹 붙어 있다.
■ 좌상: 국립경주박물관·경주시, 2008, 『文化遺蹟分布地圖－慶州市 1:10,000－』, 308쪽
■ 정연식, 2021, 「경주의 두 곳 빈지(賓之)와 본피(本彼), 벽진(碧珍)의 뜻」, 『민족문화연구』 92, 184쪽

짐작된다. 그래서 신라 6부 가운데 하나인 습비부(習比部)를 습비(習部)로도 썼다. *sup을 習으로 표현하기도 하고 말음에 모음 하나를 덧붙여 두 음절 習比로 표현하기도 한 것이다. 따라서 *turk을 '돌기(돌그)'처럼 발음했고 이를 충실히 구현하기 위해 *turk를 珍支[*turki]라 쓴 것이다.[335]

결국 돌의 고형(古形) *turak은 어중음탈락에 의해 *turk가 되었다. 그리고 오랜 형태의 *turak은 백제 부여의 지명에 남았고, 새로운 형태의 *turk

은 신라 경주 외동읍의 지명에 남았던 것이다.

그리고 다른 나라 언어에서도 그런 경우가 많지만 우리나라의 h 음소는 s 또는 k와 관련이 깊은 것으로 알려져 있다.[336] 중세국어 '돌콰, 돌히'의 torh도 *turk에서 유래되었을 것이다.

그런데 절음화가 아직 발생하지 않은 고대국어에서는 *-rk의 두 음소가 모두 확실히 구현되었지만, 절음화가 완료된 뒤로는 겹받침의 두 음소 가운데 하나는 실현될 수 없게 되었다.[337]

그래서 *-rk 가운데 r이 선택되어 *turk는 tor가 되었고, 말음의 -r이 변이음 -l로 구현됨으로써 지금의 돌[tol]로 정착된 것이다.

이미 12세기의 『계림유사(鷄林類事)』에서는 고려인들이 石을 '突(돌)'이라 했다 한다.

그런데 고대국어 *turk의 절음화가 진행되는 과정에서 일부 지역에서는, '둙[鷄]'을 현재 '닥'으로 발음하는 것처럼, -r이 아니라 -k만 발음하여 지금의 '독[tok]'이라는 방언이 생겨난 것이다.

||||||||||||||||||||||||||||||||||||||

335) 다만 중성모음(neutral vowel) schwa ə를 쓰지 않고 왜 긴장도가 높은 전설 고모음 i를 사용했는지는 아직도 의문이다. 고대국어의 *i가 정확하게 [i]는 아니었던 것으로 보인다.

336) 김동소, 2011, 『한국어의 역사(수정판)』, 정림사, 62-66쪽

337) 중국에서는 周秦의 상고음에서도 외파가 일어나지 않았다. 그래서 한국어의 절음화는 고대어에 한자가 들어올 때 入聲 한자음을 받아들이면서 발생했다는 주장이 있다(박은용, 1970, 「중국어가 국어에 미친 영향(음운편)」, 『(효성여대)연구논문집』 70; 김영진, 2002, 「국어의 內破化에 대하여」, 『국어사연구』, 이회).

3) 닭섬[鷄島]과 돍섬[石島]

앞의 군산시 옥도면 선유도리의 사례에서 보았듯이 때로는 닭섬[鷄島]을 獨島로 표기하기도 했다. 닭섬이 어떻게 해서 獨島로 표기되었을까?

육지측량부 지도에 이름이 기록된 섬은 2,780개가 있고 그중에 이름이 둘인 섬이 88개여서 섬 이름은 모두 2,868개이다. 그 가운데 큰섬 대섬[竹島]과 작은섬 솔섬[松島]이 103개와 80개로 가장 많다. 그리고 큰섬을 뜻하는 대섬[竹島]과 대도(大島) 15개를 합하면 모두 118개가 되고, 작은섬을 뜻하는 솔섬[松島], 소도(小島), 까치섬[鵲島]을 합하면 모두 113개가 되어 큰섬, 작은섬의 균형이 대략 맞는다.

그런데 상식적인 생각으로는 돌섬이라는 이름도 큰섬, 작은섬보다는 적을지라도 꽤 많을 것 같은데 21개밖에 되지 않는다. 의외로 적다. 앞에서 큰섬[大島], 작은섬[小島]이 너무 적은 것에 의문을 품고 대섬[竹島], 솔섬[松島]을 찾아내었듯이 돌섬도 그와 연관이 있어 보이는 섬을 분석해 볼 필요가 있다. 그것이 닭섬[鷄島]이다.

돌섬의 고어는 '돍섬'이었고 그와 가장 유사한 이름을 지닌 섬을 찾는다면 단연 '돍섬[鷄島]'이다. 〈표 24〉에서 석도(石島) 21개와 계도(鷄島) 26개를 합하면 모두 47개로서

〈표 24〉 육지측량부지도의 섬 이름 순위

순위	이름	한자표기	본명	합성	합계	
1위	대섬	竹島	76	27	103	118
	큰섬	大島	10	5	15	
2위	솔섬	松島	63	17	80	113
	작은섬	小島	14	-	14	
	까치섬	鵲島	19	-	19	
3위	목섬	項島	32	10	42	
4위	장구섬	長鼓島·缶島	27	4	31	
5위	새섬	鳥島·間島	20	11	31	
6위	긴섬	長島	24	6	30	
7위	닭섬	鷄島	21	5	26	47
9위	돌섬	石島	21	-	21	
8위	꽃섬	花島	13	11	24	
10위	밤섬	栗島	17	2	19	

＊〈표 12〉에서 간추려 냄

목섬[項島] 42개를 뛰어 넘어 3위에 오른다. 鷄島가 '닭섬'이라는 뜻으로 붙인 이름이라고 생각하면 이 결과가 자연스럽다.

우리나라 섬 가운데는 동물 이름이 붙은 섬들이 적지 않다. 소섬[牛島], 말섬[馬島], 양섬[羊島], 노루섬[獐島], 돝섬[猪島], 뱀섬[蛇島], 개섬[狗島], 새섬[鳥島], 까치섬[鵲島], 닭섬[鷄島], 쥐섬[鼠島], 개구리섬[蛙島], 게섬[蟹島], 새우섬[蝦島·鰕島], 파리섬[蠅島], 모기섬[蚊島] 등이 있다. 그 가운데 소섬, 말섬, 양섬, 파리섬 등은 어떤 뜻에서 붙인 이름인지 짐작이 되지 않는다. 다만 '까치'는 작다, '새'는 사이[間]로 짐작된다. 그리고 게섬, 새우섬, 뱀섬의 경우에는 실제로 섬의 형상이 해당 동물과 비슷하다(<그림 87>).

<그림 87> 동물 이름 섬

- 게섬: 보성군 벌교읍 장도리, 새우섬: 고흥군 과역면 백일리, 뱀섬: 통영시 도산면 수월리, 닭섬: 고흥군 금산면 신평리
- 국토지리정보원, 2014, 1:5,000지형도 <순천078>·<고흥029>·<통영054>·<거금010>. 등고선간격 10m

그렇다면 닭섬도 닭과 관련이 있을까? 鷄島 중에는 실제로 닭처럼 생긴 섬도 있다. <그림 87>의 끝에 제시된 전남 고흥 거금도 동북쪽의 鷄島는 닭처럼 생겼고 주변에 닭머리섬, 닭꼬리섬도 있다. 그렇다면 다른 鷄島들도 닭과 관련이 있을까?

육지측량부 지도에 鷄島로 표기된 섬은 모두 21개이고, 앞에 글자 하나가 더 붙은 鷄島가 7개가 있어 모두 28개가 있다. 그 가운데 검토에 부적합한 4개를 제외한 나머지 24개의 닭섬의 목록을 <표 25>에 제시하고,[338] 그 24개 가운데 현재 육지로 변한 4개를 제외하고 남은 20개 닭섬의 모양을 〈그림 88〉에 제시했다.

그림에서, 개인적인 느낌이기는 하지만, 앞서 제시한 고흥의 5번을 포함하여 번호에 #을 붙인 3, 7, 14, 19, 22번은 닭의 형상으로 볼 수도 있다. 그러나 나머지는 닭과 무관해 보인다. 그렇다면 왜 닭섬이라 불렀을까?

닭섬이라는 이름, 계도(鷄島)라는 표기는 대섬, 솔섬이 그랬듯이 조선시대에 이루어진 것도 아니고 아주 오래전에 이루어졌을 것이다.

'돌'의 고대국어가 '도락'이었다는 것을 이미 앞에서 말했다. 또한 고대국어로 '닭[*turk]'이 있었음은 경주 돌기촌[珍支村]이라는 이름으로 알 수 있다. 그리고 그런데 '닭'과 음이 아주 비슷한 중세국어로 '닭[tɐlk]'이 있다. '닭'과 '닭'은 상당히 유사하다. 그런데 고대로 거슬러 올라가 살펴보아도 둘은 아주 유사했다.

중세국어 '닭'을 IPA로 정확하게 표기하는 것도 쉽지 않지만 고대국어에서는 더욱 복잡해진다. 우선 고대국어에 모음 'ㅇ'가 존재했는지에 대해서도 견해가 일치하지 않으며, 존재했다고 보는 연구자들의 견해도 서로 달라서 그 소릿값을 *o, *ɔ, *ɣ, *ə, *ɐ로 다양하게 제시하였다.[339] 〈그림 85〉를 보면 고대국어에 'ㅇ'가 독립된 음소로 존재했다고 믿는 연구자들이 각각 제시한 모음들은 대개 반고~반저 상태에서 중설~후설에서 형성되는 모음들이다. 그것들은 *u와 그다지 멀리 떨어져 있지 않다. 그러므로 '닭'과 '닭'은 서로 가까운 음이다.

어원을 캐어 더 세밀하게 관찰해 보면 더욱 그렇다. 닭을 뜻하는 원시알

---

338) '鷄島' 28개 가운데 앞에 일반적인 大, 小, 上, 下가 아니라 특별한 글자가 붙은 《麗水》의 蠟鷄島, 《鎭興里》의 敏鷄島와, 북한 지역이라서 자세한 정황을 알 수 없는 《浦川里》, 《夢金浦》의 鷄島는 제외한다.

339) 박창원, 2002, 『고대국어 음운』, 태학사, 148-150쪽; 김동소, 2011, 앞의 책, 80쪽

〈표 25〉 육지측량부지도와 『한국지명총람』의 닭섬[鷄島]

陸地測量部 지도		『한국지명총람』		소재지
도엽명	섬이름	섬이름	권—쪽	
巨次群島	鷄島①계도	鷄島.닭섬	16-38	전남 진도군 조도면 소마도리
仁智里	鷄島②달섬	鷄島.닥섬	16-48	#전남 진도군 지산면 앵무리
蘆花島	鷄島③계도	닭섬	15-304	전남 완도군 군외면 당인리
梨津	鷄島④닭섬	鷄島.닭섬	15-307	전남 완도군 군외면 황진리
居金島	鷄島⑤닭섬	鷄島.닭섬	13-114	전남 고흥군 금산면 신평리
高興	鷄島⑥계도	鷄島	13-158	#전남 고흥군 점암면 여호리
突山	上鷄島⑦웃닭섬	上鷄島	15-65	전남 여수시 화정면 낭도리
	下鷄島⑧아래닭섬	下鷄島	15-65	전남 여수시 화정면 낭도리
箕佐島	鷄島⑨닭섬	鷄島.닥섬	14-485	전남 신안군 안좌면 탄동리
	鷄島⑩닭섬	–	–	전남 신안군 안좌면 한운리
	鷄島⑪닭섬	鷄島.닥섬	14-486	전남 신안군 안좌면 한운리
木浦	鷄島⑫닭섬	鷄島.딱섬	15-226	#전남 영암군 산호읍 나불리
	鷄島⑬닭섬	鷄島.닥섬.딱섬	15-234	#전남 영암군 산호읍 나불리
彌勒島	鷄島⑭닭섬	楮島.딱섬	10-185	경남 통영시 산양읍 저림리
舊助羅 (栗浦)	大鷄島⑮대덕도	大鷄島.큰닭섬	10-195	경남 통영시 한산면 매죽리
	小鷄島⑯소덕도	小鷄島.작은닭섬	10-195	경남 통영시 한산면 매죽리
務安	鷄島⑰닭섬	닭섬	14-174	전남 무안군 삼향읍 왕산리
巨濟島	鷄島⑱달섬	鷄島.닭섬	8-42	경남 거제시 사등면 창호리
鎭海 (鎭海)	鷄島⑲기도	鷄島.닭섬.딱섬	10-9	경남 창원시 구산면 내포리
	小鷄島⑳소기도	小鷄島.적은닭섬	10-10	경남 창원시 구산면 내포리
壯子島	鷄島㉑닭섬 獨島⑥	鷄島.닭섬	12-31	전남 군산시 옥도면 선유도리
末島	鷄島㉒닭섬	鷄島	12-29	전북 군산시 옥도면 말도리
安眠島 南部	鷄島㉓닭섬	鷄島.닭섬	4하-45	충남 태안군 고남면 누동리
白牙島	鷄島㉔계섬	鷄島.닭섬	18-124	인천 옹진군 덕적면 백아리

■ 부분적으로 지워진 《舊助羅》는 〈栗浦〉(1963)로, 《鎭海》는 〈鎭海〉(1957)로 대체함.

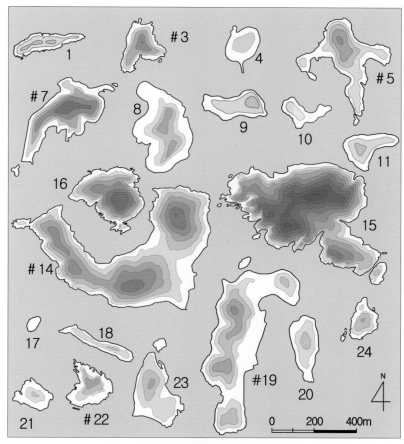

〈그림 88〉 닭섬[鷄島]의 여러 모양

* 번호는 〈표 25〉의 번호이며, 번호에 #표한 섬은 닭 모양의 섬

■ 국토지리정보원, 2014, 1:5,000지형도, 등고선간격 10m, ①〈눌옥080〉, ③〈완도075〉, ④〈완도
038〉, ⑤〈거금010〉, ⑦〈여수054〉, ⑧〈여수064〉, ⑨〈하의007·008〉, ⑩〈자은093〉, ⑪〈자은083〉,
⑭〈통영096·097〉, ⑮〈매물012·022〉, ⑯〈매물013〉, ⑰〈목포057〉, ⑱〈거제001〉, ⑲·⑳〈마산062〉,
㉑〈신시078〉, ㉒〈신시058·068〉, ㉓〈고남018〉, ㉔〈백아069〉)

타이어는 *t'ŏro 또는 *t'ŏrok'V였고, 원시퉁구스어에서는 *turākī, 원시몽
골어에서는 *turaɣu로 나타난다. 그것들은 '돍'의 고어 *turak, *turk과 매
우 유사하며 중세국어 '돍'과도 아주 유사하다(〈표 26〉).[340] 중세국어에서

<표 26> '닭'과 '돌'의 비교

	원시알타이어 닭 *tʼðro(kʼV), 돌 *tiōlʼa				
	튀르크어	퉁구스어	몽골어	한국어	일본어
원시어	닭 *torgaj 돌 *dalʼ	*turākī *ǯola	*turaɣu *tilaɣun	*tằrk (*turak)	*tórí *(d)ísì
고대어	닭 *toriɣa 돌 *taš	– –	*turaʼun –	*tằrk (*turk)	*tori *isi
중세어	닭 – 돌 taš	– –	– *čilaʔun	tằrk tōr(h)	tórí ísi
현대어	닭 turgaj 돌 taš	turākī ǯolo	turlāg šulū(n)	tak[talk] tol	tòri ishí

* 윗줄의 '닭'은 원시알타이어는 새, 튀르크어는 작은새·종달새, 퉁구스어와 몽골어
는 까마귀, 한국어는 닭, 일본어는 새를 뜻한다.

'돍'과 '돐'의 넘나듦은 고대국어에서는 더 쉬웠을 가능성도 높다. 그래서 돍
섬을 돐섬이라고도 불렀고 한자로 石島, 鷄島, 獨島로 표기했을 것이다.

처음에 제시했던 군산의 돐섬이 어째서 「동여도」에 독도(獨島)로 표기되
었는지는 이제 이것으로 설명된다. 군산의 돐섬(鷄島㉑)은 '돍섬'이라는 뜻
에서 붙여진 이름이고, 절음화에 따라 겹자음을 발음할 수 없게 되자 대개
돍은 '닥'으로, 돐은 '돌'로 발음했지만 일부 방언에서는 돐을 '독'으로 발음
했고 그것이 독도(獨島)로 표기된 것이다. 실제로 군산의 돐섬은 닭과는 전
혀 무관하게 생겼다. 그리고 섬 전체가 바위로 되어 있다(<그림 89>).

지금은 '닥'으로 발음하는 것으로는 돍만이 아니라 닥[楮]도 있다. '닥섬'
또는 '딱섬'이라 부르는 저도(楮島)는 육지측량부지도에 9개가 남아 있는
데,[341] 이것이 돍섬과 상통할 수도 있으므로 楮島도 돌섬을 뜻하는 것이 아

340) Sergei Starostin·Anna Dybo·Oleg Mudrak, 2003, *Etymological Dictionary of the Altaic Languages*, Leiden · Boston: Brill, p.1462; S. A. Starostin, 김영일 옮김, 1996, 『알타이어 비교연구』, 대일(1991, *The Altaic Problem and the Origin of the Japanese Language*, Moscow: Nauka), 76-77쪽, 576쪽

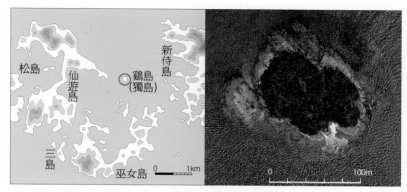

〈그림 89〉 선유도리의 獨島⑥(鷄島㉑)

■ 《꾿子島》(1918), 등고선간격 40m; Daum지도 스카이뷰(2009)

닐까 추정할 수 있다. 실제로 경남 통영시 산양읍 저림리의 딱섬 楮島는 《彌勒島》에 '닭섬[鷄島]'이라는 이름이 병기되어 있다.[342] 그리고 전남 무안군 해제면 송선리의 楮島(《望雲》)는 현재 닭섬으로 부르고 있다.

그러나 '닥[楮]'과[343] '둙[鷄]'의 경우, 절음화 이후에는 음이 아주 유사하지만 절음화 전에는 겹자음이 모두 발음되고 말음이 외파하여 굳이 표현하자면 '다기'와 '두리기'로 발음하였으므로 음이 비슷하다고 보기 어렵다. 섬에 이름이 붙여진 시기는 당연히 절음화 전이었을 것이므로 '楮島'와 '鷄島'가 같은 뜻이라고 말하기에 주저하게 된다. 물론 지명 표기의 보수성을 고려하더라도 절음화가 완결된 뒤에 일부 닥섬과 둙섬이 뒤섞였을 가능성을 고려해 볼 수 있을 터인데, 몇몇 사례에서는 그렇게 보이기도 한다.

|||||||||||||||||||||||||||||||||

341) 전남 완도군 노화읍 이포리의 《蘆花島》의 楮島는 가타카나로 '돗섬'으로 씌어있고, 『한국지명총람』에도 돌섬, 豬島로 표기되어(『한국지명총람』 15-320) '豬島'가 잘못 인쇄된 것으로 추정되므로 제외했다.

342) 한글학회, 1980, 『한국지명총람 10(경남편Ⅲ·부산편)』, 185쪽

343) 『訓蒙字會』上:10『新增類合』上:9 "楮 닥 뎌"

5. 대한제국 칙령의 石島

일본이 독도를 시마네현에 소속시킨다는 고시 제40호가 있기 5년 전에 대한제국은 독도[石島]의 영유권에 관한 중요한 결정을 내렸다. 1900년의 칙령 제41호 제2조에는 "군청위치(郡廳位寘)는 태하동(台霞洞)으로 정(定)호고 구역(區域)은 울릉전도(鬱陵全島)와 죽도(竹島) 석도(石島)를 관할(管轄)훌 사(事)"라 하였다. 독도가 아무도 거들떠보지 않던 무주지(無主地)였다는 일본의 주장은 이 칙령으로 부정된다. 다만 이 조항에서 石島가 독도인지 관음도인지 한국과 일본 양국 사이에 논쟁이 있었다.

울릉도 주변에는 크고 작은 섬과 바위가 여럿이 있지만 그 가운데 큰 섬이 대섬 죽도(竹島)와 관음도(觀音島)이다. 그런데 칙령에서 울릉전도(鬱陵全島), 죽도(竹島), 석도(石島)를 차례대로 언급했으므로 그것이 크기순으로 울릉도와 죽도와 관음도를 지칭한 것이라고 오해할 수도 있다. 그래서 일부 일본학자들은 石島가 울릉도 가까이에 있는 섬이고 주위에 있는 섬들 가운데 죽도를 제외하고 큰 섬은 관음도이므로 石島는 관음도를 지칭한다고 주장했다.[344] 그런데 그러한 주장에는 맹점이 있다.

첫째, 울릉도 동북쪽 해상의 섬 관음도에는 '관음도(觀音島)' 또는 '가는섬[細島]'이라는 이름도 있고 '가는목섬[細項島]'이라는 이름도 있는데, 이런 기존의 명칭들을 다 제쳐놓고 굳이 石島라는 생소한 이름으로 작명을 하여 칙령에 썼을까? 현지 주민들도 관음도를 돌섬이라 부르지 않는데 중앙 정부에서 관음도가 돌섬이라는 것을 알고 굳이 남들이 알아듣지도 못할 새 이름을 만들어서 돌섬이라고 했을 가능성은 거의 없다.

344) 下條正男, 2008, 「獨島呼稱考」, 『人文·自然·人間科學研究』19, 拓殖大學人文科學研究所

둘째, 관음도를 다른 섬들과 혼동할 우려가 있는 石島로 표기했을까? 울릉도 주변에는 일종의 섬이라 할 수 있는 '구멍바위', '딴바위(대바위)', '삼선암', '북저바위' 등으로 돌섬이라는 것을 명백히 한 이름의 바위들이 적지 않다. 그러므로 관음도를 특정하기에는 '石島'라는 명칭이 적합하지 않다.

셋째, 관음도는 울릉도에서 70m 거리에 있어 울릉도와 거의 붙어있다시피 한 섬이다. 군 행정구역 설정에서 울릉도에서 2km 떨어진 죽도를 울도군(鬱島郡)에 포함할 때에는 70m 거리의 관음도가 포함되는 것은 당연한 일이다. 따라서 관음도가 울도군의 관할에 속한다고 군이 말할 필요도 없다. 만약 울도군의 관할 구역설정에서, 독도를 제외하거나 또는 독도를 의식하지 않고, 울릉도에 가까운 주변의 섬들만 포함시킨다는 것을 표현하자면 '울릉전도(鬱陵全島)와 竹島와 石島'로 표현하지 않고 아마도 '울릉전도와 주변의 여러 섬' 또는 '울릉전도와 울릉도 주변의 竹島를 비롯한 여러 섬'을 뜻하는 다른 표현을 썼을 것이다.

넷째, 石島를 관음도나 독도가 아니라 울릉도 주변의 죽도를 제외한 나머지 돌섬들을 지칭한 것으로 해석할 수도 있지 않느냐 반문할 수도 있지만 그랬을 가능성도 희박하다. 황제의 칙령에 대상을 정확하게 지칭하지 않고 막연하게 '竹島와 石島'로 기록하여, '竹島와 나머지 여러 石島'로 해석하게 했을 가능성은 거의 없다. 그리고 굳이 그런 뜻이라면 주변에 '岩'자가 붙은 섬들이 많았으므로 '石島'보다는 '岩島'라 했을 것이다.

그렇다면 '竹島와 石島'의 石島는 무엇이며 왜 그렇게 썼을까? 칙령의 요지는 울릉도와, 울릉도와 가까이 있는 주변의 여러 섬과, 울릉도에서 멀리 떨어진 돌섬 독도까지 울도군의 관할 구역으로 한다고 이해하는 것이 가장 합리적이다. 울도군의 관할 구역에 대해 우선 울릉도 자체를 '鬱陵全島'로 언급하고, 다음에 주변의 가까운 섬들을 대표하여 그 가운데 가장 멀리 있고 가장 큰 '竹島'를 언급한 뒤, 그 다음에 멀리 떨어져 있는 섬으로 '石島'를 언급한 것이다. 물론 그 석도는 독도를 말한다.

칙령이 작성된 시기에 울릉도 주민들은 독도를 '독섬'으로 불렀다. 그리고 '독섬'이 '돌섬'을 뜻한다는 것도 명확했고 주민들 일부는 돌섬으로 부르기도 했을 것이다. 그리고 그때까지는 '獨島'라는 한자표기가 아직 등장하지 않았거나, 등장했더라도 일반화하지 않았을 것이다. 그렇기에 사투리 이름 '독섬'을 뜻을 분명히 하여 '石島'라 했을 것이다. 칙령의 石島는 그렇게 해석하는 것이 가장 자연스럽다.

다시 간결하게 정리하자면 '獨島'라는 이름은 예전에 우리나라에서 세 가지 경우에 쓰였다. 첫째 독 모양의 섬 독섬[甕島]이나, 둘째 동섬·똥섬·딴섬이나, 셋째 돌섬이라는 뜻의 방언 독섬을 한자로 표기한 것이다. 동해의 獨島가 어떤 뜻의 이름인지는 독도가 독모양이라 할 수 없으므로 첫 번째 경우는 해당되지 않고 남은 두 가지 중에서 찾아보아야 한다.

우리나라에서는 평지에 홀로 떨어져 있는 작은 산을 동산, 동매, 똥메, 딴산이라 하고, 섬 가운데도 큰 섬 가까이에, 또는 육지 가까이에 있는 작은 섬을 동섬, 똥섬, 딴섬, 먹섬으로 불렀다. 본래 '동'은 끄트머리 작은 부분

〈그림 90〉 돌섬 독도

■ 사진: 동북아역사재단

이나 떨어져 나간 작은 부분을 지칭하며, 똥은 그것을 얕잡아 보아 된소리로 발음한 것이고, 딴(뜬)은 남은 부스러기를 뜻하는 말이다. 그래서 그러한 산은 독산(獨山) 또는 동메[獨山]라 했다. 섬의 경우에는 동도(동섬: 東島, 洞島, 同島), 분도(똥섬: 糞島), 단도(딴섬: 端島, 段島), 오도(먹섬: 梧島), 오동도(오동섬: 梧桐島)로 표기하였는데 때로는 독도(獨島)로 표기하기도 하였다.

그런데 동해의 獨島는 이 경우에 해당되지 않는다. 동섬, 똥섬, 딴섬은 대개 육지나 큰 섬 가까이에 있고, 아주 작은 섬이다. 그런데 독도는 동해 안이나 울릉도에서 너무 멀리 떨어져 있고, 일반적인 동섬, 똥섬, 딴섬보다는 너무나 크다. 그리고 동해의 독도를 독섬으로 불렀다는 자료는 꽤 있으나 동섬, 똥섬, 딴섬으로 불렀다는 기록이 없다.

한편 예전 지도에는 독섬을 石島로 표기하거나 돌섬을 獨島로 표기한 것들이 여럿이 있다. 그것은 獨島가 돌섬의 방언 독섬을 한자로 표기한 것이라는 증거이다. 돌섬은 때로는 닭섬[鷄島]이라는 이름으로 남기도 했다.

결국 '독섬 獨島'는 '돌섬'을 뜻하는 말이다. 그리고 칙령 제41호의 石島도 당연히 독도이다. 칙령에서 울릉전도(鬱陵全島), 죽도(竹島)와 석도(石島)를 언급한 것은 울릉군(鬱島郡)의 관할 구역으로 울릉도와, 울릉도 주변의 여러 섬을 대표하는 대섬[竹島]과, 울릉도에서 멀리 떨어진 독섬[獨島, 石島]을 두루 언급한 것이다.

맺음말

독도 영유권 문제는 한국에도 일본에도 중차대한 관심사이다. 그래서 엄청나게 많은 연구논문이 있고 책도 몇백 권이 나와 있다. 한국과 일본의 학자들은 자국의 자료, 상대국의 자료를 가리지 않고 지방의 이름 없는 신문까지 뒤져가며 샅샅이 훑어 왔다. 그리고 그 작업은 지금도 진행되고 있다.

독도 영유권 논쟁의 이슈들은 크게 전근대의 역사적 연원과 근현대의 국제법에 관한 것으로 나누어 볼 수 있다. 둘 중에 어느 것이 중요한지는 잘라 말하기 어렵다. 둘이 별개의 것이 아니기 때문이다.

이 책의 내용은 울릉도와 독도의 이름에 관한 것이기에 역사적 연원에 관한 지식이나 국제법에 관한 정보를 얻는 데 크게 유용하지는 않다. 그 문제에 관해서는 여러 전문가가 있기에 필자의 견해를 첨부할 여지도 없다.

그런데 이름의 근원을 밝히는 것은 주로 역사적 연원과 관련되어 있지만, 부분적으로는 국제법과도 연관되어 있으므로 독도의 영유권 문제와 무관할 수 없다. 그래서 한·일 양국의 학자들이 이 문제에 골몰해 왔던 것이다. 그런데 이름 문제가 왜 중요한가를 이해하려면 다시 역사를 알아야 한다. 그래서 울릉도와 독도에 얽힌 한·일 양국의 역사에 관해 간략하게 언급한다.

삼면이 바다로 둘러싸인 우리나라에는 대략 3,300개나 되는 섬이 있다.

그 대부분은 서해나 남해 쪽에 있다. 동해에는 바닷가 근처에 작은 섬들이 있기는 하지만 얼마 되지 않으며 먼바다로 나가면 울릉도와 그 부속 도서인 죽도와 관음도, 그리고 독도밖에 없다.

울릉도와 독도는 해안에서 멀리 떨어져 있어서 행정의 손길이 미치기 어려웠다. 조선은 울릉도에 대해 내륙 백성들이 부역과 세금을 피해 들어가거나 그곳에서 도적떼로 변신할 수도 있다는 우려에서, 그리고 울릉도에 사람들이 살면 왜구가 꼬일 수도 있으므로 섬을 비워두는 공도정책(空島政策)을 폈다.

그런데 이런 정책은 의도치 않게 일본인들이 울릉도와 독도에 잠입하는 것을 방치하는 결과를 초래했다. 그래서 몰래 울릉도에 드나드는 조선 어부들과 일본 어부들 사이에 다툼이 생기기도 했고, 17세기 말 숙종 때에는 안용복과 관련한 울릉도쟁계(鬱陵島爭界)가 있었다. 오랜 실랑이 끝에 1696년에 일본 막부는 일본 어부들에게 울릉도에 접근하지 못하게 하는 죽도도해금지령(竹島渡海禁止令)을 내려 울릉도를 조선의 영토로 인정하고 물러섰다. 말로만 그런 것이 아니라 실제로 금지령을 어긴 자국민을 처형하기까지 했다. 그런데 그 금지령이 독도까지 조선의 영토로 인정한 것인가에 대해서는 한·일 양국의 견해가 다르다.

울릉도쟁계 이후 울릉도를 방치해서는 안 되겠다고 판단한 조선 정부는 2, 3년에 한 번씩 수토관(搜討官)을 울릉도에 보내어 관리하면서도 공도정책은 그대로 유지하였다. 그러다가 공도정책의 실효성이 별로 없고 1876년 개항 이후로 일본인들이 몰래 들어와 벌목을 하고 어로 활동을 하는 일이 잦아지자 1882년부터는 백성들의 울릉도 이주를 허락하였다. 강원도, 전라도, 경상도 등 여러 지역 사람들이 울릉도에 들어와 살면서 울릉도 동남쪽의 돌섬에도 왕래가 잦아졌다. 그리고 사람들은 그 섬을 돌섬이라는 뜻의 사투리 '독섬'으로 불렀다.

1900년 10월에 고종은 대한제국 칙령 제41호로 울릉도를 울도(鬱島)로 개칭하고 울도군(鬱島郡)을 두어 그 관할 구역을 울릉도 전체와 죽도(竹島), 석도(石島)로 한다고 선포하였다. 칙령의 석도에 대해서 일본측에서는 독도가 아니라고 주장하지만, 여러 정황으로 보건대 독도를 말한 것이 분명하다. 다만 그 당시 뜻에 충실하게 石島라고 쓴 이유가, '독섬'이라는 호칭은 있었지만 '獨島'라는 표기까지는 발생하지 않아서였는지, 아니면 사투리 독섬을 그대로 칙령에 드러내는 것을 꺼려서였는지는 모른다.

그런데 1905년 2월 22일 러일전쟁이 진행되던 당시 일본은 시마네현 고시 제40호로 독도를 시마네현에 소속시켰다. 일본은 이를 관보(官報)에도 올리지 않아 대한제국에서는 그 사실을 까맣게 모르고 있었다. 1년 후 1906년 3월 28일 아침에 울릉도 도동항에 시마네현 관리들이 나타나 일본 영토가 된 독도를 시찰 나왔다고 밝혔다. 놀란 울도군수 심흥택은 즉시 강원도 관찰사에게 울도군 소속 독도를 일본이 영지(領地)로 편입했다는 긴급 보고서를 올렸고, 강원도 관찰사는 의정부 참정대신에게 이 사실을 보고했다. 그러나 대한제국 정부는 이미 지난해 1월에 외교업무를 담당했던 외부(外部)가 폐지되고 11월에는 외교권마저 박탈당한 상황에서 이에 적극적으로 대응할 마땅한 수단이 없었다.

1945년에 일본이 태평양전쟁에서 패전하고 한국은 국권을 되찾게 되었고 당연히 영토도 되돌려받게 되었다. 그렇지만 독도 문제는 해결되지 않은 채 논쟁거리로 남아 있었다. 연합군최고사령부는 1946년 6월에 연합국최고사령부각서(SCAPIN) 제1033호 '일본의 어업 및 포경업 허가구역에 관한 각서'를 통해 이른바 맥아더라인을 설정하고 일본인들로 하여금 독도의 12해리 이내에 접근하지 못하도록 하였다. 그러나 일본 어부들은 여전히 독도에 출몰하여 한국 어부들과 충돌을 일으켰다.

그후 태평양전쟁의 최종 처리를 위해 1951년 9월에 미국과 일본 사이에 샌프란시스코 강화조약이 체결되었다. 그 조약에서 "일본은 한국의 독립을 인정하고 제주도, 거문도 및 울릉도를 포함한 한국에 대한 모든 권리, 권원 및 청구권을 포기한다"고 규정하였다. 이에 일본은 샌프란시스코 강화조약에 독도가 명시되지 않았다는 이유로, 그리고 태평양전쟁과 무관하게 1905년에 이미 일본영토로 편입되어 있었으므로 독도가 일본 영토라고 주장하였다.

샌프란시스코 강화조약의 체결에 따라 일본인의 독도 접근을 막아왔던 맥아더라인은 1952년 4월에 무효화될 예정이었지만 대통령 이승만은 전쟁 중이던 1952년 1월에 '인접해양의 주권에 관한 대통령선언'을 공포하여 맥아더라인을 대체할 '평화선'을 독도 바깥쪽에 그었다. 한국과 일본의 묵었던 갈등이 분출했다. 독도 근해에서는 배가 나포되고 총격전이 벌어지기도 했다. 이때부터 독도분쟁이 본격적으로 시작되어 우여곡절을 겪으면서 지금에 이르고 있다.

일본은 독도의 영유권 문제를 고유영토설과 무주지편입설(영토선점설), 두 가지 측면에서 접근해 왔다. 고유영토설은 일본이 아주 오래전부터 독도를 알고 있었고, 마쓰시마(松島)라는 이름으로 불러 왔고, 왕래하며 관리했으므로 독도는 일본의 고유 영토라는 것이다. 한편 무주지편입설은 독도가 일본 영토는 아니었으나 일본이 1905년에 시마네현 고시를 통해 주인 없는 섬 독도에 대한 영유(領有) 의사를 밝혔으므로 국제법적으로 일본 영토라는 주장이다.

독도 영유권분쟁이 시작된 1950년대에 일본은 주로 고유영토설에 입각해서 독도가 일본땅이라고 주장했다. 그런데 일본의 주장이 무리라는 것이 점점 드러나고 일본인 학자들 중에도 반대의견을 내는 사람들이 있었다. 그리고 1987년에는 태정관지령이 공개되어 일본 중앙정부가 스스로가 울릉도와 독도는 일본 영토가 아니라고 밝혔던 사실이 드러났다. 그러자 1980년대부터는 무주지편입설에 역점을 두기 시작했다.[1] 원래부터 일본 땅이라는 것이 아니라 주인 없는 땅을 일본 영토로 삼았다는 것이다. 태정관지령도 독도가 일본 영토가 아니라고 한 것이지 조선 영토라고 밝힌 것도 아니지 않냐고 반박했다.

무주지편입설은 시마네현 고시, 샌프란시스코 강화조약 등 몇 가지를 근거로 하고 있는데 국제법 상으로 가장 중요한 것은 일본이 시마네현 고시로 일본의 독도 영유를 선언한 1905년 2월 시점에 독도가 무주지였는가 하는 점이었다. 일본이 독도가 주인 없는 섬이었다는 것을 주장하려면 결국 한국이 독도를 몰랐고, 독도에 왕래하지도 않았고, 부르는 이름도 없었다는 것을 입증해야 했다. 1900년 대한제국 칙령의 울도군 소속 석도(石島)가 독도라는 것을 완강하게 부인하는 것도 그 때문이다.[2] 가장 먼저 타겟이 된 것이 우산도였다. 조선시대의 문헌과 지도에 보이는 우산도는 독도가 아니라 울릉도 바로 옆의 관음도이거나 가공의 섬이라고 했다. 과거 한국에는 독도를 부르는 이름도 없었다는 것이었다. 결국 섬의 이름 문제가 다시 거론되지 않을 수 없었다. 그래서 이 책의 주된 내용이기도 한 이름 문제를

1)   정병준, 2010, 『독도1947—전후 독도문제와 한·미·일 관계』, 돌베개, 59쪽
2)   일본 외무성의 입장을 전면에서 대변하고 있는 쓰카모토 다카시(塚本孝)는 칙령의 石島가 독도라고 해도 그것으로 국제법상 독도가 한국영토로 인정되는 것은 아니라는 주장을 펴기도 한다(김영수, 2009, 「근대 독도·울릉도 명칭을 둘러싼 한국과 일본의 시각」, 『역사와 현실』 73, 244쪽).

간략하게 정리한다.

　울릉도(鬱陵島), 울릉도(蔚陵島), 무릉도(茂陵島), 우릉도(芋陵島)의 鬱, 蔚, 茂, 芋는 모두 숲이 울창하게 우거진 모양을 나타내는 글자다. 그리고 능도(陵島)라는 말은 바다에 언덕처럼 불룩 솟은 섬이라는 뜻이다. 즉 제주도처럼 평평한 해안가가 어느 정도 펼쳐지고 나서 중심부에 한라산이 불룩 솟은 것이 아니라 곧바로 바닷가에서부터 언덕이 시작되어 불룩 솟은 섬이라는 뜻이다. 울릉도의 이름은 한자음이 같은 다른 이름들을 파생시켰다. 芋陵島에서 음이 같은 羽陵島라는 이름이 나왔고, 茂陵島에서 武陵島라는 이름도 나왔다.

　그런데 울릉도는 능도가 아니라 산도(山島)라고 해도 무방하다. 실제로 울릉도는 해안도로 설치도 쉽지 않을 정도로 해안에서 곧바로 고도가 급격히 상승한다. 그래서 芋陵島는 芋山島라고도 하였고, 芋山島에서 于山國, 于山島라는 이름이 나왔다.

　그러다가 고려말부터 우산도가 울릉도인지 독도인지 혼선이 생겼고, 15세기 세종 때에 이르러 '于山島'는 독도의 명칭으로 굳어졌다. 자산도(子山島), 천산도(千山島)라는 이름도 독도를 가리키는 우산도(于山島)에서 파생된 이름이다.

　한편으로는 가개섬[可支島]이라는 이름도 있었다. '可支'는 숲이 울창하다는 우리말 '가개'를 한자로 쓴 것이다. 결국 '鬱(陵)島'와 같은 말이다. 그런데 오랜 세월이 흐르면서 울릉도의 여러 이름에 혼란이 생겨 가개섬은 울릉도 동북쪽 부속도서인 관음도의 이름이 되었고 현재는 까깨섬이라는 이름으로 남아 있다.

　15세기 세종 때에는 울릉도의 북쪽에 있다는 요도(蓼島)가 관심의 대상으로 떠올랐다. 그러나 요도는 실은 섬이 아니었다. 울릉도를 낮은 곳에서 멀리 바라보면 아랫부분이 둥근 지구의 해수면에 가려져 보이지 않아서 성인봉 북쪽의 천두산이나 미륵산이 울릉도와 분리된 섬처럼 보였기 때문이다. 그리고 요(蓼)는 여뀌를 가리키는 말인데 여뀌는 조선시대에 '여뀌, 역괴'로 불렸고, 여뀌(역괴)는 가깨[可支]에서 파생된 말이 아닌가 한다.

한편 15세기 성종 때에 한창 찾으려 한 삼봉도(三峯島)도 울릉도의 별칭이다. 울릉도 성인봉(987m)에서 500m 거리 이내에 있는 북봉(951m)과 남봉(977m)이 서울의 삼각산처럼 세 봉우리로 이루어진 산으로 보여 붙여진 이름이다. 그렇게 보면 삼봉 중에 남봉이 약간 낮다는 기록과도 합치된다.

한편 獨島라는 이름은 돌섬을 뜻하는 '독섬'을 한자로 표기한 것이다. 아주 오래전에 돌을 가리켰던 우리말 도락[珍惡: *turak]이 중간모음 탈락으로 '돍[*turk]'이 되었고 우리말에서 절음화가 진행되면서 겹받침을 모두 발음할 수 있게 되자 '돌' 또는 '독'으로 발음했는데, 그중에 '돌'은 표준어가 되고 '독'은 방언이 되었다. 그 방언이 섬 이름에 붙어 '독섬'이 된 것이다. 대한제국 칙령 제41호의 석도(石島)는 '독섬' 독도를 가리키는 말이다.

〈표 27〉 섬 이름의 뜻과 변화

	뜻	우리말	소리 표기	뜻 표기		왼쪽과 같은 음
				어긋남	일치함	
울릉도	삼봉섬				三峯島	
	큰 섬	대섬		竹島		
	울창한 섬	가개섬	可支島	蓼島	茂陵島 鬱陵島 蔚陵島 芋陵島	武陵島 羽陵島
					芋山島	(于山島) ⇓ 于山島
독도	돌섬	독섬	獨島		石島	
	작은 섬	솔섬		松島		

이제까지의 내용을 보기 쉽게 정리한 것이 〈표 27〉이다.

조선시대 울릉도와 독도의 우리말 이름들

근대에 접어들어 동해를 지나다니던 서양 배가 울릉도와 독도의 경위도 좌표를 잘못 기록함으로써 혼란이 생겨 현재 일본에서는 독도를 다케시마(竹島)로 부르고 있다. 하지만 조선시대의 일본측 자료에 울릉도는 이소다케시마(磯竹島) 또는 다케시마(竹島)로 기록되었고, 독도는 마쓰시마(松島)로 기록되었다. 磯竹島라는 이름은 물론 竹島에서 파생되었을 것이다.

그런데 竹島, 松島는 일본어에 뿌리를 둔 이름이 아니라 우리말 이름 대섬, 솔섬을 한자로 표기한 것이다. '대'는 아주 오래전 크다는 뜻을 지닌 우리말로서 한자음 대(大)와 무관한 말이다. 그리고 '솔'도 '작다, 좁다, 가늘다'라는 뜻을 지닌 우리말이었다. 즉 대섬[竹島]은 큰섬, 솔섬[松島]은 작은섬이라는 말이다. 동해안에 거주하면서 가끔씩 울릉도와 독도를 왕래하는 사람들에게 울릉도는 큰 섬이었고, 독도는 작은 섬이었다. 그렇게 이해하면 울릉도 연안 가까이에 있는 대섬[竹島]과 관음도(觀音島)의 이름도 저절로 이해된다. 울릉도에 거주하는 사람들에게 대섬[竹島]은 큰섬이었고 관음도(觀音島)는 '가는섬', 즉 '작은섬'이었는데 '가는섬'에 그럴싸하고 고아한 이름을 붙이느라 '관음도'로 표기한 것이다. 그런데 13세기에 일연(一然)이 경주 서천(西川)의 솔다리[松橋]를 소나무다리로 잘못 이해했듯이 솔섬이 작은 섬이라는 것을 아주 오래전에 잊고 말았다.

그리고 돌섬은 석도(石島)로 표기되기도 하였지만 상당수가 닭섬[鷄島]으로 표기되었다. 닭의 고어 '둙(telk)'은 돌의 고어 '둙(*turk)'과 상당히 유사하다. 닭섬[鷄島] 가운데 몇몇은 실제로 섬의 형상이 닭을 닮은 경우도 있지만 거의 대부분은 닭과 무관한 돌섬이다.

섬의 이름을 붙일 때에 아주 커다란 섬에는 강화도, 거제도처럼 고유의 이름을 붙이지만 그다지 크지 않은 자잘한 섬들에는 누구나 알기 쉬운 일반적인 이름을 붙인다. 일제강점기에 조선총독부 육지측량부에서 한반도를 측량하여 1:50,000 지형도 728엽을 작성하였는데 그 지도에는 섬의 한자 표기와 우리말 이름이 적혀 있다. 그 지도의 섬 이름으로는 큰 섬을 뜻하는 대섬[竹島], 큰섬[大島]과 작은 섬을 뜻하는 솔섬[松島], 까치섬[鵲島], 작은섬[小島]이 가장 많고, 돌섬을 뜻하는 닭섬[鷄島]과 돌섬[石島]이 그 뒤를 이었다(<표 28>). 그리고 돌섬은 19세기 동여도에서 독도(獨島)로 표기되기도 했다. 큰섬, 작은섬, 돌섬의 뜻을 지닌 섬 이름이 많은 것은 아주 자연스럽게 이해된다. 그리고 그것은 바로 논란의 중심에 놓여 있는 竹島, 松島, 獨島이다.

추측컨대 한국인의 조상들이 울릉도, 독도를 왕래하며 두 섬을 큰 섬, 작은 섬의 뜻으로 대섬, 솔섬으로 부르고 있었는데 후대에 대섬, 솔섬이 대나무섬, 소나무섬의 뜻인 줄로 착각하여, 또는 멋스러운 표현을 위해 竹島, 松島로 표기했을 것이다. 후에 일본인들이 울릉도, 독도에 접근하여 한국인들과 접촉하면서 그 명칭을 그대로 받아들여 竹島, 松島라고 쓰고 다케시마, 마쓰시마로 불렀던 것이다.

〈표 28〉 육지측량부지도의 섬 이름

순위	뜻	이름	한자표기	합계	
1위	큰섬	대섬	竹島	103	118개
		큰섬	大島	15	
2위	작은섬	솔섬	松島	80	113개
		까치섬	鵲島	19	
		작은섬	小島	14	
3위	돌섬	닭섬	鷄島	26	49개
		돌섬	石島	21	
		독섬	獨島	2	
4위	목섬		項島	42개	
5위	장구섬		長鼓島	31개	

* 〈표 24〉에 〈표 19〉의 石島를 뜻하는 獨島 둘을 추가함.

독도는 울릉도에서 87.4km 거리에 있고, 일본의 오키섬에서는 157.5km 거리에 있다. 조선은 독도를 당연히 울릉도의 부속 도서로 생각하고 있었고 이름이 없을 리 없다. 그러므로 조선시대의 우산도가 독도라는 것을 인정하는 일본인 학자들도 꽤 있다. 다만 그중에도 대한제국 칙령의 석도가 독도인가, 시마네현 고시 시점에서 독도가 무주지였는가 하는 논점에 이르러서는 그 안에서도 의견이 갈라진다.[3]

하지만 이름에 관해서는 모든 것이 명백해 보인다. 한국은 아주 오래전에 독도를 솔섬[松島]으로 부르다가 우산도(于山島)라 불렀고 조선 말기, 대한제국 시절에는 독섬[獨島]으로 불렀다. 일본은 독도를 마쓰시마(松島)라고 부르다가 19세기 후반에 잠시 리앙코도라 불렀고 지금은 다케시마(竹島)라 부르고 있다. 마쓰시마(松島), 다케시마(竹島)는 우리말 솔섬, 대섬에서 유래된 말이고 리앙코도는 1849년에 독도를 발견한 프랑스 포경선 이름 리앙쿠르(Liancourt)에서 빌린 이름이다. 일본이 자신들의 영토라고 주장하는 독도의 이름에는 일본어에 뿌리를 둔 이름이 하나도 없다.

우리는 독도가 우리 땅이라는 것을 굳건히 믿고 있지만 왜 우리 땅인지 이유를 말하라면 조목조목 근거를 제시하며 말할 수 있는 사람은 많지 않다. 그러나 '대섬, 솔섬, 독섬'이 아주 오래전부터 최근까지 우리가 사용했던 이름이라는 것을 안다면 울릉도와 독도가 아주 오래전부터 우리 땅이었다는 것을 쉽게 이해할 수 있다. 우리는 이를 널리 알려야 한다. 그리고 그보다 중요한 것은 우리 스스로 잘 알고 있어야 한다.

---

3) 독도 영유권에 관한 일본의 초기 논리는 외무성 관리였던 가와카미 겐조(川上健三)에 의해 틀이 짜였다. 현재는 일본 외무성의 입장을 대변하는 연구자로 국립국회도서관의 쓰카모토 다카시(塚本孝)가 있고, 연구자 겸 활동가로 전면에 나서서 여론작업을 주도하고 있는 대표적인 인물로 다쿠쇼쿠(拓殖)대학의 시모조 마사오(下條正男)가 있다(정병준, 2010, 앞의 책, 46-58쪽). 그러나 일본 연구자들의 논조는 다양하다. 나이토 세이추(內藤正中), 호리 가즈오(堀和生), 이케우치 사토시(池內敏) 등은 일본 외무성의 입장을 비판하여 왔고, 특히 이케우치는 쓰카모토와 날선 논전을 벌이기도 했다. 그러나 이케우치도 샌프란시스코 강화조약에 따라 국제법적으로는 독도가 일본 영토라는 입장을 취하고 있다(池內敏, 2012, 『竹島問題とは何か』, 名古屋: 名古屋大學出版會; 박병섭, 2020, 「2000년 이후 독도/竹島 관련 일본학계의 역사학 연구」, 『독도연구』 29).

[참고표]

조선총독부 육지측량부 지도 728도엽의 섬 이름

No.	이름	島 嶋와 【嶼】嶼 岩 礁 泇
001	摹瑟浦	臥島와도 竹島죽도 遮歸島차귀도 【嶼】寡婦灘홀에미녀 西飛嶼서비여
002	大靜及 馬羅島	加波島가파도 馬羅島마라도 【嶼】廣浦灘넙개녀 道濃灘도롱녀 甕浦灘독개녀 兄弟岩형제암
003	西歸浦	鹿島녹섬=蚊島문섬 森島섶섬 鳥島새섬=茅島새섬 地歸島지귀도 虎島범섬
005	飛揚島	飛揚島비양도
008	城山浦	牛島우도 ½ 【嶼】君良嶼군량서 屈嶼굴서
009	濟州	濟州島제주도 【嶼】獺嶼다래
010	金寧	飛楊島비양도 牛島우도 ½
011	楸子群島	納德島납덕섬 多務來味다무래미 乭島돌섬(현 덜섬) 望島보론섬 床島상섬 上楸子島상추자도 蠉島섬섬 水德島수덕도 水嶺島수령섬 廉島염섬 禮島예섬 外藿島밭미역섬 牛頭쇠머리 直龜주구 靑島청도 秋浦島추포도 下楸子島하추자도 穴島구멍섬 華島 黑劍島흑검섬 【嶼】加仁嶼가인여 劍騰嶼검등여 空嶼공여 樂生伊낙생이 斗嶺嶼두룡여 方嶼모여 水營嶼수령여 梧洞嶼오동여 牛鼻셰코 졸매 甑嶼시루녀 海岩嶼
012	小黑山嶋	大局屹嶋대국흘섬 小局屹島소국흘섬 小黑山嶋소흑산도 【嶼】介隣嶼개린녀 艮嶼간녀 納德嶼납덕녀
013	屛風島	屛風島병풍도
014	橫干島	芿嶋가도 藿島미역섬 美得嶋미득도 沙嶋모래섬 上嶋상도 玉梅嶋옥매도 橫干島횡간도 楮島저도½ 兎金嶋토금도=駕嶋가도½ 【嶼】鹿嶼노룬녀 門嶼문녀
015	所安島	旗嶋기섬 南嶋남섬 東秋嶋동추도 禮作嶋예작도 卜生嶋복생도 佛斤嶋불근섬 小嶋작은섬 鞍島길마섬 冶浦불무섬 者只嶋자지도=港門嶋 獐水島 項嶋목섬 甫吉島보길도½ 所安嶋소안도½ 【嶼】籠嶼농여
016	靑山島及 太郎島	桑嶋뽕섬 麗瑞島여서도=太郎島 靑山嶋청산도½
017	巨文島	巨文島東島동도 巨文島西島서도 巨文島古島옛섬 大圓島큰둥글섬 小圓島작은둥글섬 內獐島안노리섬 外獐島밭노리섬 鳧島오리도 小三夫島작은삼부도 大三夫島큰삼부도 圓嶝둥글섬 獐島노리섬 【嶼】內灘안내울 大嶼큰녀 大岩큰바오 大竚立嶼큰저람녀 刀嶼칼등녀 晩岩녜여 小竚立嶼작은저람녀 揚岩양암 梧桐嶼오동녀 外鼻岩밭코바오 立岩젼바오 燭竹嶼소방녀 黑嶝嶼검등녀
018	廣島及 白島	廣島넙푸리 蚊島모구섬=旦里島 上白島상백도=白島 下白島하백도=尖貞島 【嶼】大頭亦嶼대두록여 東岩동바우 蚊嶼모구여 小頭亦嶼소두록여

248 조선시대 울릉도와 독도의 우리말 이름들

No.	이름	島 嶋와【嶼】嶼 岩 礁 洳
019	小中關群島	菊島국도 內馬島내마도 鹿島녹도 晩才島만재도 外馬島외마도 黑島흑도 【嶼】間嶼한서 白嶼흰서 水滿수만 載嶼실은서
020	巨次群島	葛島갈도 乫木島갈목도 去馬島거마도 鷄島계도 藿島곽도 觀沙島관사도 東巨次島동거차도 網島망섬 孟骨島맹골도 明島명도 蒙德島몽덕섬 乶長島볼정도 北島북도 北島북섬 上松島상송도 上竹島상죽도 西巨次島서거차도 小去馬島소거마도 小馬島소마도 鳥島새섬 周島주도 竹島죽도 進木島진목도 下松島하송도 松島송도 下竹島하죽도 項島목섬 羅拜島나배도½ 大馬島대마도½ 茅島모도½ 上鳥島상조도¼ 【嶼】間嶼간녀 邊嶼변녀 沙魚嶼상어녀 山子嶼산자녀 小陽間嶼소양간녀 食裸嶼식라녀(?) 陽間嶼양간녀 連茁嶼연줄녀
021	下鳥島	角屹島각흘도 江大島강대섬 曲斗島곡두섬 觀梅島볼매도 丘鳥島갈매기섬 群岩島군암섬 吉馬島길마도 蠟臺基島납대기도 內項島내항도 獨巨島독거도 鼕鼓島동고도 方岩島방암섬 弁島고깔섬 佛務島불무도 獅子島사자도 小羅拜島소라배섬 小茅島작은모섬 小飛鴉島소비아도 松島송섬 松島송섬 水玉島수옥섬=水陸島수륙섬 瑟島슬도=飛鴉島비아도 時下島시하섬 新衣島신의섬=新于地島신우지섬 外項島외항도=木島나무섬 濟州島제주섬 竹項島죽항도 青藤島청등도 草島초도 虫島벌레섬 灘項島여울매기도 下鳥島하조도 項島항섬 項島항섬 行琴島행금섬 穴島혈도 兄弟島형제도 花丹島화단섬 羅拜島나배도½ 大馬島대마도½ 茅島모도½ 上鳥島상조도¼ 【嶼】可覽嶼가남녀 加士嶼가사녀 開衣嶼개의녀 鯨嶼경녀 淡秋嶼담추녀 斗嶼두녀 木嶼나무녀 敏東嶼민동녀 常魚嶼상어녀 아갓개 閑間嶼한간녀 海水嶼해수녀 黑嶼흑녀
022	魚龍島	駕德嶋가덕도 葛明嶋갈명도 狗子島구자도 大正元島대정원도 門魚南嶋문어남도 門魚北嶋문어북도 密梅嶋밀매도 西莻嶋서넙도 小狗子嶋소구자도 小長久島소장구도 小楮嶋소저도 小正元島소정원도 松嶋송도 魚龍島어용도 外模嶋외모도 蠶嶋누에섬 長久島장구도 竹窟島죽굴도 兄弟島형제도 後長久島후장구도 西花島서화도½ 於佛島어불도½ 莻嶋넙도½ 楮嶋저도½ 兎金嶋토금도=駕嶋가도½ 【嶼】滿嶼만여
023	蘆花島	鷄島계도 鳩島구도 九用島구용도 老鹿島노록도 蘆花島노화도 大姑島큰할미섬 東花島동화도 馬朔島마삭도 馬鞍島마안도 鉢島발섬 白日島백일도 椺嶋복섬 石島석도 石島석도 小姑島작은할미섬 小鳩島소구도 小馬朔島소마삭도 小花島소화도 松島송도 松島송도 松島송섬 羊島양도 陸島육섬 長久島장구도 長蛇島장사도 楮島독섬 竹島죽도 下九用島하구용도 項島항도 橫看島횡간도 黑日島흑일도 茅島모도=大茅島½ 甫吉島보길도½ 西花島서화도½ 所安島소안도½ 莞島완도⅓ 莻島넙도½ 【嶼】氏嶼씨녀
024	莞嶋	葛馬島갈마도 納多島납다도 內龍島내룡도 內項島내항도 露積島노적도 達海島달해섬 斗億島두억도 每物島매물도 牟黃島모황도 小茅島소모도 外龍島외룡도 龍浪島용랑도 長島장도 長島장도 弟島제도 珠島주도 芝草島지초도 項島항도 兄島형도 島龍浪島도용랑도½ 茅島모도=大茅島대모도½ 生日島생일도⅓ 薪智島신지도½ 莞島완도⅓ 青山島청산도½ 穴島혈도½ 【嶼】大望대모 汲嶼굽여 小望소모
025	攝島	鉤島구도 內項島안목섬 多浪島다랑도 大馬島대마도 大屛風島큰병풍섬 德牛島덕우도 浪島랑도 釜島가마섬 攝島섭섬 小多浪島소다랑도 小德牛島소덕우도 小島소도 小浪島소랑도 小馬島소마도 小屛風島작은병풍섬 松島송섬 安梅島안매도 外項島외목섬 牛島웃도 圓島원도 長島장도 重結島중결도 펠찬島(ペルチヤン島) 項島목섬 兄弟島형제섬 皇帝島황제도=十二軒島 島龍浪島도용랑도½ 生日島생일도⅓ 草島초도½ 平日島평일도⅓ 【嶼】明嶼명섬 白嶼백섬 率居嶼솔거섬 黑嶼흑섬

No.	이름	島 嶼와【嶼】嶼岩 礁 洇
026	草島	巨文島거문도 鉤島갈구리섬 舞鶴島무학도 庠島상섬 小巨文島소거문도 小平島소평도 巽竹島손죽도 僧冠島승관도 亦万島역만도 中結島중결도 池馬島지마도 車大島차대섬 平島평도 草島초도½【嶼】大岩嶼바우 木嶼나무여 斑草嶼반초섬 石嶼돌섬 小平嶼자근평여 龍嶼용섬 長大嶼장대섬 楸嶼추섬 穴嶼구먹섬 黑嶝汝검등여
027	下苔嶋	國屹島국흘도 多羅島다라섬 大戎介島대룡개섬 上苔島상태도 =苔上島태상도 外島외도 中苔島중태도=苔中島태중도 下苔島하태도=苔下島태하도【嶼】老隱嶼노은녀 網嶼그물녀
028	內竝島	內竝島내갈도=內葛明島내갈명도 訥玉島눌옥도 流金島유금도 北松島북송섬 外孔島밭공섬 外竝島외갈도 接友島접우섬 濟島제도 足島족도 項島목섬 加德島가덕도½ 上鳥島상조도¼【嶼】斗量嶼두량여 滿嶼만녀 籠嶼롱녀
029	仁智里	加沙島가사도 角屹島각흘도=鼎冠島솥관도 巨島거섬 鷄島달섬 曲島곡섬 果島과섬 大道里島대도리섬 大所鐺島큰소당도 大小童島큰소동섬 馬口島마구섬 馬島마섬 茅沙島모사섬 白也島백야섬 繁島별섬 佛島불도 上竍島상갈도=前島앞섬 城南島성남도 小道里島소도리섬 小城南島작은성남도 小所鐺島소소당도 小小童島소소동섬 小長島소장도 時也島시야섬 新島새섬 二德島오덕이도 吾味島오울미 玉島옥도 圓島도리섬=良島양도 鼉頭島누에머리섬 長島장도 長竹島장대섬 長島새섬 主之島주지미 竹島대섬 竹島대섬 竹島죽도 下竍島하갈도=松島솔섬 項島목도 加德島가덕도½ 上鳥島상조도¼ 珍島진도¼
030	珍島	甲島갑도 金湖島금호도 大轟島돌독섬 大三島대삼도 斗勒島두륵도 茅島모도 木島목도 無楮島무저도 三島삼도 上馬島상마도 上弁島상변도 小堂島소당도 小三島소삼도 鞍島질매섬 連項島연항도 蛙島와도 竹島대섬 中馬島중마도 中弁島중변도 中三島중삼도 甑島시루섬 下馬島하마도 下弁島하변도 黃凡島황범도 於佛島어불도½ 珍島진도¼
031	梨津	鷄島닭섬 古馬島고마도 南島남도 內島안섬 內竹島안대섬 達嶋달도 同卜島동복섬 美島미도 伺候嶋사후도 松島솔섬 升斗島승도섬 蓮草島연초도(蓮浦山연포산) 外島밭섬 栗島밤섬 將島장도 長竹島긴대섬 鳥卵島조란섬 竹島죽도 竹島죽도 甑島시루섬 兎島톳섬 花島꽃섬 伏島복섬½ 莞島완도⅓
032	馬良里	古今嶋고금도 來德嶋내덕 內虎島내호도 老力嶋노력도 大介島대개도 大大口島큰대구도 大鳥島큰새섬 大竹島대죽도 大七器島대칠기도 廟堂島묘당도 民大梳島민대소섬 黃島분도 飛來島비래섬 小介島소개도 小大口島작은대구도 小島작은섬 小燈島소등도 小回島소도리섬 小鳥島작은새섬 小竹島소죽도 小七器島소칠기도 松島송도 松島송도 外虎島외호도 圓島둥글도 入島입도 芿島늅도 長鼓島장고도 長鼓島장고도 長島장섬 鄭哥島정가도 亭子島정자도 助藥島조약도 竹島죽도 甑島시루섬 尺贊島척찬도 草莞島초완도 築島축섬 雉島치섬 項島항도 海南島해남도 黃島황도 伏島복섬½ 生日島생일도⅓ 薪智嶋신지도½ 平日島평일도⅓ 穴島혈도½【嶼】漁頭嶼어두녀=島漁頭地도어두지
033	居金島	居金島거금도 鷄島닭섬 庫島고도 金塘島금당도 大高頭島대고두도 大窟島대굴도 大納多이대납다지 坮島대섬 大蛇島대사도 大翠島대취도 大花島대취섬 獨島독도 負兒島업내기섬 飛見島비견도 扉島비도 上花島상꽃섬 小高頭島소고두도 小窟島소굴도 小納多只소납다지 小蛇島소사도 小翠島소취도 小花島소꽃섬 松島송도 松島송도 身島신도 蓮洪島연홍도 梧桐島오동도 龍島용도 長鼓島장고도 長載島장재도 峻島준도 中花島중꽃섬 楫島집도 質馬島질마도 尺島척도 忠島충도 下花島하꽃섬 許牛島허우도 兄弟島형제도 黃島황도 小鹿島소록도½ 矢山島시산도½ 平日島평일도⅓【嶼】鋤盆岩놋〇바우

조선시대 울릉도와 독도의 우리말 이름들

No.	이름	島嶼와【嶼】嶼 岩 礁 沚
034	外羅老島	可賣島가매도 大鹽島대염도 泗洋島사양도 小鹽島소염도 水落島수락도 艾島쑥섬 梧桐島오동도 五兄弟島오형제도 琉璃島유리섬 竹島죽도 支湖島지호도 椎島추도 鰕島하도 兄弟島형제도 內羅老嶋내나노도⅓ 矢山島시산도½ 外羅老嶋외나노도½ 【嶼】曲頭礪곡두여 石環돌환
035	外羅老島東部	大項島대목도 金鰲嶋금오도⅓ 內羅老嶋내나노도⅓ 外羅老嶋외나노도½ 【嶼】宕巾礪탕건여
036	所里島	大釜島큰가마섬 所里島소리도 小釜島작은가마섬 安島안도 雁馬島안마섬 鵲島작섬 金鰲嶋금오도¼ 【嶼】檢等嶼검등서 九夢岩구몽바우 山泰岩산태바우 竹岩죽암 初三嶼초삼서½
037	大黑山嶋南部	頭島두두 永山嶋영산도 周島주도 大長島대장도½ 大黑山嶋대흑산도½ 【嶼】島嶼섬여 弁嶼변서
038	牛耳島	駕島가도 駕島가도 舉島거도=毛島모도 京雉島갱치도=別峙별치 蕎麥島 蘆島로도 累島누도 大納島대랍도 大也島대야도 白島백도 辨島변도 北島북도 鼻島코도리 山依島산의도 小納島소랍도 小龍島소용도 小累島소누도 小牛耳島소우이도 松島송도 僧島승도 薪島신도=如屹島여흘도 漁洛島어낙도 龍島용도 牛島우도 牛耳島우이도 鳥島조도 竹島죽도 靑島청도 項島항도 項島항도 兄弟島형제도 花島화도 姑島할미섬½ 陵山島능산도½ 都草島도초도½ 長在島장재도½ 【嶼】大久嶼대구여 覆蓋嶼덮푸리여 鱉岩자라바오 前嶼전여 從達종달 土嶼토여
039	荷衣島	駕鶴島가학도 間岩島새암섬 介島개도 高沙높을모래 骨島빼긋섬 孔島구도 寡婦島홀에미섬 廣大島광대도 廣島광도 筐島바구미섬 龜島거북섬 狗頭島개머리섬 軍艦島군함섬 屈培島굴배도 箕島기도 內島내도 內黃島안노란도 老婆島할미섬 大寡島대과도 大松島대송도 大竹島큰대섬 大片島떼기섬 途陽島도양섬 同口島동구도 東邱島동구도 同岩島동도 馬島마도 馬津島마진도 莫今島막금도 美得島미덕섬 方口島방구도 白也島백야도 부례島 裳島상도 上竹島상죽도 上台島상태도 小寡島소과도 小箕島소기도 小莫今島소막금도 小福島작은복도 小松島소송도 小楮島작은닥세미 小竹島자근대섬 小片島작은떼기섬 小項島소항도 松島송도 松島솔섬 松島송도 松島송도 水根島물뿌리섬 食島먹섬 雁島안도 押島납대기섬 獵島렵도 外島외도 外黃島외노란도 圓島둥글섬 栗島밤섬 因島온도 作刀島작두섬 鵲島작섬 長鼓島 獐島장도 長島장도 長島장도 長島장도 長柄島장병도 楮島닥세미 苧島모시섬 電島전도 濟栗島고기섬 足島발섬 竹島대섬 竹島죽도 之時而島지시리섬 雉島펑도 馳馬島치마도 他多島타닷도 他里島타리섬 兎島토끼섬 平沙평모래 瓢島표도 皮島피도 荷衣島하의도 下竹島하죽도 下台島하태도 項島항도 穴島혈도 鋏島협도 黃島황도 黃島황도 㐊島효도 黑島거메섬 陵山島능산도½ 門柄島문병도½ 長山島장산도½ 長在島장재도½ 珍島진도¼ 寒衣島한의섬½ 【嶼】頓嶼돈여 晩嶼만여 한사이여 黃橙嶼황등여
040	右水營	甘釜島감부섬 犬島개섬 姑島할미섬 屈島굴섬 內箕島안기섬 內島안섬 鹿島사심섬 訥島눌섬 大島큰섬 大麥島큰보리섬 蠹島독섬 麥島보리섬 茅島띠섬 猫島고니섬 鱉島자라섬 覆蓋島복개섬 飛禽島비금섬 森島삼섬 石島돌섬 石島석섬 小棠島소당섬 小島작은섬 小麥島작은보리섬 小甑島작은시루섬 松島송섬 羊島양도 燕岐島연기도 外島큰섬 牛島소섬 林下島임하도 芿島넙섬 子斤地자근지 鵲島까치섬 長島긴섬 竹島대섬 竹島대섬 竹島죽도 竹島죽도 甑島시루섬 澄衣島징의도 秋島갈섬 上昇島하승도 項島목섬 懸島다라지섬 血島피섬 夫湖島부호도½ 珍島진도¼ 寒衣島한의도½ 【嶼】方灘모녀 笠岩갓바오

No.	이름	島 嶋와 【嶼】嶼 岩 礁 沏
041	海南	夫湖島부호도½
042	康津	駕牛島가우도 叩馬島고마도 龜島자라도 突衣島돌의도 鱉島별도 牛山島우산도 竹島죽도 長串島장곶도½ 【嶼】猫礁(?바오)
043	鹿頭	古發島고발도 得良島득량도 粉梅島분매도 飛鵝島비아도 沙浦磯島사포기도 上松島상송도 實億島실억도 實伊島 硯島연도 梧桐島오동도 五馬島오마도 長財島장재도 竹島죽도 下松島하송도 小鹿島소록도½ 長串島장관도½
044	高興	筧島견도 鷄島계도 羅島나도 大㺚島대달도 大玉臺島대옥대도 冬栢島동백섬 豆綠島두록섬 明珠島명주도 飛巴島비사섬 城頭島성두도 小㺚島소달도 小玉臺島소옥대도 尸虎島시호섬 冶島불무섬 烏島까막섬 梧島오도 蛙島와도 牛毛島우모도 藏財島장재섬 竹島죽도 中球島중구도 尖島첨도 翠島취도 兎島토섬 內羅老嶋내나노도⅓ 大項島대목섬½ 圓珠島원주도⅓ 【嶼】龍嶼용녀
045	突山	蓋島개도 茎島줄기섬 羅發島나발섬 納大島납대섬 狼島낭도 內每物島안매물섬 端島단섬 大牛里島큰두리섬 大洛島큰낙섬 大蟹島큰게섬 犢島독섬 犢項島소아지목섬 屯兵島둔병도 木島목섬 木島목섬 文島문섬 白島백도 白也島백야도 釜島가마섬 沙島모래섬 殺彼島살피섬 三島삼섬 上鷄島웃닭섬 上莐島웃섯섬 上甑島웃시루섬 上花島상화도 西根島서근도 小堂島소당섬 小洛島작은낙섬 小釜島자근가마섬 小松島작은솔섬 小蟹島작은게섬 松島솔섬 冶島풀무섬 若島마늘섬 梧島오동섬 五卵島오란섬 外每物島밭매물섬 月湖島월호도 鷹島매섬 自峰島자봉도 將求島장구섬 長蛇島장사섬 積金島적금도 鼎蓋島정개섬 諸里島저리도 早發島조발도 中島가운데섬 甑島시루섬 鰍島추섬 鴟島수리섬 兎島토끼섬 下鷄島아래닭섬 下莐島아래섯섬 下甑島아래시루섬 下花島하화도 項大島항대도 狐狸島호리섬 紅島홍섬=媧島할미섬 禾太島화태도 金鰲島금오도¼ 大項島대목섬½ 突山島돌산도¼ 小牛里島자근두리섬½ 翠島취섬½ 【嶼】古嶼고녀 保來嶼보돌녀 三礁삼녀 陸古嶼육고녀 中點礁중점녀
046	竹圃里	大橫干島대횡간도 小項島소목섬 小橫干島소횡간도 冶島풀무섬 梧島오동섬 外三島외삼섬 栗島율도 兄弟島형제섬 金鰲島금오도¼ 突山島돌산도¼ 小牛里島자근두리섬½ 【嶼】加里嶼가리녀 文嶼문녀 培多嶼배다녀 白嶼백녀 中三嶼중삼녀 後嶼뒤녀 初三嶼초삼녀½
047	欲知島西部	葛島갈도 世尊島세존이 欲知島욕지섬½ 下老大島아래노대섬½ 【嶼】九突嶼구돌서
048	欲知島東部	國島국섬 綠雲島녹운섬 蓮花島연화섬 毛島모섬 蓬島쑥섬 四耳島닉네섬 小知島소지섬 小草島작은푸리섬 牛島소섬 赤島볼섬 佐沙里島좌사리섬 草島푸리섬=大草島큰푸리섬 欲知島욕지섬½ 下老大島아래노대섬½ 【嶼】高岩고암 內長德岩안장덕바오 小頭方嶼소두방서 外長德岩밭장덕바오 黑礁흑초
049	每勿嶋	加益嶋가익섬 大九乙非嶋큰굴비섬 登加嶋등가섬 每勿嶋매물섬 小九乙非嶋소굴비섬 小每勿嶋작은매물섬 魚游嶋어유섬 鴻島홍섬
050	梅加島	單吳嶋단오섬 茅嶋띠섬 長嶋장도 紅嶋홍도=梅加嶋매가도 【嶼】古禮嶼고례녀 高嶼높은녀 方九嶼방구녀 上燕嶼웃제비녀 前嶼전녀 塔嶼탑녀 下燕嶼아래제비녀
051	大黑山嶋	駕島가섬=濛嶋몽섬 弓嶋궁섬 內望德嶋내망덕섬 內永山嶋내영산도 多勿嶋다물도 大芚嶋대둔도 上竹嶋상죽섬 鼠頭嶋쥐머리섬 小嶋소도 小長嶋소장도 松嶋송섬 虎藏嶋범장섬 橫嶋횡섬 大長嶋대장도½ 大黑山嶋대흑산도½ 【嶼】上古嶼상고서 細嶼세서 僧嶼중서 下古嶼하고서 項嶼항서

No,	이름	島 嶋와【嶼】嶼岩礁泇
052	飛禽島	加作島가작도 渴馬島갈매도 姑島고도 內介約島내개약도 內浦前島내포전도 大曲島대곡도=松島송도 大堂島대당도=納島납도 道口島도구도=石島석도 同九島동구도=鳥島조도 同屈島동굴도 豆島두도=小豆島소두도 燈成島등성도 晚自島만자도 梅實島매실섬 毛島모도 木島나무도=喜嶼島헤주도 木花島목화도 伐花島벌화도 伏島복도 缶島장구섬 飛禽島비금도 鼻末島비말도 上松島상송도 石黃島석황도 小堂島소당도 小牛洗島소우세도=小牛島소우도 小竹島소죽도 小土莫島소토막도=小枕島소침도 小黃島소황도=小黃灘島소황한도 松灘島송한도=松島송도 侍郞島시랑도=狼島랑도 新昌島신창도 牛島우도 牛洗島우세도 鷹島매도 井島우물섬 助島조도 竹島죽도 竹島죽도 竹島죽도 中堂島중당도 中松島중송도 錐島추도 七發島칠발도 土莫島토막도=枕島침도 浦前島포전도 項島황도 黃島황도=黃灘島황한도 姑島할미섬½ 都草島도초도⅓ 外介約島외개약도½ 外馬島외마도½ 【嶼】僧嶼중여 長久嶼장구여
053	箕佐島	介岳島개악섬 巨文島거문도 擧沙島거사도 鷄島닭도 鷄島닭섬 鷄島닭섬 鼓島북섬 姑島시어미섬 姑島할미섬 鼓懸島방구섬 鶴島관도 廣沙島논모래섬 蕎麥島메물섬 龜島구섬 箕島키섬 箕佐島기좌도 金哥島금가도 內棉島내면도 內牛墨島안우메기도 內湖島내호도 老大島노대섬 老郞島노랑도 籠島농섬 單島단섬 淡迫島담박섬 大道禮島대도례도 大薇島대고사리섬 大沙里島대사리섬 大三夫島대삼부도 大鼠島대쥐섬 大長島대장도 豆島콩도 馬島말섬 梅島매섬 梅實島매실섬 梅實島매실섬 蚊島모기섬 味箕島미기섬 朴只島박지도 伴島반도 半月島반월도 方九島방구도 方河島방하섬 邊島갓섬 鷺島왁새도 不務起島불무기도 扶所島부소도 飛鴉島비아섬 沙鐘島사달도 沙島모래섬 三島석섬 上納德島상납덕섬 上狄島웃돈섬 上沙雉島상사치도 上睡雉島웃수치도 蟾島두께비섬 小道禮島소도례도 小島소도 小馬津島소마진도 小薇島소고사리섬 小沙里島소사리섬 小三夫島소삼부도 小長島소장도 小浦島소포도 松島솔섬 松島솔섬 松盖島솔개섬 睡雉島수치도 蠅島파리섬 時下島시하도 新島신도 顎島악센도 安昌島안창도 梧島오도 玉島옥섬 玉島옥섬 外棉島외면도 外牛墨島밭우메기도 外湖島밭서도 要力島요력도 龍島용섬 一禽島일금도 者羅島자라도 長古島장고도 長鼓島장구섬 獐島노로섬 獐島노로섬 獐島노루섬 長島장도 長島장섬 照星島조성섬 走狗島주구섬 竹島대섬 甑山島시로메도 靑島푸른섬 草島풀섬 秋葉島추엽섬 雉島꿩섬 雉島꿩섬 八禽島팔금도 浦島포도 下納德島하납덕섬 下狄島아래돈섬 下老大島하노대섬 下沙雉島하사치도 花島화섬 僿巖島부어바오도 都草島도초도⅓ 間柄島문병도½ 巖泰島암태도½ 外介約島밭개약섬½ 外馬島외마도½ 長山島장산도½ 【嶼】大魾灘한박여울 無深灘무심열 伏虎礁북호여 細粟가는조 鼎足礁소바리유
054	木浦	可五里島가오리도 可之島가지도 葛島갈도 鷄島닭섬 鷄島닭섬 古馬島고마섬 高下島고하도 九禮島구례도 狗臥島구와도 錦湖島금호도 羅佛島나불도 老束島노속도 訥島율도 獺島넉섬 達里島달리도 大竹島대죽도 獨島독섬 末叢島말두섬 望美島대릉개섬 麥島맥도 茅島띠섬 木島목도 夢河島몽하섬 門島문섬 閔哥島민가지 別落島벼락도 沙島모래섬 三島삼도 三鶴島삼학도 桑島뽕섬 石島돌섬 石花島석화도 小獺島소넉섬 小童島소동섬 小斗島소두랑섬 小斗量島소두량도 小竹島작은대섬 東金獺島속금넉섬 宋哥島송가섬 松島솔섬 松島솔섬 松島솔섬 新島신섬 磩島슛돌섬 五葛島오갈섬 梧島오도 蛙島모구리섬 外達島외달도 外島밭섬 龍島용도 龍卵島용알섬 龍出島용출도 牛島우도 牛島우도 牛頭島소머리도 鵲島까치섬 鵲島작섬 長九島장구도 獐島노루도 長島장도 長島장도 長島장섬 長佐島장좌도 鼎盖島소당섬 亭珠島정주조 潮皮島조피도 中頭島중두섬 甑島시루섬 靑苔島청태섬 項島모리섬? 項島목섬 許沙島허사도 黃島노란섬 黃島황도 黃山島황산도=皇后島황후도 內台島내태도½ 押海島압해도⅓

No.	이름	島 嶋와【嶼】嶼 岩 礁 洳
055	靈巖	蒙島오릴섬 缶島장구섬 鍤島가래섬 鼠島쥐섬 松島송섬 月弄島월농섬 猪島도야지섬 竹島대섬 【嶼】道遷岩도산암
057	寶城	嫗島할미섬
058	油芚里	內白日島내백일도 美德島미덕도 鼠島쥐섬 吳島오섬 外白日島외백일도 牛島소섬 獐嶋노루섬 猪島저도 座島자리섬 竹島대섬 竹島대섬 竹嶋죽섬 蜘蛛嶋거거미섬 陳地島진지도 蟹嶋게섬 海鰕島해하도 大汝自島대여자도½ 圓珠島원주도½
059	麗水	加德島가덕도 間島간도 加長島가장도 金竹島금죽도 蠟鷄島납계도 老島노도 老浪島노랑도 大鯨島대경도 斗力島두력도 達川島달천도 大鯨島대경도 大雲斗島대운두도 馬勿島마물도 模開島모개도 福開島복개도 三竿島삼간도 小鯨島소경도 小汝自島소여자도 小竹島소대도 小雲斗島소운두도 松島송도 巖木島암나무섬 冶島풀무섬 烏島오도 梧島오도 外禾路島외화로도 乙島새섬 芿島넙섬 長口島장구도 將軍島장군도 長島장도 長載島장재도 鳥島새섬 竹島죽도 初島초도 風落島풍락도 大汝自島대여자도½ 突山島돌산도¼ 翠島취도½ 【嶼】鼓嶼북녀 缶嶼장녀 梭礁삿초 女礁녓초
060	尙州里	鼓島고도 內雉島내치도 櫓島노도 農歌島농가도 大島큰도 大磨島대마도 莜苺島목단도 木島목도 木島목섬 白島백도 缶島부섬 三嶼島삼녀도 昇峙島승치도 梧桐島오동도 外雉島외치도 竹島죽도 項島항도 南海島남해도½ 突山島돌산도¼ 【嶼】竹嶼죽녀 穴嶼혈녀
061	彌助里	巨七里島거칠리섬 鼓島고도 大虎島대호섬 豆島두도 頭尾島도미섬 馬鞍島마안도 茅島띠도 木果島목과도 米島미도 彌助島미조도 蛇島사도 樹牛島수우섬 艾島쑥도 栗島율도 鳥島조도 竹島대섬 項島목섬 虎島범섬 노아島섬½ 上島상도=北蛇梁島북사량도½ 上老大島웃노대섬½ 蠶島잠섬½ 昌善島창선도⅓ 下島하도=南蛇梁島남사량도⅓ 【嶼】甑礁시련
062	彌勒島	昆里島곤리섬 拱珠島홍주도 納島납섬 內夫支島내부지섬 大長頭島대장두섬 幕島막섬 晩地島만지섬 蓬島봉섬 釜島가마섬 飛山島비산도 飛翔島비상섬 比珍島비진섬 小鹿島소녹섬 小將軍島작은장군섬 小長頭島작은장두섬 松島송도=松鳥島솔새섬 烟臺島연대섬 烏谷島오곡도=烏所里島오소리섬 烏飛島오비섬 外夫支島밭부지섬 月明島월명섬 杻島추섬 鵲島까치섬 楮島저도=鷄島닥섬 竹島대섬 楸島가래섬 春福島춘복섬 苔島잇깨섬 鶴林島학림도=鳥島새섬 穴島혈도 花島화섬 花島화섬 彌勒島미륵도½ 上老大島웃노대섬½ 西佐島서좌섬½ 龍草島용초섬½ 蠶島잠섬½ 下島하섬=南蛇梁島남사량섬⅓ 閑山島한산도½ 【嶼】各水嶼각수여 門岩문암 白嶼신녀 牛嶼소여 鳥嶼새여 夏嶼솔여
063#	舊助羅	加五島가오도 乫串島갈곶섬 空地島공지섬 龜島구섬 多浦島다포섬 大德島큰덕섬=大鷄島 大並臺島큰서대섬 大松島대송섬 박섬 蜂岩島봉암도=秋岩島 山達島산달섬 小德島작은덕섬=小鷄島 小並臺島작은서대섬=石門島석문섬 松島송섬 안섬 利生島이생섬=藏財島 長蛇島장사섬 竹島죽섬 竹島죽도 只心島 黑島가문섬 巨濟島거제도¼ 西佐島서좌섬½ 龍草島용초섬½ 閑山島한산도½
064	慈恩島 西部	大烏之島대오지섬 烏島오도 牛角島쇠뿔섬 慈恩島자은도½

No.	이름	島嶼와【嶼】嶼岩礁沚
065	慈恩島	客島객도 姑島할미섬 曲頭島곡두도 鳩島비둘기도 奇點島기점도 洛梧島낙오도 內渴島안갈갠 唐沙島당사도 大䓴雄島대구웅도 大端島큰단섬 大番德島큰번덕도 德介島덕개도 同九里島동구리도 斗里島두리섬 馬山島마산도 麻山島마산도 馬項島말메기도 棉島면섬 鳴德島명데기섬 鳴德島명데기섬 木島목도 沒岩島몰암도 屏風島병풍도 寶機島보기도 三島삼도 鼠島쥐섬 細項島세목섬 小客島소각도 小奇點島소기점도 小端島작단섬 小斗里島소두리섬 小柳枝島소유지도 小番德島소번덕도 小岳島소악도 岩峙島암치도 驛島역도 鳥島까마개섬 玉島옥도 玉渴島옥섬 外渴島밧갈섬 畏岩島외암도 浴池島욕지도 圓島원도 柳枝島유지도 栗島밤도 一靜島일정도 鵲島작도 獐島노루섬 在遠島재원도 前甑島전증도 井島정도 竹島죽도 眞木島참남기 草蘭島초란도 灘拜島나배도 項島목섬 項島항도 花島화도 橫島역섬 梅花島매화도½ 艤泰島암태도⅓ 押海島압해도⅓ 慈恩島자은도½ 後曾島후증도½
066	務安	佳蘭島가란도 鷄島닭섬 古耳嶼고이섬 嫗島할미섬 九龍島구룡서 臺島대도 大食嶼대식섬 大甕德島대옹덕섬 大鼎嶼대정섬 桃岩島도암도 麥島보리섬 邊島갓섬 鱉島자라섬 三嶼삼섬 上竹島상대섬 蔬島체섬 小食嶼소식섬 小甕德嶼소옹덕섬 小鼎嶼소정섬 沼池島소지섬 松長嶼송장섬 羊島미섬 永海島영해도 外雁島외안섬 牛串島우곶도 牛島소섬 鵲島까치섬 長鼓嶼장고섬 猪島저도 鼎島솥도 精瑞嶼정서섬 中島가운데섬 淸嶼청섬 靑島청섬 炭嶼숯섬 下竹島하대섬 海頭嶼해두섬 黃馬嶼황마섬 內台島내태도½ 梅花島매화도½ 蟬嶼선섬½ 押海島압해도⅓
067	榮山浦	羊湖島양호도 竹島대슴
071	光陽	鼓島북섬 轎島교도 橘島유자섬 吉島길섬 金塘嶼금당섬 金嶼금섬 娘島낭도 內島안섬 內嶼안섬 大勒島대늑도 大味島대미섬 木島나무섬 猫島고이섬 鉢島발섬 飛雲嶼비운도 沙島모래섬 三干嶼삼간섬 三和嶼삼화도 西吹島서취도 鼠峙嶼섯치섬 小堂島소당섬 小堂嶼소당섬 小勒島소늑도 小味島소미섬 小西吹島소서취도 松嶼송섬 松島송섬 羊嶼양도 外島외섬 牛脣嶼우순섬 雲島구름섬 翼嶼팔섬 獐島노로섬 大仁島대인섬½
072	南海	葛島갈섬 鼓島북섬 廣島너른섬 狗島개섬 窟島굴섬 鸞島난조섬 內島내도 籠島농섬 勒島능섬=狗臥島구와섬 端島島단조섬 大島대도 東間島동간섬 東介島동개섬 東窟島동굴섬 東島동섬 馬島마섬 滿花島만화섬 茅島띠섬 舞蝶島무접섬 方魚島방어섬 拜謁島배알섬 邊月島변월섬 別鶴島별학섬 缶島장구섬 飛兎島비토섬 上豚島상돈섬 小狗島소개섬 蘇島소섬 小砧島소침섬 松島솔섬 松島솔섬 守令島수영섬 柴木島시목섬 兒島아기섬 鞍島길마섬 梧桐島오동섬 蛙島개고리섬 蛙島개고리섬 外島외섬 憂無島우무섬 牛尾島우미도 月登島월등섬 栗島율도 長島장도 長島장섬=蛇島배암섬 長長木島장장목섬 竹島대도 粥島죽섬 智進島지진섬 芝草島지초섬 辰島신섬 菜島나물섬 砧島침섬 兎島토끼섬 片島조각섬 下豚島하돈섬 鶴島학섬 項島목섬 項島목섬 項島목섬 項島목섬 香氣島향개섬 穴島혈섬 丸島둥글섬 黃庚島황경섬 南海嶼남해섬½ 大仁島대인도½ 昌善嶼창선도⅓
073	三千浦	孤島고도 古島고도 龜島구도 勒島늑섬 大草島대초도 馬島마도 挽雅島만아섬 毛介島모개섬 毛島모도 沙島사도 上大口島웃대구섬 蔬島소도 小草島소초도 소치島섬 松島송도 松島송섬 松島송섬 蜃島신섬 新樹島신수도 鵝頭島아두섬 鞍島안섬 陸島육섬 紫蘭島자란섬 長口島장구섬 楮島닥섬 天蛾島천아섬 草養島초양섬 秋島추도 項島목섬 項島목섬 노아島섬½ 上島상섬=北蛇梁島북사량섬½ 臥島와섬½ 栗島밤섬½ 昌善島창선도⅓ 下大口島아래대구섬½ 下島하섬=南蛇梁島남사량섬⅓ 【嶼】長津嶼장진녀 竹嶼죽녀 黑嶼검녀

No.	이름	島 嶋와【嶼】嶼 岩 礁 泇
074	統營	乾坌島건대섬 高介島고가섬 鼓島고섬 槐岩島괴암섬 內竹島내죽도 豆島팥섬 網子島망자섬 麥島보리섬 物雷島물레섬 放火島방화섬 碑島비도 蛇島배암섬 扇島부채섬 水島수도 始蕪島시무섬 於義島어의도 鳶島연도 春島용섬 牛草島우초섬 柳岬島유대섬 杻島주섬 柚子島유자섬 栗島율도 邑島읍도 狸島삵도 笠島갓섬 長久島장구섬 長島장섬 長子島장자도 楮島닥섬 蝶島납섬 鳥島새섬 竹島죽도 紙島지도 草芽島초아섬 兎島토끼섬 筆島붓섬 項島목섬 海民島해가섬 兄弟島형제섬 兄弟島형제섬 虎島봄섬 巨濟島거제도½ 彌勒島미륵도½ 臥島와섬½ 栗島밤섬½ 下大口島아래다구섬½ 【嶼】馬塘礁마당초 蛇嶼배암섬 祥頭嶼상두섬 鎭海嶼진해섬
075#	巨濟島	駕島명에섬(모야섬) 加助島가조도 乻泥島갈이도 格嶋격섬 鷄島계도(달섬) 橘島귤도 大廣耳嶋대광이도 大泛北島대범북도 洞龍島동농도 白蛇島백사도 凡璧島범벽도(범벽섬) 釜嶼부도 蛇頭島사두도(사두섬) 小廣耳嶋소광이도 小泛北島소범북도 柄砧嶼예침도 雄島웅도 利水島이수도 獐島장도(노루섬) 竹島죽섬 鷲島취도 項島항도(목섬) 巨濟島거제도¼ 七川島칠천도½ 【嶼】萬金礁만금초 蛇岩사암 石末嶼돌끝섬(돌끝여) 陽地岩양지암 兄弟島형제암 黃嶼누른섬
724#	東頭末	竹島죽도=갈산도.갈미섬 南兄弟島 木島 北兄弟島 加德島가덕도½ 【嶼】白嶼
076	扶南群島	間島간도 葛嶋갈섬 屈嶋굴섬 大老鹿嶋대노록도 大馳馬嶋대치마도 大許沙嶋대허사도 扶南嶋부남섬 小老鹿嶋소노록도 小馳馬嶋소치마도 小許沙嶋소허사도 二岩島두바오섬 笠帽嶋갈모섬 柁島치섬
077	智嶋	古巨耳嶋고거이도 高冬嶋고동도 古木嶋고목포섬 官嶋관섬 羅作嶋나작섬 內渴牛嶋내갈우도 內橋島내다리섬 內嶋내도 端島만도 段文圭嶋단문규도 大鉢嶋큰바리섬 大蛙嶋큰개고리섬 大台耳嶋대다래도 大包作嶋대포작도 道德嶋도덕섬 東奇嶋동기도 蔓芝嶋만지도 皿嶋명도 法鼓嶋법구섬 沙玉嶋사옥도 三嶋삼도 象嶋상도 上長鼓嶋웃장구섬 上項越嶋상목월도 小堂嶋소당섬 小嶋소도 小蔓芝嶋소만지도 小鉢嶋작은바리섬 小伏己山嶋소복기산도 小蛙嶋작은개고리섬 小台耳嶋소다래도 小包作嶋소포작도 小湖監嶋소호감섬 松嶋송도 水嶋수도 柿嶋감섬 信風嶋신풍섬 惡鳥嶋악조도 安馬嶋안마도 魚游尾嶋어류미도 於義嶋어의도 連嶋연도 獄嶋옥섬 玉嶋옥섬 外渴牛嶋외갈우도 外橋嶋외다리섬 元達嶋원달도 月精嶋월정도 鷹嶋메밀섬 荏子嶋임자도 鵲嶋작도 長鼓嶋장구섬 在嶋재원도 鼎嶋정섬 周竹島줄대섬 竹嶋대섬 竹嶋대섬 竹嶋대섬 竹嶋대섬 鎭嶋진도 鎭竹嶋진대섬 站嶋참도 蟲嶋버러지섬 台伊嶋태이도 風幕嶋바람매기섬 下塔仙嶋하탑선도 項嶋목섬 湖監嶋호감도 花加里嶋꽂가리섬 黑浮嶋흑부도=扶南嶋부남섬 浮沙嶋부사도½ 蟬嶋선도½ 智嶋지도½ 後曾嶋후증도½
078	望雲	大鼠島대서도 洞島동도 小島작은섬 小鼠島소서도 魚隱島어은섬 蛙島개고리섬 繞江島요강섬 栗島밤섬 銀伏島은복도 獐項嶋노루목섬 楮嶋저도 竹島대섬 竹嶋대섬 炭島탄도 浮沙嶋부사도½ 蟬島선도⅓ 智嶋지도½ 項島목섬½ 向化嶋향화도½
084	辰橋	文嶋문섬 月燈월등
085	泗川	江池島강지섬 茅島띠섬 法島법섬 鞍島길마섬 竹島대섬
086	鎭東	松島송섬 羊島영섬 錢島전도 花島화섬

No.	이름	島嶼와【嶼】嶼岩礁泇
087#	鎭海	鷄島닭섬 鼓島북섬 串島아랫꼬지섬 龜島자라섬=小島작은섬 남도=나뭇섬 大栗島큰밤섬 大竹島대죽도 獨島독도=딴섬 亡蛙島망왜도 毛島모도 釜島가매섬 缶島장구섬 上串島윗꼬지섬 小鷄島작은닭섬 小栗島작은밤섬 小水牛島소수우도 小竹島소죽도 松內島송내도 松島솔섬 수야방도 水牛島수우도 牛島쇠섬=솔도 友島벗섬 熊島곰섬 熊島곰섬 陰地島음지도 鼉島누에섬 長島긴섬 錚島징섬 猪島도섬 猪島돝섬=鼠島쥐섬 猪島돝섬 蝶島나비섬=申島납섬 酒島주도 竹島죽도 地里島지리도 簣島소쿠리섬 草理島초리도 招兒島초애섬 충도=실리섬 花島화도 黃德島노른덕섬 巨濟島거제도¼ 水島수도½ 七川島칠천도½【嶼】德嶼덕소 도투마리암 돔애소 마당서 白嶼흰여 짝끈이=사근서.사근여 黑嶼검은여
725#	加德島	牽馬島견마도 鯨島경도 大馬島대마도 大竹島대죽도 德道島덕도도 屯致島둔치도 麥島맥도 鳴湖島명호도 未泊島밋박섬 三神島삼신도 鼠島서도 松島송도 松島송도 水峯島수봉도 新島신도 新湖島신호도 兒童島아동도 緣島연도 烏尾島올미도 이협등 立島입도 鼎冠島정광도 佐仁島좌인도 竹島죽도 中竹島중죽도 土島토도 下端島하단도 호남도 加德島가덕도½ 大渚島대저도½ 水島수도½ 柳斗島유두도½【嶼】감수서 毛嶼모서 솔문길서 월분서
726#	釜山	東嶋동도 頭嶋두도 生島생도 松嶋송도 影島영도 五六島오륙도 朝嶋조도 竹島죽도 黑石島흑석도 絕影島절영도【嶼】古來石고래석 鼓岩고암 橋子湫교자추 黑石岩흑석암
088	大飛雉嶋	大飛雉嶋대비치도 小飛雉嶋소비치도 項島목섬 橫嶋빗길섬 梧嶋오도½
089	松耳嶋	角巨島각거도 角耳島각이도 高介島고개섬 納鷄島납대기섬 大角氏島큰각씨도 大老因島큰노연도 門島문도 上洛月島상낙월도 小角氏島소각씨도 小角耳島소각이도 小老因島작은노연도 松耳島송이도 艾島쑥섬 壬丙島임병도 下洛月島하나월도 鞍馬島안마도½ 梧島½【嶼】帆泇범여 山近泇산근여 尸位泇시위여 牛泇우여
090	浦川里	歌音島가음도 麴鷄島국계도 敏鷄島민닭도 飛鵠島비작도 鼠島쥐도 雪嶋눈섬 狸嶋이도 長鼓島장고도 竹嶋죽도섬 竹島죽도섬 眞珠島진주도 七山島칠산도 項島목섬½ 向化嶋향화도½【嶼】包南泇포남여
099#	馬山	猪島저도 蛙島개구리섬
100#	金海	中沙島중사도 大渚島대저도½ 柳斗島유두도½【嶼】北嶼북서
101#	東萊	竹島
103	鞍馬嶋	石蔓島석만도 小石蔓島작은석만도 晚風島孞풍세미 竹島죽도 大六島대육도 鞍馬島안마도½【嶼】甘嶼비온여 老姑泇로고여 大長財泇큰장재여 旺嶝泇왕등여 牛角嶼소각여 長財泇장재여 走驪泇솔바리여 黑泇검여
104	法聖浦	加莫島가막도 道音所島도음소도 猫島고이섬 鼠島쥐섬 鼎島정도 黑於島모개섬 泊島박도
116	長生浦	名仙島명선도 瑟島수리도 燕子島연자도 鳥岩島조암도 竹島죽도【嶼】巨無岩거무암 大洋岩대양암 蟬岩매이암 處容岩처용암
117	旺嶝島	內鳥島내조도 茅槐島모괴도 上旺嶝島상왕등도 列島바라섬 外鳥島외조도 中鳥島중조도 車輪島거륜도 下旺嶝島하왕등도【嶼】北巖북암

No.	이름	島嶼와【嶼】嶼 岩 礁 洳
118	蝟島	犬島개섬 達樓島다로섬 大外雉島대외치도 大兄弟島대형제도 末與嶋미여도=雙嶼쌍녀 細月島세월도 小外雉島소외치도 小井金島소정금도 小甁島소증도 小兄弟島소형제도 松浦島송포도 食島식도 蝟島위도 臨峀島임수도 井金島정금도 竹島죽도 蝦島하도 阜嶝嶋부등도½【嶼】毛嶼모녀 帆掛嶼돛개녀 鴨礁압녀 長隱嶼장은녀 陳嶼진녀 車嶼수레녀
119	茁浦	古代嶋고대도 熊淵嶋곰소도 竹嶋죽도 珍斗嶋진두도 虎嶋호도 阜嶝嶋부동도½【嶼】계란嶼녀 古時岩고시바우 鹿岩사심바우 엿岩바우 烏岩까마귀바위 虎岩범바우
130	蔚山	蛤島합섬 紅掌嶋강장도
131	壯子島	蓋島개섬 鷄島닭섬=蘇島소섬 串芝島곶지도 丹嶝島단등도=白布島백푸섬 大長島대장도 德山島덕산도 斗里島두리도 巫女島무녀도 舞能島무능도 飛雁島비안도 石島돌섬 仙遊島선유도 少堂島소당섬 松島송도 新侍島신시도 鶚島악도 長久島장구도 壯子島장자도 前三島앞삼섬 珠三島주삼도 雉頭島치두도 黑島흑도 【嶼】大嶼대녀 滿嶼만녀=万子嶼만자녀 甑嶼시루녀
132	扶安	界火嶋계화도 可力島가력도
136	長溪	竹島대섬
143	朝陽	【嶼】大王岩대왕바우
144	十二東波島	十二東波島열두동파도 稷島피섬 黑島검섬
145	末島	鷄島닭섬 廣大島광대섬 段島단도 末島말도 明島=明件島발근섬 防築島방축도=防築仇味방축구미 補農島보농섬 鼠島서도 小夜味島소야미도=下島아래섬 夜味島야미도 橫境島횡경도=長大島장대섬 小橫境島소횡경도
146	群山	加乃島가래도 歌島노래섬 駕島명에섬 卵山島알메도 內草島내초도=烏島조도 德島 茅島띠섬 飛鷹島비응도 筷簀島오식도 有爻島유부섬 入耳島입니도 長山島장산도 【嶼】露積岩노적바오 明岩명암 関哥山민가산 民野岩 蛙礁와초 黑岩흑암
158	九龍浦	【嶼】伐岩벌암 鳥岩조암
159	於靑島	弓矢島 卵島 東格列飛島 北格列飛島 西格列飛島 石島 於靑島 黃島
160	煙島	烟島연도 五歷島오력도 【嶼】廣巖광암 雌雉자치
161	舒川	開也島개야도 大竹島대죽도 茅島모도 缶島장구섬 小竹島소죽도 雙島쌍도 鵝島아스래섬 牙項島아목섬 獐島노리섬 竹島죽도 雉島치섬 【嶼】歷鏡역경
172	浦港	鳥島오도 鵲島작도 【嶼】大嶼台한엿대
173	長鬐岬	【嶼】觀風臺岩간풍대암 橋石礁교석초
174	黃島	辨島변도 黃島항도 【嶼】細洳세이여
175	外烟島	冠長島관장도 大吉山島큰길산도 大靑島큰청도 貿馬島무마도 石島석도 小吉山島작은길산도 小靑島작은청도 水島수도 梧島오도 外烟島외연도 中吉山島중길산도 中靑島중청도 橫見島횡견도 明德島명덕도½【嶼】草芒嶼초망서

No.	이름	島 嶼와 【嶼】嶼 岩 礁 洳
176	狐島	鹿島록도 大華沙島큰화사도 毛島모도 佛母島불모도 石島석도 小華沙島작은화사도 外占島외점도 龍島용도 錐島추도 狐島호도 明德島명덕도½ 揷矢嶋삽시도½ 【嶼】吉鷹岩길응암 上洪嶼상홍서 周嶼주서 下洪嶼하홍서 黃島岩황도암
177	藍浦	石臺島석대도 牛島우도 栗島율섬 竹島죽섬 直言島직언도 黃竹島황죽도
188	淸河	【嶼】鳥岩새암
189	內波水島	內波水島안파수도 外波水島외파수도 【嶼】大嶼대서 芬嶼분서
190	安眠島南部	鷄島닭섬 古代島고대도 軍官島군관도 納大只島납대지도 大也島대야도 斗之島두지도 鶩島목도 蒙德島몽덕도 沙島모래섬 三兄弟島삼형제도 上松島상송도 蔬島소도 松島송도 鞍馬島안마도 烏島오도 外島외섬 外長古島외장고도 外竹島외죽도 元山島원산도 月島월섬 陸島육도 栗鳴율도 長古島장고도 甑島증도 抽島추도 兎島토끼섬 下松島하송도 虛陸島허륙도 黃島황도 孝子島효자도 黑島검도 揷矢島삽시도½ 安眠島안면도½ 【嶼】老姑岩로고바위 鷹峰매봉
191	大川里	氷島빙도 上松島상송도(육지) 下松島하송도(육지)
203	居兒島	居兒島거아도 羅致島나치도 端島단도 木蓋島목개섬 三島삼도 甕島옹도=獨島독도 蔚美島울미도 鼎足島정족도 兎島토끼섬 賈誼島가의도½ 【嶼】加沙嶼가사서 船嶼선서
204	安眠島北部	看月嶋간월섬 檢潮嶋검조섬 帶嶋대도 蔸嶋두도 茅山嶋갈산도 釜嶋부도 松嶋송도 鞍馬嶋안마도 鳥嶋조도 竹嶋대섬 竹嶋죽도 竹嶋죽도 眞帶嶋진대섬 兎嶋토섬 狐島호도 黃嶋황도 安眠島안면도½ 【嶼】德岩덕암 三峰岩삼봉암
216	寧海	竹嶋죽섬
217	安興	熊島곰도 花島화도 雙島쌍도 狐島여우섬 黃島황도 新津島신진도 馬島마도 賈誼島가의도½ 【嶼】長嶼장서
218	瑞山	雙島쌍도 舊島구도
231	防築里	駕德島 龜島구도 大島한도 大鈴島 木德島 傍行島방행도 筏島벌도 盆店島분점도 新島신도 鞍島안도 煙突島연돌도 車島차도 黑島 竹島죽도½ 【嶼】新嶋他嶼신도타서
232	山前里	鷄頭島계두도 古波島고파도 栗島밤섬 墓島 盆店島 松島 右能島 牛島소섬 熊島웅도 鷹島 鷹島웅도 長龜島장구도 齊島 鳥島새섬 周島주도 皮島피도 竹島죽도½ 草落嶋초락도½
233	唐津	九芝島구지도 內島내도 鰲島오도 草落嶋초락도⅓
234	牙山	行淡島행담도 【嶼】永岩영바우
245	白牙嶋	駕島명에섬 鷄島계섬 冠島관도 光大島광대도 道浪島도랑섬 白牙嶋백아도 筏島벌섬 缶島부도 鳥島오섬 蔚島울도½ 【嶼】民魚灘민어여울 仙丹灘선단여울 連珠灘연주여울 掌灘장여울
246	仙甲嶋	加島가도 角吃島각흘도 袴島바지섬 廊角吃島줄각흘도 仙甲島선갑도 鉛島납섬 牛島소섬 池島지도 兎島토끼섬 桶角吃島통각흘도 文甲島문갑도½ 蔚島울도½

No.	이름	島 嶼와【嶼】嶼 岩 礁 洲
247	豊嶋	黔島검섬 大蘭芝島대난지도 大鳥島대조도 搗飛島돗비도 末六島말육도 尾六島미육도 飛警島비경도 沙昇風島사승풍도 上公景島상공경도 小蘭芝島소난지도 小鳥島소조도 牛舞島우무도 六島육도 中六島중육도 豊島풍도 皮島피염 下公景島하공경도 黑魚島흑어도 小伊作島소이작도⅓ 昇島島승봉도⅓ 草落嶋초락도⅓【嶼】赤礁부리기
248	長古項里	菊花嶋국화도 籠島농섬 桃李嶋도이도 防島방도 蛇嶋사도 鷹島매섬 立波嶋입파도 濟扶嶋제부도½
249	發安場	狗島개섬 獨飛島독비도 貝島패도
260	屈業島	屈業島굴업도 鰕山島새우산도
261	德積嶋	大伊作島대이작도 德積島덕적도 桐栢島동백섬 墨島묵도 筏島벌섬 善尾島선미도=惡險島악험도 蘇爺島소야도 文甲島문갑도½ 小伊作島소이작도⅓【嶼】減增灘감증여울 溢灘단여울 割尾嘴할미취
262	靈興島	甲竹島갑죽도 大草置島대풀치도 缶島부도 嶼於洩서어벌 小草置島소풀치도 靈興島영흥도 紫月島자월도 小伊作島소이작도⅓ 昇鳳島승봉도½【嶼】南嶼남서 白岩백암 北長子嶼북장자서 鼠礁서초 倉嶼창서 黃嶼황서
263	大阜嶋	加里基嶋가리기도 廣島광도 九峯里嶋구봉리도 大阜嶋대부도 辨島변도 佛島불도 石島돌섬 仙甘嶋선감도 仙才嶋선재도 漁島어도 牛音島우음도 全嶋전도 頂島정도 測嶋측도 炭嶋탄도 衡島형도 訖串嶋흘곶도 濟扶嶋제부도½
264	南陽	升島승도
268	文幕	藍島쪽섬 釜島가마섬
275	龍游島	轎島가마섬 大舞衣島대무의도 眠島잠섬 三木島삼목도 桑葉島상엽도 小舞衣島소무의도 薪佛島신불도 實尾島실미도 龍游島용유도 鷹渡狼매도랑 鼉津島잠진도 海里島해리도 海岩島해암섬 永宗島영종도⅓【嶼】古息伊고식이 大鷹渡狼대매도랑 背東礁배동초 蛇嶼사념½ 蛙嶼와념½
276	仁川	老嫗島노구섬 大遠禮島큰워녀목섬 猫島묘도 糞島똥섬 沙島사도 小鹽島소염도 小猿島소원섬 小遠禮島작은워녀목섬 小月尾島소월미도 兒岩島아암도 鳥耳島오이도=玉貴島오귀도 玉鉤島옥구도=石茁島돌줄섬 外岩島외암도 猿島원섬 月尾島월미도 芍藥島작약도 八尾島팔미도 永宗島영종도⅓
279	楊平	下島坪하도평
284	旌善	綠島녹도
286	三陟	萬里嶋만리도
287	大延坪島	鋸島거하거세미? 求地島구지도 堂島당세미 大頭嶺대두령 毛伊島모이도 延坪島연평도 甑島시루세미 册島책세미 大延坪島큰연평도½【嶼】家地嶼가지녀 老雲嶼노운녀 龍伊嶼용이녀
288	注文島	芬芝島분지도 新島새도 阿此島아차도 甫音島보름도½ 注文島주문도½【嶼】鷹岩매바오 鷲峰수리봉
289	溫水里	東晩島동만도 茅島띠염 秣加之날가지 西晩島서만도 스시도 矢島살섬 信島신도 魚游井島어류정도 長峰島장봉도 竹島죽도 江華島강화도¼ 席毛島석모도½ 注文島주문도½【嶼】閣氏岩각씨암 釜礁가마여 蛇嶼사념½ 蛙嶼와념½ 銀廉은렴

No.	이름	島嶼와【嶼】嶼岩礁洳
290	金浦	巨簾島거첨도 吉舞島길무도 桃島도도 東檢島동검도 蘭芝島난지도 梅島매도 文沾島문첨도 放馬島방마도 寶島보도=普嶼보서 北德島북덕도 朋島붕도 蛇嶋사염 沙艺串島사돌곶도 沙岩島사암도 細於島세어도 小島소염 小文沾島소문첨도 小米島소미도 小北德島소북덕도 小雲兼島소운겸도 小栗島소율도 小項山島소항산도 小黃山島작은황산도 升島승도 安岩島안암도 雲兼島운겸도 杻島싸리섬 陸島육도 栗島율도 栗島율도 鷹島매도 一島일도 雌雉島까토리염 長九島장구도 長金島장금도 獐島노루염 菁蘿島파렴 兎島토끼섬 虎島호도 黃山島황산도 江華島강화도¼ 永宗島영종도⅓ 【嶼】駕嶼가서 都樓嶼도루서 都嶼도서 梅粨嶼매장서 水河岩수하암 浦內嶼포내서
291	京城	蘭芝島난지도 汝矣嶋여의도 梧柳島오류도 栗嶋율도 【嶼】廣州岩광주바오 濟洲礁제주안
292	蠹嶋	蠹島독섬 浮里島부리염 石島돌섬 舞童島부돔
293	磨石隅里	簇子島족자섬
301	鬱陵島	觀音島관음도 鬱陵島울능도 一本立島=竹岩대암 靑島=北亭岩북정바오 竹島죽도 【嶼】孔岩공바오 三本立 水雷岩수레바오 燭臺岩촉대바오
302	大靑島	大靑島대청도½ 小靑島소청도½ 【嶼】甲竹岩갑죽바오
303	小靑島	萬財島만재도 下麒島아래기도 麒麟島기린도⅓ 小靑島소청도½
304	昌麟島	內苔背島내태배도 蓬串島봉곶도 飛鴨島비압도 漁化島어화도 烏島까마구도 外苔背島외태배도 鼎島정도 昌麟島창린도 海岩島해암도 麒麟島기린도⅓ 巡威島순위도½ 【嶼】螺岩소라바오 안개나류 窯內굴내
305	龍湖島	姑島할미섬 群灣島군만도 箕島키세미 大友島큰벗섬 小友島작은벗섬 魚缶島웃구섬 外島외도 龍威島용위도=龍湖島용호도 荏隅島깨몰섬 靑頭島청두도 巴島파도 巡威島순위도½ 圍島위섬½ 【嶼】光大岩광대바오 巫岩무당바오 瓮岩독바오
306	釜浦	葛島갈도 古涯島고애도 茂島무도 方伊島방이도 蟹串島샤키도 石磨島돌가라비도 松鶴島솔미도 六島육세미 長在島장재세미 楮島닥세미 草磨島풀가라비도 黑島검녀 大延坪島큰연평도½ 小睡鴨島소수압도¼ 掩島엄섬½ 【嶼】減岩감암 廣石礁광석유 釜岩嶼가마암여 石方嶼돌방여 세토리礁유 玉岩옥바오 溫梁岩온량암 蝶礁납뉴 眞礁자도리유 草方嶼풀방여 하리礁유 玄岩현암
307	龍媒島	角回島각회도 間蘭島간난도 龜島거북섬 藍島쪽섬 大睡鴨島대수압도 蟬島매미섬 牙里島아리섬 汝念島여념도 龍媒島용매도 牛島우동 陸邑島육읍도 耳島귀염 低尾島저미도 村島말섬 黑島흑도 小睡鴨島소수압도¼ 掩島엄섬½ 【嶼】廣沙嶼넙적사라지 東沙嶼동사라지 三峰沙嶼삼봉사라지
308	舞鶴里	京末島경말도 舊增山島구증산도 納島납섬 杰島끝도 尾暗島미암도 西檢島서검도 奉冊숫차 蓼島여꾸섬 龍卵島용란도 咸朴島함박도 喬桐島교동도½ 蕓音島보름도½ 【嶼】鳩石구석 窟里굴리 金德堂금덕당 吏岩안바우 猫獷고이미 玄岩현암
309	江華	歸下島귀하도 納島납섬 大松島대송도 黍島서도 石島석도 鮮毛島선모도 小松島소송도 竹島죽도 江華島강화도¼ 喬桐島교동도½ 席毛島석모도½ 【嶼】鷹岩매녀
310	通津	留島도모리 一眉島일미도 江華島강화도¼
314	加平	南嶋남도 小南嶋소남도
319	江陵	【嶼】可伊岩가이바오 鳥岩새바오

No,	이름	島嶼와【嶼】嶼岩礁㴱
321	白翎島	白翎島백령도 大靑島대청도½ 【嶼】仙坮岩선대바오 蓮峰연봉 鼎岩솥바오 兄弟岩형제바오
322	麻蛤島	麻蛤島마합도
323	甕津港	水靑島수청도 鵲島작도 猪島저도 麒麟島기린도⅓
324	馬山	申嶋납섬 牛嶋소도 舟嶋배섬 圍島우섬½
325	康翎	落棱島낙사도 大島큰섬 馬背島말등섬 毛島털섬 臥島와도 耳島귀섬 鼎島솥섬 咸之島함지섬 海岩島해암섬 兄弟島형제섬 小睡鴨島소수압도¼
326	靑丹	石島돌세미 小睡鴨島소수압도¼
327	延安	驛驅嶋역구도½
328	白川	驛驅嶋역구도½ 【嶼】柑岩감바오 淸洲礁청주뿔
333	春川	蝟島위섬
338	注文津	竹嶋죽도
339	長山串	【嶼】大監岩대감바오
340	德洞	烏鵲島오작섬 月乃島월내도 陸島육도
341	南湖里	風流島풍류섬
355	襄陽	鳥島조도
356	夢金浦	鷄島계섬 大島큰섬 夢金島몽금도
371	瓮津	駕嶋가도 白嶋백도 鳥島조도 竹嶋죽도 竹嶋죽도 【嶼】自磨石자마석 兄弟岩형제바오
372	津江浦	石島돌섬 蝶島접도 椒嶋초도½ 【嶼】舞佛嶼무불염
375	載寧	上島상도 下島하도 蛤島조개섬
376	銀波里	內島안섬 沙島모래섬
386	杆城	草津嶋초진도
387	椒島	고子島袴嶋바지섬 串島곶도 德島덕섬 孟岩島매암섬 明島밝은섬 三島삼섬 西島서도 石島돌섬 姊妹島자매도 鼎足島솥발섬 胡嶋호도 席嶋석도½ 椒嶋초도½ 【嶼】內島岩안섬바우 舞佛嶼무불염 松串소곶 松門岩솔문암
388	殷栗	陵金島능금도 三兄弟島삼형제섬 鼠島쥐섬 牛島우도 熊島웅도 梳島놀기섬 鼈島누이섬 周島줄섬 靑洋島청양도 海岩島해암도 席嶋석도½ 蟹島해도½ 【嶼】缶岩장구바오 鋙串곶식비 周岩주라어이?
389	安岳	北島북섬 鳥弄島조롱도
401	高城	鵲島작도 猪嶋저도 【嶼】砂工巖사공바오 船巖선암 小蓬岩소호바오 五來岩오래바오 龍岩용바오
402	廣梁灣西部	結石島결석도 金釵島금차도 大梳島대소도 上吹螺島상취라도 小梳島소소도 蝘蜓島언전도 地理島지리도 簒島찬도 草島풀섬 避島피도 下吹螺島하취라도 戶長島호장도 禾島화도 鴨島압도½ 蟹島하이도½

No.	이름	島 嶼와 【嶼】嶼 岩 礁 沏
403	鎭南浦	加德島가덕섬 葛島갈섬 儉德島검덕섬 大德島대덕섬=自落島자락섬 北島북섬 獅鹽津島사렴진도 小鎭島작은쇄도 大鎭島큰쇄도=鎭鹽島쇄염도 燕島제비섬 烏島오섬 臥牛島와우도 栗島밤섬 日出島일출도 渚開島저개도 猪島저도 津島진도 術島치리섬 兄弟島형제도 虎島범섬 火島불도 鴨島압도½
404	兼二浦	藍島쪽섬 靑苔島청태도 【嶼】甕岩독암
414	外金剛	間島가운데섬 介瞻島갯치섬 松島솔섬 舟島배섬 兄弟島형제섬 【嶼】鯨岩고래바오 白岩배암
415	海金剛	蛙島개구리섬 【嶼】馬岩마암 萬物相만물상 佛岩부처바오
416	溫井里	漕鴨島조압도
418	岐陽	江島강섬 鷗游島곤유도 桃浪島도랑섬 斗團島두단도 豆老島두로도 文發島문발도 碧只島벽지도 蓬萊島봉래도 新島새섬 新島새섬 羊角島양각도 狸岩島이암도 蛤島조개섬
420	祥原	里頭島이두섬
427	通川	東德島동덕도 沙島사도 穿島천도
428	荳白里	卵島알섬=四時間島 白島백섬 松島솔섬 穴島혈도
429	二鴨島	二鴨島이압섬
430	甑山	北漕鴨북조압 松島송섬 箭島살섬
432	平壤東部	綾羅島능나도 大醉島대취도 半月島 柴花島시화섬
439#	安邊	國島국섬 石島돌섬 우미도 栗島밤섬 鵲島작도
440	沛川里	白島백도 沙島사도 石島석도 松島송도 僧島승도 芋島마도 竹島죽도 【嶼】獨峰독봉 馬岩마암
441	漢川	巫島무당섬 素堂島소당섬 小德島소덕섬 小草島작은풀섬 野原島벌섬 臥狗島와구섬 笠島삿갓섬 草島풀섬
449#	元山北	조도구도
727#	虎島半島	나움섬 달섬 대고도 大達伊島큰다리섬 大島대도 부도 腐島부도(썩은섬) 沙島사도(모래섬) 小達伊島다리섬 소도小島 솔섬松島? 송도松島? 薪島신도 안도鞍島 女島여도 오소도 熊島웅도 지섬 虎島호도 황토도
450	大和島	蠟島납섬 大豆島큰두인 大鼎足島큰솥발도 大和島대화도 默異島묵이도 薄雲島박운도 小蠟島작은납섬 所土基島바토기섬 小和島소화도 岳島단겸 鼎島솥바리 參瑳島참차도=站采島참채도 灰島회도 炭島탄도½ 【嶼】실여 龍神岩농신바오
451	牛里島	鷺島왁섬 眠朴基島면바기도 三月島삼월도 牛里島우리도 芝島지도 咸朴基島함바기도 身彌島신미도½ 【嶼】여삼올 잔모리 甑岩시루바오
452	雲霧島	葛島갈도 구니도 大甘島대감도 三閼島삼벌도 石島돌섬 小葛島소갈도 小甘島소감도 外鶉島외순도 雲霧島운무도 中島중도 兄弟島형제도 希島희도
455	順川	大嶋대도
461#	鎭興里	강도 鷄島계도 너른섬 대가도 大猪島큰돗섬 鼠島서도 소가도 小猪島작은돗섬 유도
728#	芳久美里	금방섬 대구비도 들안섬 반섬 소구비도 신도 작은오정섬 큰오정섬 【嶼】곶암

No.	이름	島 嶼와 【嶼】嶼 岩 礁 渊
462	仙岩洞	椵島가도 晚島만도 無根場島무근장도 小大島소대도 魚泳島어영도 獄島옥섬 熊島곰도 月隱島월은도 鼎島솥도 鼎島정도 大加次島대가차도½ 小加次島소가차도½ 炭島탄도½ 【嶼】床下岩상하바오
463	身彌島	加浪島가랑도 葛里島갈리도 九器艷島구기염도 納雀島납작도 內月浦島내월포도 杻島싸리염 大埋陸島큰매륙이 墨島묵염 米島싸리주 腐石島썩은돌이 小葛里島작은갈리도 小杻島작은싸리도 小兩乬島작은냥도 小埋陸島작은매륙이 松下島소다리 粮積島양적도 外月浦島외월포도 牛里島우리도 月子島달염 鷹島매노리 煮鯉島자리도 蝶島납섬 鼎足島솥다리 鳥籠島조롱도 洪建島홍건도 大加次島대가차도½ 小加次島소가차도½ 身彌島신미도½ 【嶼】君子岩군자바오 도렌 茂島岩무도리=피우리 屛風岩병풍바오 福島복바오 선돌이 송굴이 涅水岩날영바우=한손바오 將軍岩장군바오
464	天台洞	高美陽고미양 關島관도 裸島웃보시섬 內鶲島내순도 內獐島내장도 達里島달리도 達陽島달양도 大門芳島대문방도 大閣島대염도 大簇花島대족화도 猫島묘도 米利島미리도 佛島불도 崩盃島붕배도 石島석도 蟬島마미섬 小門芳島소문방도 小簇花島소족화도 柴艾島시애도 艾島쑥섬 鹽島염도 烏島까마개섬 臥島와도 蛙島와섬 外獐島외장도 允小里島윤소리도 長島단도 獐趾島장지도 簇花島족화도 鰕島새우섬 花島화도 【嶼】直岩직암 千石礁천석초
465	雲田洞	老安垌島노안동도 船島선도 牛豚島우돈도 長上島장상도 丁落島정낙도 花島화도
467	平院里	芮哥島예가도 龍島용도
474#	三峰里	【嶼】石銀岩석은암
475	薪島	露積島노적도 達島달섬 馬鞍島마안도 薪島신도 艾島쑥섬 永島영섬 長島단섬 草介島초개섬 【嶼】丁足岩정족바오
476	水運島	加次島가차섬 九營島구영도 杻島추도 大多沙島대다사도 大煙童島대연동도 末島끝섬 門泊島문박도 碧島벽도 獅子島사자도 細島가는섬 小多沙島소다사도 小煙童島소연동도 水運島수운도 洋島양도 雲島운도 圓島원도 長島단도 冊島책도
477	鐵山	大溪島대계도 白土島백토섬 盆地島분지섬 蟬島마애미섬 蟬島마애미섬 小大溪島소대계도 臥島누울섬 月島월도 【嶼】瓮岩옹암
478	宣川	外島밭섬 順禮島순례도 內島안섬 竹島죽도 蟬島매암섬 三串島세곶개섬 堂島당섬 작섬(鵲島?) 鷲島왁섬 【嶼】鳩岩구바오 도태리 소염 오토리
482	寧邊	江越島강월섬 骨積島골적섬 無骨島물개섬 中島중도
484	德川	鶴嶋학도
488	定平	【嶼】龍岩용암
489	西湖津	間島샛섬 大陳島대진도 小陳島소진도 小花島소화도 下島아래도 花嶋화도 【嶼】立岩선암 兄弟岩형제바오
490	信佃坪	【嶼】腐嶼角썩은소
491	龍岩浦	每路里島매노리섬 挿島삽섬 細島가는섬 耳島浦이도포 潮龍島도용섬 【嶼】昌岩창바오
497	雲山	上草島상초도
505	退潮	大嶋대섬 小島소섬 前椒島전초섬 竹島대섬 秦童嶋진동섬 【嶼】島岩섬바오=婦岩각씨바오 童子岩동자바오 婦岩각씨바오 惡大岩악대바오

No.	이름	島 嶋와【嶼】嶼 岩 礁 洳
506	馬養島	馬養島마양도½
507	新義州及安東	多智島다지도 東柳草島동유초도 柳草島유초도 麻島마도 小桑島소상도 新島신도 於豊島어풍도 威化島위화도=中島 荏島임도 鳥卵島조란도 楸桑島추상도
521	洪原	松嶋송도 竹嶋죽도
522	新浦	大邱島대구섬=鳩島구도 新島신섬 鵲島까치섬 馬養島마양도½【嶼】大岩대바오 新郞岩신랑바오 新婦岩신부바오 瓦岩기와바오
523	新昌	掛岩島괘암도 松島솔섬 間島섬리
525	西湖洞	黔同島금동도½
526	義州	官馬嶋관마도리 九里嶋구리도 幕沙島막사도 小官馬소관마 小島里島소도리도 松嶋솔섬 水口嶋수구도 勝艾島승아도 於赤島어적도 黔同島금동도½
542	利原	小島소도 鵲島까치섬 鵲島까치섬 全椒島전초도【嶼】葛岩갈바오 將軍岩장군바오
544	淸城鎭	長島장도
545	朔州	【嶼】鳥啼岩오제암
557	中里	榛嶋개암섬
559	雙上里	陸島육섬
560	端川	掛島괘섬【嶼】鳥碣巖오갈암 學士臺학시대
561	龍臺洞	【嶼】麻田兄弟岩마전형제바오 獐項兄弟岩장항형제바오
563	碧潼	郡前島군전도
578	城津	【嶼】大岩대바오 獨岩독바오 三根岩삼근바오
580	阿耳鎭	困腰島누허리도 宗達島종달도
594	城津北部	【嶼】孤岩고암
596	泗浦洞	江厚耳島강후이도 卵島알섬 洋島양도 兄弟島형제도【嶼】鹽岩소금바오
597	李雲宣里	萬戶島만호도 下末島하말도
599	渭源	從達島종달도
613	下鷹峰	【嶼】前石根전석근
614	高山鎭	伐登島벌등도
626	載德	中島중세미
629	煙浦洞	煙浦島연포도
642	極洞	【嶼】鷹岩매바오
643	梨岩洞	海走島해주도
657	朱村後場	看羊島간양도
669	土城洞	【嶼】卵岩난바오
670	中江鎭	楸島가래섬

No.	이름	島 嶋와 【嶼】嶼 岩 礁 泇
679	淸津	仁智島인지도 【嶼】夫婦岩
687	連津	【嶼】卦刿쾌염
696	梨津	雙島쌍섬 避島피섬 【嶼】葛岩갈바오
697	大草嶋	大草島½ 【嶼】午龍岩
701	古豊山	中島중도
702	新洞	松島송도
703	羅津	掛島걸섬 琵琶島비파섬 小草島작은초도 松島송도 鵲島까치섬 鵲島까치섬 大草島큰초도½
704	西水羅	卵島알섬 鹿島녹도 淑根島소근섬 赤島붉은섬 中島중도 雀浦島작개섬 【嶼】東淑根동소근 西淑根소소근
707	雲淵洞	古間島고간도
711	古邑洞	大島큰섬 小島작은섬 田島밭섬
713	行營	柯島가독세미
717	鍾城	古間島고간도 尾島꼬리섬
718	慶源	禁斷島금단도 柳多島유다도 河洋島하양섬 東島동셈½ 後水於口島후수어구도½
721	訓戎	古珥島고이도 東島동세미½ 後水於口島후수어구도½

※ 2,780개 섬에서 이름이 둘인 섬은 88개, 따라서 섬 이름은 2,868개이다.
　425개 암초에서 이름이 둘인 암초는 6개, 따라서 암초 이름은 431개이다.
＊ 도엽 번호는 국토지리정보원 홈페이지에 올려진 지도 원본에 스탬프로 찍은 번호이다.
＊ 섬 이름은 가나다순으로 배열하였다.
＊ 이름 뒤의 ½, ⅓, ¼은 2, 3, 4개 도엽 경계선에 걸쳐 있다는 뜻이다.
＊【嶼】뒤에 수록된 서(嶼), 암(岩), 초(礁), 여(泇), 탄(灘) 등의 암초, 여울은 섬 개수에 포함하지 않았다.
＊이름에 島·嶋가 붙지 않았지만 분명히 섬으로 보이는 18개는 섬에 포함하였다(高美陽고미양 高沙높을모래 多務來味다무래미 大納多只대납다기 大頭嶺대두령 北漕鴨북조압 飛加之날가지 嶼於洩서어벌 小官馬소관마 小納多只소납다기 奉册곳차 牛頭쇠머리 月燈월등 鷹渡狼매도랑 이협등 子斤地자근지 直龜주구 平沙평모래).
＊번호 뒤에 #를 붙인 도엽은 부분적으로 삭제되거나 미공개되어 해방 후 지도와 舊소련군 지도로 대체한 것이다. 해당 도엽의 이름과 대체도엽의 제작연도는 다음과 같다. 063#舊助羅→栗浦(1963), 075#巨濟島(1956), 724#東頭末(1964), 087#鎭海(1957), 725#加德島(1956), 726#釜山(1956), 099#馬山(1956), 100#金海(1962), 101#東萊(1964), 438#元山府外南部→元山(1978), 439#安邊(1976,78), 449#元山府外北部→文川(1978), 727#虎島半島→松濱里(1978), 461#鎭興里(1978), 728#芳久美里→虎島半島(1978), 473#播春場(1978), 474#三峰里→加進里(1978)
＊036所里島는 국토지리정보원 홈페이지에 1955년 제작본이 올라 있으나, 경인문화사 영인본에는 1917년에 제판한 것이 실려 있다.
＊087#鎭海는 섬이름이 잘못 표기된 것이 많아 바로잡았다. 031梨津의 '蓮浦山연포산'은 '蓮草島연초도'의 誤記이고, 053箕佐島의 '老郞島'는 '老郎島'의 오기이므로 바로잡는다.

[참고문헌]

■ **원사료**

『三國史記』, 『三國遺事』, 『高麗史』, 『朝鮮王朝實錄』, 『日省錄』

『經國大典』, 『萬機要覽』, 『邊例集要』, 『肅宗己亥進宴儀軌』, 『朝鮮通交大紀』

『慶尙道續撰地理誌』, 『慶尙道邑誌』, 『東京雜記』, 『東國輿地勝覽』, 『三陟府邑誌』(奎17511),
『輿地圖書』, 『戶口總數』

『(光州版)千字文』, 『救急方諺解』, 『楞嚴經諺解』, 『同文類解』, 『杜詩諺解(初刊本)』, 『杜詩諺解』, 『物譜』, 『朴通事諺解』, 『飜譯老乞大』, 『飜譯朴通事』, 『釋譜詳節』, 『石峰千字文』,
『小學諺解』, 『新增類合』, 『女四書諺解』, 『譯語類解』, 『龍飛御天歌』, 『月印釋譜』, 『六祖法寶壇經諺解』, 『漢淸文鑑』, 『訓蒙字會』

李玄祚『景淵堂先生詩集』, 李春元『九畹先生集』, 申悅道『懶齋先生文集』, 李承休『動安居士集』, 權寧周『晩松遺稿』, 金榮祖『忘窩先生文集』, 尹拯『明齋遺稿』, 李明漢『白洲集』, 李秉淵『槎川詩抄』, 金昌翕『三淵集』, 朴世堂『西溪雜錄』, 李山海『鵝溪遺稿』, 柳夢寅『於于集』, 李端相『靜觀齋先生集』, 申活『竹老集』, 李睟光『芝峯類說』, 李書九『惕齋集』, 成大中『靑城集』

李奎遠『鬱陵島檢察日記』, 張漢相『鬱陵島事蹟』

李文楗『默齋日記』, 柳希春『眉嚴日記草』

『廣韻』, 『大廣益會玉篇』, 『書傳』, 『說文解字』, 『隱州視聽合記』

■ **단행본**

강원문화재연구소, 2001, 『삼척 요전산성—기본설계(지표조사) 보고서—』

경주고적조사발굴단 편, 1988, 『월정교발굴조사보고서』, 문화재연구소

경인문화사 편, 1997, 『最近北韓五萬分之一地形圖 上·下』

경인문화사 편, 1998, 『近世韓國五萬分之一地形圖 上·下』

김강일·윤유숙·한혜정 역, 2012, 『울릉도·독도 일본 사료집 I』, 동북아역사재단

김동소, 2011, 『한국어의 역사(수정판)』, 정림사

김동소 譯, G. J. 람스테트 著, P. 아알토 編, 1985, 『알타이어 형태론 개설』, 민음사(Ramstedt, Gustav J., Aalto Pentti ed., 1952, "Einfürung in die Altaische Sprachwissenschaft", *Memoires de la Société Finno-Ougrienne*, Vol.104, Helsinki: Suomalais-ugrilainen Seura)

김무림, 2004, 『국어의 역사』, 한국문화사

김무림, 2010, 『한국어 어원사전』, 지식과 교양

김무림, 2015, 『고대국어 한자음, 한국문화사

김영일 옮김, 에스 아 스타로스틴 著, 1996, 『알타이어 비교연구』, 대일(Starostin, Sergei A., 1991, *The Altaic Problem and the Origin of the Japanese Language*, Moscow: Nauka)

김완진, 1977, 『중세국어성조의 연구』, 탑출판사

김완진, 1980, 『향가해독법연구』, 서울대학교출판부

김재식·김기문, 1991, 『경주풍물지리지』, 보우문화재단

김정빈, 2007, 『일본 오음 연구』, 책사랑

남광우 編著, 1997, 『教學 古語辭典』, 교학사

남문현, 1998, 『한국의 물시계』, 건국대학교출판부

도수희, 1977, 『백제어연구』, 아세아문화사

박병채, 1989, 『국어발달사』, 세영사

박창원, 2002, 『고대국어 음운』, 태학사

박흥수, 1999, 『韓·中度量衡制度史』, 성균관대학교출판부

백문식, 2014, 『우리말어원사전』, 박이정

서재만 편, 1992, 『터키어-한국어 사전』, 한국외국어대학교출판부

송기중, 2004, 『고대국어 어휘 표기 한자의 자별 용례 연구』, 서울대학교출판부

송병기, 1999, 『울릉도와 독도』, 단국대학교출판부

송병기, 2010, 『울릉도와 독도, 그 역사적 검증』, 역사공간

송휘영 엮음, 2013, 『일본학자가 보는 독도의 역사학적 연원』, 지성人

신용하, 1996, 『독도의 민족영토사 연구』, 지식산업사

魏國峰, 2017, 『고대 한국어 음운 체계 연구』, 태학사

유미림, 2015, 『일본 사료 속의 독도와 울릉도』, 지식산업사

유창균, 1991, 『삼국시대 한자음』, 민음사

유창돈, 1973, 『어휘사연구』, 선명문화사

이근직, 2013, 『신라에서 경주까지』, 학연문화사

이기문, 1972, 『국어사개설(新訂版)』, 태학사

이상규·이순형 교열, 오구라 신페이 著, 2009, 『조선어방언사전』, 한국문화사(小倉進平,
        1944, 『朝鮮語方言の研究』, 東京: 岩波書店)

이상태, 2007, 『사료가 증명하는 독도는 한국땅』, 경세원

이승재, 2016, 『한자음으로 본 고구려어의 음운체계』, 일조각

이용한, 2001, 『사라져가는 토종문화를 찾아서, 꾼』, 실천문학사

이종봉, 2001, 『한국중세 도량형제연구』, 혜안

이혜은·이형근, 2006, 『만은(晩隱) 이규원(李奎遠)의 울릉도검찰일기(鬱陵島檢察日記)』, 한
        국해양수산개발원

정병준, 2010, 『독도1947―전후 독도문제와 한·미·일 관계』, 돌베개

정연식, 2023, 『경주 첨성대의 기원』, 주류성

정영미, 2015, 『일본은 어떻게 독도를 인식해 왔는가』, 한국학술정보원

최남희, 2005, 『고구려어 연구』, 박이정

최영애 譯, 버나드 칼그렌 著, 1985, 『古代漢語音韻學綱要』, 민음사(Karlgren, Bernhard, 1954,
        "Compendium of Phonetics in Ancient Chinese", *Bulletin of the Museum of
        Far Eastern Antiquities*, No.26, Stockholm: Museum of Far Eastern Antiquities)

한글학회, 1966-1986, 『한국지명총람 (1~18)』, 한글학회

한글학회, 1992, 『우리말 큰사전』, 어문각

龔煌城, 2002, 『漢藏語研究論文集』, 臺北: 中央研究院 語言學研究所籌備處

唐作藩, 2013, 『音韻學教程』, 北京: 北京大學出版社

董同龢, 1944, 『上古音韻表稿』, 臺北: 台聯國風出版社

董同龢, 2001, 『漢語音韻學』, 北京: 中華書局

藤堂明保, 1957, 『中國語音韻論』, 東京: 江南書院

潘悟雲, 2000, 『漢語歷史音韻學』, 上海: 上海教育出版社

潘悟雲, 2002, 『著名中年語言學家自選集-潘悟雲卷』, 合肥: 安徽教育出版社

沼本克明, 1986,『日本漢字音の歷史』, 東京: 東京堂出版

孫玉文, 2015,『上古音叢論』, 北京: 北京大學出版社

王力, 1987,『漢語語音史(王力文集10)』, 濟南: 山東教育出版社

俞敏, 1999,『俞敏語言學論文集』, 北京: 商務印書館

伊藤智ゆき, 2007,『朝鮮漢字音硏究』, 東京: 汲古書院

李方桂, 1980,『上古音硏究』, 北京: 商務印書館

林海鷹·王冲 譯, 斯·阿·斯塔羅斯金 著, 2010,『古代漢語音系的構擬』, 上海: 上海教育
　　　出版社(Starostin, Sergei A., 1989, *Reconstruction of Old Phonological System*,
　　　Moscow: Nauka)

張世祿 譯, 高本漢 著, 2015,『漢語詞類』, 太原: 山西人民出版社(Karlgren, Bernhard, 1933,
　　　"Word Families in Chinese", *Bulletin of the Museum of Far Eastern Antiquities*,
　　　No.5, Stockholm: Museum of Far Eastern Antiquities)

鮎貝房之進, 1972,『雜攷(俗字攷·俗文攷·借字攷)』, 豊島區: 國書刊行會

丁邦新, 1998,『丁邦新語言學論文集』, 北京: 商務印書館

鄭張尙芳, 2012,『鄭張尙芳語言學論文集』, 北京: 中華書局

鄭張尙芳, 2013,『上古音系(第2版)』, 上海: 上海教育出版社

周法高, 張日昇·林潔明 編, 1973,『周法高上古音韻表』, 臺北: 三民書局

中村榮孝, 1969,『日鮮關係史の硏究 (下)』, 東京: 吉川弘文館

池內敏, 2012,『竹島問題とは何か』, 名古屋: 名古屋大學出版會

川上健三, 1966,『竹島の歷史地理學的硏究』, 東京: 古今書院

坂井健一, 1975,『魏晉南北朝字音硏究一經典釋文所引音義攷一』, 東京: 汲古書院

河野六郎, 1979,『河野六郎著作集』, 東京: 平凡社

Baxter, William H. & Sagart, Laurent, 2014, *Old Chinese: A New Reconstruction*, New
　　　York: Oxford University Press

Baxter, William H., 1992, *A Handbook of Old Chinese Phonology*, Berlin·New York:
　　　Mouton de Gruyter

Coblin, W. South, 1983, *A Handbook of Eastern Han Sound Glosses*, Hong Kong:
　　　Chinese University Press

Hooijberg, Maarten, 2008, *Geometrical Geodesy*, Berlin·Heidelberg: Spiringer

Karlgren, Bernhard, 1957, *Grammata Serica Recensa*, Stockholm: The Museum of Far Eastern Antiquities

Meyer, Thomas H., 2010, *Introduction to Geometrical and Physical Geodesy: Foundations of Geomatics*, Redlands, California: ESRI Press

Pulleyblank, Edwin. G., 1984, *Middle Chinese: A Study in Historical Phonology*, Vancouver: University of British Columbia Press

Pulleyblank, Edwin. G., 1991, *Lexicon of Reconstructed Pronunciation in Early Middle Chinese, Late Middle Chinese, and Early Mandarin*, Vancouver: UBC Press

Richardson, M., 1950, *Plane and Spherical Trigonometry*, New York: The MacMillan Company

Schuessler, Axel, 2009, *Minimal Old Chinese and Later Han Chinese: A Companion to Grammata Serica Recensa*, Honolulu: University of Hawai'i Press

Starostin, Sergei·Dybo, Anna·Mudrak, Oleg, 2003, *Etymological Dictionary of the Altaic Languages*, Leiden·Boston: Brill

Ting Pang-hsin, 1975, *Chinese Phonology of the Wei-Chin Period: Reconstruction of the Finals as Reflected in Poetry*, Taipei: Institute of History and Philology Academia Sinica(丁邦新, 1975, 『魏晉音韻研究』, 臺北: 中央研究院 歷史語言研究所)

Torge, Wolfgang, 2001, *Geodesy* (3rd Edition), Berlin·New York: Walter de Gruyter

■ 논문

강신항, 2003, 「한국한자음(高麗譯音)의 舌內入聲韻尾 -t〉-l에 대하여」, 『韓漢音韻史硏究』, 태학사(1997, 『梧堂趙恒瑾先生華甲紀念論叢』, 오당조항근선생 화갑기념논문집 간행위원회)

공우석, 2009, 「독도의 생태계」, 『독도지리지』, 국토지리정보원

권인한, 2005, 「고대국어의 i-breaking 현상에 대한 일 고찰―'섬'[島]의 음운사를 중심으로―」, 『진단학보』 100

김경옥, 2008, 「조선후기 태안 안흥진의 설치와 성안마을의 공간구조」, 『역사학연구』 32

김두진, 2002, 「일연의 생애와 저술」, 『전남사학』 19

김성규, 2009, 「15세기 한국어 성조의 성격에 대하여」, 『국어학』 56

김영수, 2009, 「근대 독도·울릉도 명칭을 둘러싼 한국과 일본의 시각」, 『역사와 현실』 73

김영진, 2002, 「국어의 內破化에 대하여」, 『국어사연구』, 이회

김종택, 2002, 「於乙買(串)를 다시 해독함」, 『지명학』 7

김태경, 2008, 「일부 章系字의 상고음 설근음설」, 『중국어문학논집』 51

김현정, 1995, 「〈李方桂 上古音 體系〉에 근거한 上古音韻表」, 연세대 석사학위논문

도수희, 1992, 「설(元旦)과 살(齡)의 어원」, 『어문연구』 23

도재학 옮김, G.J.람스테트, 2016, 「한국어에 대한 관견」, 『알타이 가설과 한국어』, 역락
(Ramstedt, Gustav J., 1928, "Remarks on the Korean language", *Mémoires de la Société Finno-Ougrienne*, Vol.58, Helsinki: Suomalais-Ugrilainen Seura)

박병섭, 2020, 「2000년 이후 독도/竹島 관련 일본학계의 역사학 연구」, 『독도연구』 29

박선영, 2018, 「한국 근대지형도의 소장 현황과 활용」, 성신여대 박사학위논문

박은용, 1970, 「중국어가 국어에 미친 영향(음운편)」, 『(효성여대)연구논문집』 70

방종현, 1947, 「독도의 하루」, 경성대학 예과신문 13호

배성준, 2002, 「울릉도·독도 명칭 변화를 통해서 본 독도 인식의 변천」, 『진단학보』 94

배윤덕, 1989, 「순경음 「ㅸ」에 대하여―알타이제어의 중간자음 b와 관련하여―」, 『인문과학연구』 8, 성신여대 인문과학연구소

변종민, 2011, 「한반도 지반융기운동사 이해를 위한 수치지형발달모형의 개발과 적용」, 서울대학교 박사학위논문

서만철·이광훈·손호웅, 1998, 「동해 울릉분지의 지구조 및 성인에 관한 지구물리학적 연구」, 『바다』 3-1

서종학, 2008, 「'獨島'·'石島'의 지명 표기에 관한 연구」, 『어문연구』 36-3

서태원, 2013, 「조선후기 충청도 安興鎭의 구조와 기능」, 『역사와 실학』 52

선우영준, 2007, 「삼봉도는 독도인가 아닌가」, 『한국행정학회학술발표논문집』 2007-4

손승철, 1998, 「조선전기 요도와 삼봉도의 실체에 관한 연구」, 『한일관계사연구』 44

신석호, 1960, 「독도의 내력」, 『사상계』 85

심현용, 2013, 「조선시대 울릉도 수토정책(搜討政策)에 대한 고고학적 시·공간 검토」, 『영토해

양연구』6

오세준, 2006, 「중국 상고음 학설로 본 고대국어 표기 "尸"의 音價」, 『새국어교육』 72, 한국국어
　　교육학회

魏國峰, 2013, 「'只'와 '支'의 음독에 대하여」, 『국어학』 66

이계학, 1997, 「정밀 수준측량에 있어서 빛의 굴절오차에 관한 연구」, 『한국측지학회지』 15-1

이기봉, 2003, 「≪동여도≫ 해설」, 『동여도─해설·색인─』, 서울대학교 규장각

이병도, 1963, 「독도의 명칭에 대한 史的 고찰」, 『조명기박사화갑기념불교사학논총』

이창근·김익주·김신국, 1992, 「월정교지 출토 목재유물의 보존처리」, 『보존과학연구』 13, 국립
　　문화재연구소

정연식, 2016, 「모량(牟梁), 잠훼(岑喙)의 뜻과 귀교(鬼橋)의 위치」, 『인문논총』 30, 서울여자대
　　학교 인문과학연구소

정연식, 2016, 「신라 금성(金城)의 위치 고증」, 『한국사연구』 173

정연식, 2017, 「신라 경주의 東川 沙梁과 西川 及梁」, 『한국문화』 58

정연식, 2018, 「신라의 초기 국호 사라벌[徐羅伐]과 시라[斯盧]의 뜻」, 『동아시아문화연구』 72

정연식, 2018, 「신라 초기 습비부(習比部) 고라촌[高耶村]의 위치」, 『한국사연구』 183

정연식, 2019, 「울릉도, 독도의 옛 이름 대섬[竹島], 솔섬[松島]의 뜻」, 『역사학보』 241

정연식, 2019, 「'독섬[獨島]'의 뜻과 유래」, 『영토해양연구』 17

정연식, 2019, 「가개섬 鬱陵島의 여러 별칭과 于山島의 실체」, 『대동문화연구』 107

정연식, 2020, 「15세기의 蓼島, 三峯島와 울릉도」, 『조선시대사학보』 92

정연식, 2020, 「경주 부엉산 기슭의 돌마을, 자산(觜山) 돌기촌[珍支村]」, 『한국사연구』 190

정연식, 2021, 「고려의 경주 6부 마을들의 위치와 신라의 6부」, 『대동문화연구』 113

정연식, 2021, 「경주의 두 곳 빈지(賓之)와 본피(本彼), 벽진(碧珍)의 뜻」, 『민족문화연구』 92

조유전, 1986, 「경주 월정교지 하류 목재유구조사보고」, 『영남고고학』 2

조항범, 2017, 「'뒤안길', '오솔길'의 어원」, 『지명학』 27

채상식, 1988, 「一然」, 『한국사시민강좌』 2, 일조각

최남선, 1953, 「울릉도와 독도」, 서울신문 1953년 8월(고려대학 아세아문제연구소 육당전집편
　　찬위원회 편, 1973, 『육당최남선전집』 2, 현암사)

최남선, 1954, 「獨島問題와 나」, 서울신문 1954년 12월 送年爐邊餘談(2005, 『六堂崔南善全集』

14, 역락)

한경호, 2010, 「고대 한국한자음에 반영된 東漢~六朝代 중국음(1)」, 『구결연구』 24

한철호, 2012, 「독도·울릉도 '가지'(강치)에 대한 인식의 변화와 그 의미」, 『한국사학보』 49

홍영호, 2004. 「삼척시 하장면 숙암리 차단성에 대한 일고찰」, 『박물관지』 11, 강원대학교 중앙
　　　박물관.

황금연, 2001, 「옛 지명 형태소 '於乙-'에 대한 통시적 고찰」, 『한글』 254

龔煌城, 2002, 「從漢·藏語的比較看漢語上古音流音韻尾的擬測」, 『漢藏語硏究論文集』, 臺
　　　北: 中央硏究院 語言學硏究所籌備處

堀和生, 1987, 「一九〇五年日本の竹島領土編入」, 『朝鮮史硏究會論文集』 24

潘悟雲, 2001, 「流音考」, 『東方語言與文化』 1, 上海: 上海東方出版中心

李方桂, 1976, 「幾個上古聲母問題」, 『總統蔣公逝世週年紀念論文集』

田保橋潔, 1931, 「鬱陵島 その發見と領有」, 『靑丘學叢』 3

塚本孝, 2011, 「竹島領有權問題の經緯(第3版)」, 『國立國會圖書館 ISSUE BRIEF』 701

馮蒸 譯, 奧德里古爾 著, 2006, 「越南語聲調的起源」, 『馮蒸音韻論集』, 北京: 學苑出版社
　　　(Haudricourt, André-Georges, 1954, "De l'Origine des Tons en Vietnamien",
　　　Journal Asiatique, No.242, Paris: Société Asiatique)

下條正男, 1999, 「竹島問題, 金炳烈氏に再反論する」, 『現代コリア』 391

下條正男, 2008, 「獨島呼稱考」, 『人文·自然·人間科學硏究』 19, 拓殖大學人文科學硏究所

Karlgren, Bernhard, 1954, "Compendium of Phonetics in Ancient Chinese", *Bulletin
　　　of the Museum of Far Eastern Antiquities*, No. 26, Stockholm: Museum of Far
　　　Eastern Antiquities

Pulleyblank, Edwin. G., 1962a·b, "The Consonantal System of Old Chinese (Ⅰ·Ⅱ)", *Asia
　　　Major*, Vol.9 No.1·2, London: Percy Lund, Humphries & Co.

Pulleyblank, Edwin. G., 1973, "Some New Hypothesis concerning Word Families in Chinese",
　　　Journal of Chinese Linguistics, Vol.1 No.3, Berkeley: University of California

Pulleyblank, Edwin. G., 1977-78, "The Final Consonants of Old Chinese", *Monumenta
　　　Serica*, Vol.33, Sankt Augustin: Monumenta Serica Institute

Schuessler, Axel, 1974, "Final -L in Archaic Chinese", *Journal of Chinese Linguistics*,

Vol.2 No.1, Berkeley: University of California

Schuessler, Axel, 1974, "*R* and *L* in Archaic Chinese", *Journal of Chinese Linguistics*,
Vol.2 No.2, Berkeley: University of California

Norman, J. tr., 1978-1979, "Old Chinese Phonology", *Early China*, Vol.4, Hanover:
Dartmouth College(Yakhontov, Sergei E., 1965, *Old Chinese*, Moscow: Nauka)

국토지리정보원 (https://www.ngii.go.kr)

Daum 지도 (https://map.kakao.com)

Naver 지도 (https://map.naver.com)

한국해양과학기술원 (http://www.kiost.ac.kr)

태안군청 (https://www.taean.go.kr)

日本 外務省 (https://www.mofa.go.jp)

Wikipedia (https://www.wikipedia.org)

연합뉴스